大 学
国际化的历程

〔美〕程 星 ◎ 著

商務印書館
The Commercial Press

图书在版编目(CIP)数据

大学国际化的历程/(美)程星著.—北京:商务印书馆,2023
ISBN 978-7-100-21537-4

Ⅰ.①大… Ⅱ.①程… Ⅲ.①高等教育—国际化—研究 Ⅳ.①G648.9

中国国家版本馆 CIP 数据核字(2023)第 088132 号

权利保留,侵权必究。

大学国际化的历程

〔美〕程 星 著

商 务 印 书 馆 出 版
(北京王府井大街36号 邮政编码100710)
商 务 印 书 馆 发 行
北京市白帆印务有限公司印刷
ISBN 978-7-100-21537-4

2023年7月第1版 开本 880×1230 1/32
2023年7月北京第1次印刷 印张 11 3/8
定价:58.00元

序

多年前读到程星写的《细读美国大学》，我就不断地推荐给朋友。程星会讲故事，他能从精心选择的故事出发，分享自己的高校管理的实践经验和认知。一本书要好读，一定要读者不忍释卷，有故事，有收获。能讲高校故事的不只是程星，能写出高校管理认知的也是大把人在，程星能把两件事同时做好。

我一直盼望看到程星的新书。他从哥伦比亚大学走到香港城市大学，这些年应该有很多见识可圈可点，就算他自己懒得提笔，商务印书馆能放过他吗？一直等了十年，今天才看见他的第二本书——《大学国际化的历程》。一看，还是一贯风格：每个小节、每个问题从故事开始，到经验和认知结束，如同在看高校管理的MBA课本。

程星这种写法，既能满足高教研究者的学术追求，因为教育学是实践的科学，需要程星这样的一线管理经验来营养学者们的理论之树；也能满足政府高教管理者、高校校长们的管理需求；还能满足普通高校教师对高教工作认识的启蒙需求。有追求的学生和家长不妨看看此书，开卷有益。

本书覆盖了中国高校目前最关心和长期关注的话题：高校国际化、以学生为中心、学生事务管理、大学战略规划、绩效管理、校长遴选、大学质量。本书写的是中国大陆以外的高校管理经验，是否适合中国呢？高校管理如同企业管理有其科学性，有与国际先进经验共识的部分。中国高校管理今后的大踏步前进，将取决于向发达国家的高校学习的进度。当然，第一，别自己理解错了，硬说别人的东西害了自己。老师讲堂课，有些学生还理解反了的，不然全班学生成绩都并列第一了。第二，就算理解对了，生搬硬套用到中国来也不行，天下哪个人、哪个事、哪个组织的成功经验可以复制粘贴就行了？矛盾有普遍性也有特殊性。

在中国高校管理的大改革、大进步的时代，学习国外先进经验是必经之路。中国企业三十年成功经验之一就是改革开放，就是吸收国外先进管理。在中国企业大踏步进入现代管理的三十年中，中国高校一直受困于计划体制：计划招生、计划收费、计划管理。今天，我们站在改革出发点，中国高等教育比任何行业都更应该、更急迫地学习国外先进经验。

本书也不是真老外写的洋教条。程星在中国的大学校园长大，在中国的大学教过书，多少来一直跟中国高校管理者密切接触。本书也被他的中国经验和认识所支撑。您看看关于高校国际化和社团那部分的描写，不是生在新中国长在红旗下的红孩子还真写不出来。程星其人接地气，他作为海外的校级管理者，去过那么多彬彬有礼的场合，与各国校长们推杯换盏、虚与委蛇，却还是一个性情中人。我们见面问他喝啥，啤酒！工人阶级的伟大饮料；老朋友谈话之间不妨带点粗口，改造过的知识分子嘛。

这位一米八几的苏州人，有南人的儒雅与细致，还有北人的豪爽与礼节。本书文如其人，观点、个性未必与你我相同。但是，看到差异就是见识，思考相反就是进步。

北京师范大学的洪成文教授曾如此评价《细读美国大学》："作者亦庄亦谐的描述，将你带进了一个哲学的思考境界……犹如开启了美国大学管理的一扇窗户，使我们窥见了美国大学管理者的智慧和尴尬、管理政治的奥妙和玄机、不同群体在大学中的利益摩擦、大学的理念与日益商业化的市侩之间的冲突。"

同样的评语十年后借来评价《大学国际化的历程》，仍然适用。

王伯庆

麦可思公司创始人

2014年9月

目 录

前　言 …………………………………………………………… 1
第一章　何谓国际化？如何国际化？ ………………………… 13
第二章　校园国际化寻踪 ……………………………………… 33
第三章　人的国际化 …………………………………………… 54
　　访谈录之一：大学的国际化与美国化 …………………… 74
第四章　国际生源大战的硝烟 ………………………………… 94
第五章　以"综合评定"的名义 ……………………………… 115
　　访谈录之二：美国大学如何招生？ ……………………… 141
第六章　跨境办学的迷思与破解 ……………………………… 155
第七章　没有统一的制度是最好的制度 ……………………… 174
　　访谈录之三：大学制度的精髓在于多样性 ……………… 193
第八章　学生发展的硬道理 …………………………………… 221
第九章　"十年磨一剑"的故事 ……………………………… 241
第十章　大学教育与职业生涯 ………………………………… 257

访谈录之四：事无巨细话管理 ……………………… 275
第十一章　大学质量的拷问与博弈 ……………………… 302

结　语 ……………………………………………………… 326
后　记 ……………………………………………………… 345

前　言

这本书可以算是我多年前的旧作《细读美国大学》（商务印书馆 2004 年初版；2006 年增订版；2007 年、2010 年重印）的续集。为一本书写续集，是一件非常危险的事：作者始终是在"狗尾续貂"这个巨大的阴影下面工作。在《细读美国大学》一书中，我试图从大学研究和管理的角度，为读者提供一个来自美国大学内部的真实报告。现代研究型大学以其无与伦比的创造力，成为美国人在 20 世纪献给人类最伟大的礼物之一。但对于大学围墙外面的芸芸大众来说，学术的象牙之塔毕竟过于深奥。他们无法了解纳税人的血汗钱养育的教授学者们究竟在干什么，甚至无法判断自己倾其所有为子女缴纳的学费是否物有所值。这些在大学教育的精英时代不成问题的问题，随着高等教育大众化时代的降临，变得异常复杂。所以，我在《细读》一书中所做的努力，类似于科普作家在科学行业内所扮演的角色，即对美国大学这个高等教育领域迄今最为成功的案例进行解读，不仅帮助向往美国大学的学生和家长了解那些高楼深院里所发生的一切，而且希望借此为国内致力于建设世界一流大学的同仁提供一个参照系。应当说我的努力还是得到了相当程度的认可,读者的反馈和书的发行量支持了我走通俗道路的信念。

从《细读》一书初版至今,十年过去了。这十年以来,尽管美国的大学依然雄踞世界大学排行榜首,但其独霸一方的局面正在悄悄地改变。记得2001年我应美国东部地区大学认证机构(The Middle States Association of Colleges and Schools,简称MSA)之邀,参加一所常青藤大学的认证。当评估小组来到校园进行三天的实地考察时,正值"9·11"事件刚发生不久。评估小组一般由来自同类大学的教授和管理人员组成,而我们小组的成员包括了当时哈佛大学研究生院的院长。按照认证机构的规定,评估小组成员在三天的考察期间必须放下手头一切工作,全力以赴地投入认证。但是,这位哈佛院长却完全是一副魂不守舍的样子,一有机会就悄悄地溜到外面去打电话。开始以为他家里出了什么事情,大家碍于个人隐私并未追问。直到最后一天的晚餐时他才主动道出缘由。原来"9·11"发生后,美国政府立即收紧了所有外国学生签证的发放,特别是那些非盟友国家的学生,不但得到新的签证难于上青天,连很多夏天回家度假、开学正要返校的在读学生都被拒绝进入美国。为此忧心如焚的除了受到牵连的外国学生之外,还有几乎所有的研究型大学的学生,因为外国研究生是每一个理工科实验室里不可或缺的研究员和实验员。由于大批外国研究生未能到位,哈佛大学几乎有一半的实验室不能正常开工,有的濒临关闭。

这件事情给我们传递了怎样的信息呢?首先,像哈佛这样的顶尖大学已经不只是美国的大学,他们是国际性的大学;其次,美国大学的学生也不等于是美国学生，事实上，美国大学里的尖端学科早已成为国际学术的重地；最后，由于"9·11"以后进出美国的大门不再像过去那么畅通无阻，世界高等教育的格局因此开始出现多边竞争的状态。经合组织（OECD）最近的一份报告显示，美国的国际学生人数占世界总数的份额在2000年至2005年间掉了4个百分点。尽管绝对人数未减，但相对其他国家增长缓慢。从1999年到2005年，美国的国际学生增长了17%，而同期留学生的增长在英国是29%，澳大利亚是42%，德国是46%，而法国是81%。① 虽然西方发达国家优秀大学的地位仍然难以撼动，但近年来新加坡、卡塔尔、阿联酋、韩国和中国等国家也出手频频，在创建世界一流大学的竞争中成绩亮丽。连香港这样的弹丸之地都在酝酿国际教育枢纽，并以高额的奖学金来吸引优秀生源。

那么，大学国际化会不会是"9·11"之后因国际形势变化而出现的暂时现象呢？如果是那样的话，我们有必要对此过于关注吗？美国威斯康星州伯洛伊特学院（Beloit College）有两位教授从1997年开始每年发布大学新生"心态表"（Mindset List）。② 这个"心态表"将本年的大学新生出生以来世界的变化编成幽默的段子一一列出。2014年正好是我女儿进大学的年头；不知道这两位教授会拿什么说事，但我在此可以先为他们贡献两个段子：一是在这一年入学的新生从未在一个没有互联网

---

① Ben Wildavsky, 2010, *The Great Brain Race: How Global Universities Are Reshaping the World*. Princeton, NJ: Princeton University Press, pp. 22-23.

② http://www.beloit.edu/mindset/.

的世界里生活过;二是对于这一年入学的新生来说,飞机已成为出行时首选的交通工具,便捷而又便宜。这两件事对于当代的大学发展的意义何在呢?一是互联网将世界上所有的大学都放到了同一个平台上,让大学间的比较和竞争成为可能;再者,便宜的机票使得出国留学和去外地上学只在旅行时间上有所区别——起码思儿心切的母亲会作如是想。以上两项相加,为大学走向国际化提供了物质的基础。我的结论:大学国际化的大趋势不可逆转。

在这种情况下,光是"细读"美国大学就远远不够了。关心大学教育的学生与家长、研究高等教育的专家学者、大学的师生员工,甚至每一个为大学买单的纳税人,都有必要追踪一下当代大学国际化的进程,并"细读"世界上的各类大学。当然会有人问,关于大学、关于国际化、关于大学国际化的论著早已汗牛充栋,有必要在这沧海之中再添一粟吗?

大学是现代社会里一道不可或缺的风景线。大学校园里每天都在发生很多戏剧性的和不那么戏剧性的故事。这些故事,有的让人兴奋,有的让人烦恼,有的根本吸引不了任何人哪怕驻足片刻,有的却会对人类的现在和未来产生深刻影响。这些故事在它们发生的时候没有重点,没有先后,没有预告,很多甚至没有结尾。我们在听到、看到或是经历了这些故事之后,大多连问一下"后来呢?"的兴趣都没有,因为我们都很忙。然而,正是这些每天发生在我们身边的无数小故事,构成了大学这道风景线,而且是一道不断变化着的风景线。近年来,随着经济全球化步伐的加快,大学也急不可耐地进入了国际化的快车道,在大众化和市场化的大浪冲击下一路向东，新生事物层出不穷，让人目不暇接。只是这些场景到了高等教育研究论著里就从 3D 变成 2D，场景中原本鲜活的细节和故事在平面的描述或分析里消失殆尽。

故事的消失原无大碍，因为高等教育研究的目的本非娱乐大众，而是通过科学的研究手段在综合大量事实和数据的基础上去芜存菁、去伪存真，或再现大学发展的轨迹，或探索提升大学教育品质的方法，或为日常大学管理提供咨询。每个学者研究的动机可以各不相同，但他们都在为建构高等教育这个学科体系贡献一个视角、一份理解、一种解读，或是一家建言。然而，在大学研究和管理这两拨子人中间游走多年，我除了对高教研究的科学性及其学术价值有一种本能的苛求而外，还对这种研究的应用性产生了一份额外的关注，因为我每天所做的每一件事情都会对学生的大学生涯产生直接或间接的影响。当你意识到自己的所作所为将影响另一个乃至另一群人生命的质量，你还敢掉以轻心？

这就是大学风景线里故事的消失让人担心的原因。当故事消失之后，人们对大学的了解便只能依赖于专家学者的理论研究或是商业机构的大学排行；前者严谨全面但诘屈聱牙，后者简单明了却错误百出。以大学在当今社会发展中的作用，无论如何强调都不过分。同样，国际化的进程之于当代大学的发展，也是如此。如果大学不能将他们正在经历的蜕变以公众可以理解的方式加以沟通，那么，大学与其服务对象之间存在的信息不对等就会加大。随着大学教育的大众化和市场化的发展，公众对大学原有的信任将受到损害，而大学在公众心目中的信誉也会逐渐消失。

作为高等教育研究者并有幸亲历大学国际化,我感到为这个过程"立此存照"是我义不容辞的责任。由于工作需要,我近年来在大学国际化的领域里边干边学边写,时间长了,片纸只字,片鳞碎甲,居然也积累了不少文字。但平日多为行政事务所累,加上出差过于频密,就国际化问题作任何实证研究都成为可望却不可及的奢侈。既然如此,我就索性放弃了"无数据无研究"的职业习惯,通过记录每天发生在我身边的相关故事,并融入我个人的思考与感悟,为所有关心大学发展的人们提供一份大学国际拓展的实录。毕竟,见证重要历史事件的机会,可遇而不可求。在这本书中,我试图将这些故事与学者们对大学国际化的著述进行比对,并梳理这个进程中涉及的诸多管理问题。假如读者对有些过于灰色的理论问题或过于琐碎的管理问题没有兴趣的话,大可跳过这些章节,仅将本书当成大学国际化之旅的游记来读。至少,在这部"西游记"里,你可以看到先行者筚路蓝缕的艰辛,探路人不知深浅的忐忑,以及校园里多元文化撞击出来的火花。

本书共十一章,涉及大学在国际化进程中无可回避的十一大课题,加上最后一章是我围绕这些课题进行讨论之后所作的一个小小的总结。这十一大课题大致包括五个方面:(1)大学国际化的概念与范畴;(2)大学国际招生;(3)国际化大学的制度建设;(4)国际化大学的学生发展;(5)国际化大学的质量保障。

第一组课题的讨论包括前三章和一个访谈录。在第一章中我试图对大学国际化的概念和范畴作一些辨析,但在辨析过程中我有意远离理论推演,而是从我国大学的历史演进出发,就当代大学国际化大潮中的三个版本(澳大利亚版、中国大陆版和中国香港版）进行辨析，为后来的讨论寻求一个多元文化的视角。第二章是我近年来访问世界各国的大学校园时留下的观察记录和研究心得。不同大学在国际化方面所作的努力各不相同，在校园建设、日常管理、学术理念、合作办学等各方面都留下了诸多的雪泥鸿爪。放在一起俨然是一幅大学国际化的五彩拼图。而这幅拼图的背后则是我在第三章中想要讨论的问题，即人的国际化。随着多种文化在校园里的集聚，不同的种族、价值观念与行为发生碰撞的几率也大大提升。这时，多元文化教育成为大学必做的功课，而宽容则成为校园里最稀罕、最宝贵的东西，需要大加推广。

第二组课题由第四、第五章和一个关于美国大学招生的访谈录组成。第四章的主题大学国际招生也许是很多大学用心最多、投入最大的一个方面。当大众化和市场化遭遇国际化，我们突然发现一场深刻的革命已经在高等教育界悄然发生。学生在世界范围内以前所未有的数量和方式流动，将世界各地的大学放到同一个平台上，使比较成为可能，使竞争成为必须。所以，这不是一场简单的生源大战，这是关系到大学未来管理方式的革命。在大学与学生之间的这场角逐中，美国的常青藤名校仍然是很多学生与家长仰慕的一块"圣地"，而这些大学"综合评定"的录取方式更是为他们蒙上一层神秘的面纱。在第五章中，我试图为读者提供一个历史的视角，并为"综合评定"作一些"解密"的工作。

第三组课题通过两个章节加上我和中山大学校长黄达人教授的一个访谈录来展示。大学国际化包罗万象，它在不同的地方以不同的方式现身；而跨境教育或合作办学似乎是中外大学为国际化所付出的各种努力之中难度极高、亦最具争议性的话题。在第六章中我通过一个截面式的调查,试图回答这样的问题:致力于跨境教育的大学究竟想从中得到什么?中东的大学和美国的大学在跨境项目中各取所需,而中国的大学在寻求优质课程的同时似乎还应对国外大学的管理经验多加研究和借鉴,并借助外力来推动自己大学制度的改革。继续这里对大学制度的"拷问",我在第七章中提出,也许没有统一的制度是最好的大学制度,因为多年来大学制度建设的经验和教训告诉我们,整齐划一是大学保持其学术独立和专业特色的大忌。

第四组课题由三个章节加上我和《麦可思研究》杂志记者的一组访谈录组成。在高等教育的精英时代,学术自由和教授治校是大学管理中的主旋律,而学生事务则时时面临边缘化的危险。然而,国际化的浪潮将学生事务冲上水面,使得大学无法继续忽略他们的"衣食父母"——学生及其家长的利益。在第八章中我无意对这种转变的哲学意义作过多的解读,而是将注意力集中在一个具体的问题上:大学如何通过提高学生事务的管理水平来达到帮助学生发展的目的。以此为出发点,第九章进一步聚焦学生发展问题,以哥伦比亚大学"十年磨一剑"改革学术咨询系统的故事作为案例,意在说明,即便是在研究密集型的大学里,以学生为中心不仅可能,而且可行。第十章探讨的问题是大学如何才能更好地帮助学生未来职业生涯的发展。在这里我们将会看到欧洲的经验——通过推动"博洛尼亚进程"(Bologna Process)来整合高教资源,缩短学制,促进就业;香港的经验——以学制改革为契机,拓展学生视野,推行国际交流,提高职业素养;以及美国的经验——坚持通识教育,注重能力培养。

第五组课题是本书的最后一章。当我们将本书中出现频率最高的三个词(大众化、市场化和国际化)放到一起,大学的"利益相关者"(stakeholders)关注却不容易把握的大学质量保障问题开始浮现。传统的质量保障机制大多是建立在质量标准基础之上的,但国际化的大学间最不容易建立的就是统一的标准,更不要说有效的执行。在这章中我借用信息经济学家的思路,从不对称信息的视角来思考大学的质量问题,提出一个"内外有别"的评估模式。我希望看到的是这样一个局面,即大学国际化不仅没有削弱质量保障的力度,而且在国际比较的压力下发展出新的模式来保证学生、家长及其他"利益相关者"的"知情权"。

穿插在十一个课题之间的是我近年来应一些朋友之邀就大学教育和管理问题所作的四则访谈录。这些访谈录的内容呼应章节的主题,但表达的方式则有赖于访谈双方的互动来擦出思想的火花。访谈录之一虽是应《中华读书报》之邀所作,但由于王春春博士本人就是研究美国大学的专家,所以这次访谈就是我俩对美国大学从理念到管理所作的一次深入交谈的实录。这次访谈的意义在于,尽管本书的主题是大学国际化,但绕开美国来谈当代大学的国际拓展几乎是徒劳的。美国大学在过去这一百年来为业界开创了太多的先例、树立了太多的范式,尽管欧洲和中国的学者们从感情上都不能接受大学的国际化等于美国化这个命题,但他们无论如何得将美国化研究透彻之后才能做好国际化的功课。

国际生源大战，特别是本科学生的跨国招生，是近年来大学国际化的一个重要特点。在第四章中我大胆预言，这场表面看来只是关乎招生的竞争所引发的其实是高教领域的一场新的革命。生源大战的战火最初是由美国大学点燃的。而我在访谈录之二中与章建石博士讨论的不仅仅是美国大学的招生办法和过程，还有深藏其中的美国一流大学的办学理念。与第四章放在一起，我希望能够提醒当前致力于国际化的大学：国际招生是大学发展的手段，但不能成为扬名或招财的手段，更不能成为目的本身。

访谈录之三是我和中山大学前校长黄达人之间关于大学制度建设问题的一场对话，也是我俩"以书结缘"多年难得的一次促膝长谈。每次和黄校长见面都是来去匆匆，连拉家常的时间都没有，因为我们在大学管理这个领域里总觉得有谈不完的话题。这场交谈不仅涉及中美大学不同的管理体制，而且对话双方又处在大学管理中两个不同的层次，因此这里既有教育理念上的探索，又有日常事务上的讨论。

访谈录之四是关于大学管理问题的讨论。平时在学校碰到院长和校长们，听到最多的抱怨就是担任行政工作牺牲多大，而宝贵的时间原可用来发表多少研究论文。的确，大学管理问题本来枯燥，又缺乏学术含量，让学者从事行政的确有浪费人才之嫌。但令人不解的是，为何每当大学的管理位置有空缺，平时自命清高的教授们又个个心甘情愿地"赴汤蹈火"呢？我想把这个问题留给读者自己去研究，而我在访谈录之四中只想和那些处于"水深火热"之中的大学管理者分享一些经验，为他们减轻一些"痛苦"。

最后有必要就我的写作风格作一点交代。十年前《细读美国大学》一书出版,我就收到过学界朋友的忠告,说我的写作虽然学术含量不轻,亦能取悦大众,却难以得到学界认同,因为没有严肃的学者会把我的故事、个人感受以至调侃当成学术来读。我谢过朋友们的好意,却没有接受他们的忠告,原因是作为一个高等教育研究者,我从内心深处希望能为象牙之塔外面的普罗大众写作。

这次写《大学国际化的历程》,我再次面临写作风格上的选择。坚持走"群众路线"的话我还会被学界关在门外。然而,随着全球范围内高等教育的大众化,越来越多的家庭里出现或将要出现"第一代大学生"(美国人甚至专门为此造了一个名词:"the first-generation college students");这样的学生在香港的大学里占比高达90%以上。对这些学生及其蓝领阶层的父母来说,大学校园已经够高深莫测的了,再加上国际化,更让他们从心理到钱包都感到前所未有的压力。假如我的大学故事能多少为他们启启蒙,减减压,那么我会感到莫大的欣慰。其实,又何止是"引车卖浆者流"对大学的高楼深院感到神秘?即使是那里面教了一辈子书的学者们,有朝一日被冠以"院长"或"校长"的头衔,又何尝不是"大闺女上轿——头一回"?能用我的研究、他们熟悉的语言,为大学国际化解密,为决策者们排忧,岂不是我程某人三生有幸?

无独有偶。畅销书作者塔雷伯(Nassim Nicholas Taleb)亦曾因为极其个性化的写作风格受到学界责难。有人认为他通过生活中的实例和故事讨论统计概率问题,所用语言不够严谨,因

而会造成歧义。为此他辩解说:

> 我承认自己会犯错误,如果这些细小的错误就是我性格中不可或缺的一部分的话,我没有任何理由去掩盖这些错误,正如我不会戴上假发拍照或借用他人的鼻子露脸。①

看来吾道不孤。

---

① Nassim Nicholas Taleb, 2007, *Fooled by Randomness: The Hidden Role of Chance in Life and in the Markets*. Penguin Books, p. xvii.

第一章

何谓国际化？如何国际化？

一

我和南非好望角没有约会。

这是一个初中地理课本上念到过的地名，一个遥远到连在梦中都难以到达的地方。2013年初我访问南非，在开普敦要赶好几个会议。直到走下飞机也还没有将三十年前学到的地理名词和已经近在咫尺的天涯海角之间挂上钩。接下来由于一个会议临时取消，本来塞得满满的行程里突然出现半天的空档。同事建议：何不借此机会去看看好望角？

从位于开普敦的饭店到好望角有两个多小时的车程，出门时大雨滂沱，狂风呼啸。既然定了车就没有退路了，我们硬着头皮上了路。出乎意料的是，就在我们的车穿行于开普半岛郁郁葱葱的山道之间时，头顶上浓密的乌云居然渐渐散开了。等我们进入半岛顶尖的国家公园时，太阳已悄悄从云缝中露出脸来。只是当我们终于来到好望角高耸的悬崖边俯视百米深处拍岸的狂涛时才意识到,原来我们所站的地方是怎样的一个风口浪尖!巨大的浪潮猛烈地拍击着岸边狰狞的岩礁,激起一道道厚重的雾气,将曲折的海岸线裹上如梦如幻的纱幕。

穿越时空,近一百七十年前,我们有一位著名的同胞也曾经来过这里,也曾见到过同样的情景,只是他的视角和我的不同:他当时是从一艘满载茶叶的名叫"亨特里斯"(Huntress)号商船的甲板上,透过冲天的海浪,远眺此时就在我身后那矗立在好望角百丈悬崖之上的灯塔。几十年以后回想起这次旅程,他心有余悸地写道:

> 过好望角时,小有风浪,自船后来,势乃至猛,恍若恶魔之逐人。入夜天则黑暗,浓云如幕,不漏星斗。于此茫茫黑夜中,仰望桅上电灯星星,摇荡空际,飘忽不定,有若墟墓间之磷火。此种愁惨景象,印入脑际,迄今犹历历在目。惟彼

南非开普敦好望角。当年容闳就是途经这片惊涛骇浪的海域,前往美国留学。虽然那时候的中国还没有现代意义上的大学,但是容闳的美国之行不啻为中国高等教育走向世界的处女之航。

时予年尚幼，不自知其危险，故虽扁舟颠簸于惊涛骇浪中，不特无恐怖之念，且转以为乐，竟若此波涛汹涌，入予目中，皆成为不世之奇观者。①

这段文字的作者就是中国近代史上首位留美学生容闳，而他此时搭乘的美国阿立芬特兄弟公司（The Olyphant Brothers）的商船，正在赴美途中。商船1847年1月4日由广东黄埔港启航，顺着珠江口南下。船没有如我们所想的那样往东进入太平洋，而是一直向南越过西沙和南沙群岛后直奔马六甲海峡，然后横跨印度洋、绕过好望角，再穿过大西洋，最后终于在98天后的4月12日到达目的地纽约。后来的历史证明，这段充满惊涛骇浪的旅程不啻为中国高等教育走向世界的处女之航，尽管那时容闳灾难深重的祖国还没有一所现代意义上的大学。

中国现代意义上的大学，直到半个世纪之后才陆续出现。我国近代第一所大学北洋大学堂（今天津大学）诞生于1895年，第一所国立综合大学京师大学堂（今北京大学）诞生于1898年。然而，现代大学的姗姗来迟，却在无意中造就了我国大学发展的一些特点。比如说，一般国家是先有大学后有国际化，而我们却是先有国际化后有大学。由于这个特点，国际化对于我们的大学来说并不陌生，但实施什么样的国际化、与什么样的国际规范接轨或是以国际上什么样的大学制度为范本，等等，这些问题却一直困扰着我们的大学。

从历史经验看，国际化对于大学来说是把双刃剑。容闳及

---

① 容闳：《西学东渐记》，中州古籍出版社1998年版，第78页。

其留美之旅为后来中国大学与西方接轨，特别是学习美国大学制度打开了一条重要航道。影响我国现代大学发展的许多关键人物，包括胡适、蒋梦麟、梅贻琦等，都曾在美国留过学，并对我国早期研究型大学的崛起贡献良多。然而，日后我国与苏俄之间的那段充满爱恨情仇的交往，却将新中国大学的发展引入另一条全然不同的航线。1952年中国高校借鉴苏联高等教育模式进行大规模院系调整，大批综合性大学的院系被拆分，并重组成为新的专门学校。大学从此成为国家集中计划、中央政府各部委和省级政府分别投资和管理的体制中的一部分，丧失了教学与科研的自主权。考虑到当时国际上两大阵营从意识形态到经济体系等各方面非黑即白的对峙，我们在大学制度建设方面的选边站是可以理解的。但是，我们为此付出的代价之沉重，亦让人难以释怀。今天我们讨论大学的国际化，已经很少有人愿意承认，与苏俄体系的对接也是我国大学国际化之旅中的一段航程，一段"扁舟颠簸于惊涛骇浪中"的弯路。假如我们能够从这段"愁惨"的经历中学到什么的话，那我希望是在这新一轮的国际化浪潮中我们的大学不再盲目地跟着任何国际潮流走，轻易地改变自己大学的特色、品牌与传统。相反，我们所建设的一流大学及其国际化的努力必须成为中华民族伟大复兴的航程中一个重要的驱动力量。

那么大学的国际化在今天全球化的国际经济与社会环境下，究竟意味着什么呢？

本来各国高等教育的发展有其独特的历史文化背景，由此衍生出来的大学体系互不相同理所应当。但人类在20世纪最后的四分之一时间内却经历了极为深刻的社会转型。随着经济的日益全球化,国际竞赛变得白热化。直接的结果是,社会对于人力资源的要求发生了根本性的变化。在知识经济的时代,一个大学毕业生无论其专业才能如何出众,若不具备基本的国际视野、外语能力和跨文化的经验,他在未来社会和职场的适应能力便会大打折扣。同样,过去的大学教授完全可以为自己在本国学界所享有的威望而沾沾自喜,可是在这个资讯共享的时代,任何研究成果或出版物假如不能得到全球(或网上)同行认可的话,便与自娱自乐无异。正是在这样的背景下,国际化一夜之间成为世界高等教育界的关键词,而国家、地区以致全球范围内的大学排名更是在商业机构的推波助澜之下成为大学国际化水平的标尺。所谓"一把尺子量天下",至此达到登峰造极的地步。

由此看来,国际化已经成为高等教育界无法回避的课题、大学管理层必须直面的挑战。关于国际化的定义,学界引用较多的是加拿大学者简·奈特的说法:所谓国际化就是"在大学与国家的层面上将跨国的、跨文化的或全球的考量融入高等教育的目的、功能或教学中去的这么一个过程"[①]。这个过程对于不同国家、地区的大学而言意义各不相同。2012年在与《中国社会科学报》的一个访谈中,奈特教授进而解释道:"对一些人来说,高等教育国际化意味着一系列诸如学生、教师在内的人员流动,国际合作项目,跨国课程及国际学术研究活动;还有些人认为高等教育国际化是通过新型的手段,诸如建立海外分校、启动网络课程,

---

① J. Knight, 2008, *Higher Education in Turmoil. The Changing World of Internationalisation*. Rotterdam, the Netherlands: Sense Publishers, p. 21.

在别国推广本国教育模式的活动;对于更多的人来说,高等教育国际化是一个包含了跨国、跨文化、全球化等因素在内的课程及教学实践活动。"①

国际化对中国大学的意义还不仅于此,因为它作为一个关键词在世界高等教育领域的流行,正赶上我们国家在经历了一系列的改革之后经济开始起飞这个重要时刻。北京大学韩水法教授指出:"在现代世界,一个国家和社会是否够得上发达和文明的标准,是否具备持续发展的实力和潜力,一个最重要的标志就是看它是否具有一个合理而高质量的大学体系,有无世界一流的研究型大学。"②在这里,是否具有现代的、一流的大学与一个国家的发达和文明水平连在一起了。的确,一个国家和社会的经济、科学、技术和军事等方面的水平,必须有一大批顶尖的科学家、学者和研究者在背后支撑,而这些学者与科研人员的集聚之地便是现代大学。现代大学学术自由原则的确立,还为这个国家和社会的文化和价值观念的自由表达提供了制度上的保证。

其实,大学国际化与社会转型不期而遇,在历史上并非罕见。1815年哈佛派出第一个留学生到德国哥廷根大学学习,这就是日后成为哈佛大学第16任校长的爱德华·埃弗里特(Edward Everett)。这场留学德国的运动持续了一百年,到第一次世界大战前美国共有一万名学生接受过德国的高等教育。③以当时稀少

---

① 张哲:《高等教育国际化的价值比定义更重要——访加拿大多伦多大学安大略教育研究院教授简·奈特》,《中国社会科学报》2012年9月17日。见http://www.csstoday.net/Item/23419.aspx。
② 韩水法:《大学与学术》,北京大学出版社2008年版,第75—76页。
③ 舸昕编著:《从哈佛到斯坦福:美国著名大学今昔纵横谈》,东方出版社1999年版,第22页。

的大学生群体、艰难的越洋交通,加上这一百年间无数的战争和动乱,美国人以年均百人的规模负笈德国,掀开了大学发展史上极为辉煌的一页。1876年仿柏林洪堡大学创建的美国约翰·霍普金斯大学,就是这场留学运动最直接的成果,并为此后研究型大学在美国蓬勃发展奠定了基础。可以这样说,没有洪堡,就没有今天的哈佛、哥伦比亚、芝加哥、麻省理工或加大伯克利。事实证明,当代美国傲人的研究型大学及其强大的科研能力,早已成为"二战"以来美国作为世界经济强国的终极驱动力,并始终在为这艘称霸世界的航空母舰护航。

这样看来,容闳当年的留美之旅,其意义应当不亚于埃弗里特留学德国。1854年,容闳以优异成绩获得耶鲁大学的学位证书,成为中国第一个在美完成学业的留学生。他日后回忆道,在大学的最后一年,他"已预计将来应行之事,规划大略于胸中矣"。他感到,"予之一身既受此文明之教育,则当使后予之人,亦享此同等之利益,以西方之学术,灌输于中国,使中国日趋于文明富强之境"。①

从1872年到1875年间,由容闳倡议、曾国藩和李鸿章支持的"幼童留美计划"得以实施。清政府先后派出四批共120名学生赴美国留学。虽然这次留学活动由于种种原因未能善始善终,但这一批留学生返国后对中国现代化的贡献却有目共睹。他们中的许多人成为中国近现代外交、铁路、采矿及军事等领域的先驱,包括首任清华大学校长唐国安、北洋大学校长蔡绍基在内的许多归国的留学生,更是直接参与了我国最初的现代大学的建

---

① 容闳:《西学东渐记》,中州古籍出版社1998年版,第89页。

设。从这个意义上看,我国的大学从一开始就是国际化的、瞄准世界一流的,而师生的国际流动、课程的国际化设计等当代大学国际化的元素,我们的大学是与生俱有的。

当然,国际化的大学并不等同于世界一流大学,这两者之间没有必然联系,有时二者还有抵触。比如说,当今国外许多大学热衷于建立海外分校,也许标志着这些大学国际化程度相对较高,也许暗示着这样的大学别说和世界一流不沾边,连跻身本国一流都十分困难。因此,根据"墙里开花墙外香"的原理到海外发展,就顺理成章地成为这类大学的战略首选。这样的教育国际化,输出方无可指责,但接收方特别是接收方的政府监管部门就必须当心了。一位美国大学的校长被《纽约时报》记者问及他在中国设立分校一事,直言不讳地说:"正因为是三流大学,所以我们必须通过一些非同寻常的举动来脱离寻常的轨道,并以此创造大学的辉煌。"[1] 这间大学能否因为在中国的项目而辉煌还需要时间的检验,但这位校长就大学"国际化"所作的努力,加上有效的公关技巧,还当真让他在美国高等教育的圈内火了一把。有趣的是,这位校长最近再次成为美国大学圈子里的新闻人物,[2] 可惜原因不是中国分校的成功,而是他自己涉嫌学历造假。跨境合作办学的质量问题,比起一些个别事件所涉及的问题更为复杂,所

---

[1] T. Lewin, 2008, "U.S. Universities rush to set up outpost abroad". *New York Times*, February 10, 2008. URL: http://www.nytimes.com/2008/02/10/education/10global.html.

[2] R. Pérez-Peña, 2012, "Split Board Backs Kean University's Leader, Under Fire for Résumé". *New York Times*. February 15, 2012. URL: http://www.nytimes.com/2012/02/16/nyregion/kean-universitys-trustees-back-its-president.html?pagewanted=all&_r=0.

以不能以偏概全。但是,这一定是未来大学发展中的一个谁也无法回避的课题。稍有不慎,我们大学国际化的航船就会因为"劣币驱逐良币"而撞上暗礁,成为高等教育的"泰坦尼克号"。

总之,国际化之旅,对于很多大学来说虽非首航,但在今日的航程中却不得不应对经济的全球化、社会的信息化、教育的市场化、思想的现代化等一系列暗礁险滩。这是一片尚未设置航标的水域,因而我们的旅程不会那么一帆风顺。可是,大学的国际化又是现代大学的建设与发展过程中不可省略的一段航程,也是任何关注未来大学走向的人们必须认真研究的新课题。从这个意义上说,当今我国大学的国际化之旅,并非处女之航,而是在新形势下的重新启航。

二

前不久,我代表香港城市大学接待了一个来自东欧和从苏联独立出去国家的大学校长代表团。在为他们介绍学校概况时,我提到我们学校的国际化战略以及我的办公室所承担的工作,其中包括招收来自世界各地的外国留学生。正好东欧与前苏联地区是我们的薄弱环节,香港的大学平时与那里的学校接触不多,所以我半开玩笑地对他们说,"今天能够接待各位真是太高兴了。希望各位能帮我们出出主意,如何才能说服你们的高中毕业生来香港念大学"。介绍一结束,一位校长就迫不及待地要求发言。他的语速很快,而且越说越激动,甚至忘了停下让翻译讲话。我这厢一头雾水,急切地想知道他究竟在说什么。看看翻译也和我一样着急,却无法让他停下,只得拼命写笔记。十多分钟后,他终于拿起杯子,喝了一口水,翻译赶紧见缝插针,开始翻译。

原来这位校长来自东欧一所私立大学。他听说我们要从他所在地区招收学生来香港念书,异常愤怒。近年来整个欧洲由于出生率下降,少子化的现象在他的大学所在地日趋严重,并开始威胁到他学校的生源。因此,一听到"招生"二字,便以为我们要和他抢生源,于是毫不客气地向我开火了。他的原话可大致概括如下:

> 我是一个经济学家,所以必须给你讲讲大学经济学的第一课:供给与需求。今天的大学整个就是一个市场,而我们都必须按照市场的规律来办大学。对大学来说,多招一个学生就是增加一笔学费。在生源严重不足的情况下,我们会全力以赴地保卫我们的生源。我在这里警告你:别打我们学生的主意!我们决不会让一个学生落入你们手中!香港也别想到我们国家招到一个学生!

真是字字千钧!我从事大学的外事工作有些年头了,却从来没见过这样的场面。我惊讶得差点儿从椅子上掉下来,倒不是因为这位校长粗放的外事礼节(或非礼),而是从来没有听人对大学作为市场这类比喻作如此市侩的阐释。几乎等不及翻译讲完,校长又接着前面的话题,继续滔滔不绝地给我讲经济学原理。又是十多分钟过去了,校长还没有打住的意思,代表团里他的一位同事终于有点脸上挂不住了,几次插话未成,只得硬行打断他。

不知道这位校长是在哪里学的经济学,显然不是资本主义的经济学。市场经济的第一准则是自由竞争，所以当供大于求时消费者就拥有了选择的权利。虽说哪里有自由竞争，哪里就有市场保护，但在大学招生上强行市场保护，闻所未闻。当然，这些都是事后的联想了，礼仪有加的外事接待自然不是与客人作经济学探讨的场合。我耐着性子，试图将香港为什么要招外国学生的道理给他作一个简单的说明。

香港虽然有八所公立大学，而且近年来政府也开放了私立办学，希望增加高等教育的机会。但是，到目前为止，香港仍然只有20%左右的高中毕业生能够进入公立大学学习。在这种情况下，大学每招收一名外国学生，就意味着减少一名本地学生入学的机会。那么，为什么香港的大学还亟亟于到海外招生呢？其实，与新加坡相比，香港特区政府是相当保守的。早在20年前新加坡政府就意识到国际化是建设世界一流大学的最佳选择。因此，政府不仅拨出巨款作为奖学金吸引外国学生，而且还帮助大学到海外进行宣传。而香港，纳税人资助的大学能否招收境外学生一直是争论的焦点。直到21世纪初特区政府终于看到只在本地招生的弊病，生源狭窄造成大学教学质量低下，学生种族背景单一加上在校期间无缘接触国外大学生，使得毕业生在国际化的职场上竞争力欠缺。因此，政府在过去的近十年间逐渐放开境外招生，将中国大陆、台湾、澳门和国际学生的名额由起初的不到10%增加到20%。由于僧多粥少，中国大陆和台湾学生对于香港教育资源又需求强劲，最后能够留给海外的名额其实不多，加上香港生活昂贵，政府和大学必须提供高额奖学金才能招到国外特别是东欧这样国家的学生。因而我们的海外招生对这位校长根本不可能构成任何威胁。

　　这样看来，香港大学的国际化战略与当今世界高教界愈演愈烈的生源大战实在不可同日而语。比如澳大利亚，政府从20世纪80年代末开始就将招收外国留学生当成一个产业来做。这个教育服务产业在2008年为澳大利亚挣了155亿澳元，在其出口行业中稳居第三位。其中中昆士兰大学（Central Queensland University）教育经费的44%是从外国留学生那里赚取，紧跟其后的三所大学的经费也有近三分之一来自于留学生。① 不难想象，那位鲁莽的东欧校长所害怕的应该是他澳大利亚的同行，而不是香港。

　　有意思的是，虽然也打着国际化的旗帜，中国大陆很多大学却至今仍为留学生提供许多特殊待遇，而这些待遇不仅不能给大学带来多少经济利益，反而让深受其"益"的留学生叫苦不迭。20世纪80年代初学生宿舍条件差，所以专门为留学或短期访学的外国人建"留学生楼"或"专家楼"。我后来去美国上学，碰到许多住过"留学生楼"的美国人，听到的只有抱怨，有人将此戏称为"隔离楼"。愿意去中国的美国人大多抱着了解中国的初衷，而"留学生楼"，不管中方的原意如何，事实上阻止了中美学生之间可能产生的交往。

　　事过境迁，今天的中国大学宿舍已经基本"赶超世界先进水平"了，所以我在去国二十多年后应邀回国讲学，提到"留学生楼"时用的是过去时。但听众席里立即有人纠正说，他们学校的留学生现在还是分开住。以后我又去了其他几所大学，情况大致

---

① John Molony, "Strategic Operations: The Australian Model of International Higher Education." 在2010年QS Apple WorldClass Conference上的发言。

没变。这就让我起了好奇心：既然不让留学生与当地学生打成一片，又不求经济回报，这样的国际化究竟为哪般？

其实，行文至此，我们大致可以看到当今大学国际化的三个不同版本：澳大利亚版本、中国大陆版本和中国香港版本。虽说任何大而化之的概括都会招致诟病，但我还是忍不住要对这三种模式作些比较。假如说澳大利亚版的国际化重在取利，中国大陆版似有取名之嫌，那么香港版则似比较取实。

取利者情有可原，因为有本方能有利。英语是澳大利亚吸引外国学生最大也最不需要投入的天然本钱，而它的大学发展到今天在教学质量方面也大致达标，再加上政府的支持，天时、地利与人和，万事俱备，所以在教育服务成为产业的今天乘机发点国际小财，理所当然。与此相比，取名者则值得考究了。往轻处说，是大学对国际化缺乏认识。国人历来重视对外交流，来了外宾好酒好肉款待，建豪舍优待外国学生，古之遗风，习惯使然，怕的是委屈了远方来客，不难理解。至于这样的国际化劳民伤财，究竟目的何在，似从未有人深究。往重处说，是大学打着国际化的幌子欺世盗名。试想，一所大学假如不在教学和科研上下功夫，只想通过招收外国学生来赚取所谓的国际名声，让"蓝眼睛高鼻子"在校园里晃悠装点门面，而且为此投入大量资源却又不图回报，这样的国际化，没有也许更好。

回过头来看香港，大学的国际化进程先从教授的招聘开始。学校的每一个教授职位都是全球招聘，而且工资条件与国际接轨。有了国际化的教师队伍，再招收国际学生才不至于流于形式。特区政府为此投入大量奖学金来吸引中国海峡两岸和国外留学生，为的是广开生源，提高大学的竞争力，同时也为本地学生营造一个多元化、国际化的校园环境。与中国大陆大学不同，外来学生在香港的大学里与本地学生同吃、同住、同学、同玩，没有任何特殊待遇。特别是由于中国大陆和台湾来的学生都是尖子学生，他们无论在学业上还是社交能力方面都给香港本地学生造成巨大压力，以致本地学生中"好机会都让内地同学抢去了"之类的抱怨不绝于耳。但抱怨归抱怨，外面的学生照来不误，而且越来越多。国际化对于香港学生来说是威胁，是挑战，也是他们将来进入全球化职场的预演。身在其中的学子们此时未必能体会学校的良苦用心，投入巨大的学校也不一定能够很快见到收益，但这种国际化的考量对于后起的亚洲大学来说着眼点并不在当下而在未来。不是说"有奋斗就会有牺牲"吗？大学的国际化也不例外。

不知我在和那位东欧校长对话时，仓促应战，是否将道理讲清楚了。反正后来我设午宴招待客人时，这位校长与我同桌。没有人重拾那个话题。与先前判若两人，他显得有点沉默。那场辩论给他留下的是思考、震惊、惭愧，还是不服？我不得而知。

三

1771年詹姆斯·库克船长驾驶着"努力号"穿越太平洋到达爪哇岛沿岸，当时的荷属东印度，即今天的印度尼西亚。与他同行的是一位来自太平洋塔西提群岛的名叫图皮亚的翻译。当库克和图皮亚来到当时最大的一个巴塔维亚市场（即今天的雅加达）时，图皮亚注意到，那里居民的穿着五花八门、各不相同。一番打听后图皮亚得知，这里的居民来自许多不同的民族，穿的是他们本民族的服装。他立即让人回到船上，取来他带着的塔西提服装，穿上才进了巴塔维亚市场。

库克船长在日记里记下的这个故事生动地描述了人类历史较早时期出现的国际化现象以及当时人们所作出的应对。不知别人读了这个故事会作如何想，反正我自己对图皮亚是佩服得五体投地。多年研究大学管理，特别是近年来致力于大学国际化方面的工作，我从这个故事里读出几分钦佩，几多汗颜。举目当代世界各地的高等学府，齐声高唱"国际化"，但我们对于大学"国际化"的理解也许远不如二百多年前来自塔西提群岛的图皮亚。

那么，今天的大学在推行国际化的时候心里究竟想的是什么呢？加拿大著名学者简·奈特在2006年为联合国教科文组织准备的一份报告中指出，大学国际化涉及校内的和跨国的两类活动，包括国际合作项目，大学之间的交流，国际的和跨文化的教学、课程与研究活动，教学人员的国际间流动，招收国际学生，学生交换项目，联合/双学位项目，以及海外分校等。

国际化对于非英语国家来说又有不同的含义。比如说，近年来在韩国的大学里用英语讲授的课程大幅增加。2008年上学期首尔大学要求用英语教学的课程为592门，占全部课程的12.4%。西江大学那年上半年要求199门课程用英语教学，占所有课程的17.92%。[1] 我曾在一个国际会议上听到一位韩国大学校长关于如

---

[1] http://goabroad.sohu.com/20080527/n257105464.shtml.

何在学校推广英语教学的经验介绍。虽说是经验分享，听起来却充满无奈。在今天英语强势的世界里，学生原本可以用来享受来之不易的大学生活的时间，却不得不花在语言训练上，为的是未来能在强者如林的就业市场上争得一席之地。

而对许多新兴的亚洲国家来说，国际化更是和创办世界一流大学挂了钩。"现在一提到一流大学或高水平大学的建设，就意味着以哈佛、斯坦福、牛津、剑桥等为榜样，以这些著名大学的学科水平和管理体系为标尺，"中国传媒大学名誉校长刘继南认为，这种所谓的"国际标准化教育"的代价是学校自身个性的消失。①

这里罗列的三种阐释，即国际合作项目、英语教学和一流大学建设，只是信手拈来，和一般人心目中大学国际化的概念不会相距太远。可问题是，这些概念不能深究。比如说，当代大学之所以对于国际化的概念趋之若鹜，原因之一就是它代表了大学发展的一种新趋势或时尚，但奈特所列各项活动，没有一项是新的。且不说大学从早期的博洛尼亚大学或牛津大学时代就带有国际性，就是海外交流、开办分校这样的活动亦由来已久，根本不具有任何当代性。

英语的强势化虽有让人感到无奈的地方，但语言毕竟只是一个工具。假如一所非英语国家的大学毕业生个个英文"溜"得如母语似的，却无一技之长，那么，我们只剩下两个选项：或者让跨国公司的雇主们只招英语为母语的大学毕业生，或者将非英语国家的大学全变成外语学院。国际化不等于英语化，由此可见

---

① 柴葳：《大学不能是流行风尚的"温度计"》，《中国教育报》2006年11月1日；也见 http://www.jyb.cn/high/gjsd/200611/t20061101_46159.html。

一斑。

将一流大学等同于哈佛或剑桥更是和国际化风马牛不相及。哈佛或剑桥也许是比较国际化的大学,但国际化并不是通向一流的直通车。对那些热衷于赶英超美的大学校长来说,他们羡慕哈佛剑桥头上的光环情有可原,可这光环并不来自于国际化,至少并不只是国际化。名牌大学之为名牌,所作所为,有的可以有,有的不可以有。举例来说,哈佛20多亿的校务基金、牛津剑桥近千年的校史,就不可以有,套用一句熟语:"Don't try this at home!"(在家勿试!)

那什么是在家可试的呢?图皮亚的国际化。

图皮亚的国际化观念可以有,因为它深入浅出。图皮亚上岸伊始,来到多民族集聚的巴塔维亚市场,在第一时间做出两个反应:一是求同,二是存异。求同是为了尽快融入这个已经非常国际化的社会,但他求同却不趋同。为了求同他所采取的策略是存异。之所以要换上塔西提服装才进入市场,是因为他深深懂得,只有努力地展示自己与生俱来的文化特色,而不是刻意地掩饰自己的特点,才能求得与"主流社会"的真正融合。听上去很熟悉,不是吗?这就是我们今天在大学校园里花了很大力气推行的所谓"多元文化教育"。

说起多元文化教育,不能不提美国。美国大学的多元文化教育之所以较之其他国家起步更早,完全是形势所迫。20世纪五六十年代,随着美国大学从精英教育向大众教育转变,以前在大学门前望而却步的来自少数族裔、贫寒家庭以及各色各样"非主流"背景的学生大批涌进大学的殿堂。在这样的校园环境里,不同种族、文化和家庭背景之间的交流和冲突成为大学生活一个不容忽略的部分,多元文化教育应运而生。几十年下来,多元文化事务成为学生事务的一个组成部分,大学也因此积累了丰富的经验。

然而有趣的是,美国大学虽然多年来大讲多元文化,但多元文化的概念却不包括国际学生,尽管国际学生已是今日美国大学不可或缺的一道风景线。换言之,美国大学的所谓多元文化更像我们熟悉的"少数民族政策",强调的是本国各民族之间的融合,而不惠及外国学生。只是到了最近这十多年,有些大学才开始将国际学生纳入他们的多元文化教育项目。为什么要这样做呢?还是形势所迫。

美国人这样自嘲:要在一群大学生中找出美国学生,只要试一下他们的外语能力——双语或多语的是外国学生,而单语的一定是美国人。也难怪美国人不学外语,因为多少年来美国一直以"大熔炉"(melting pot)自诩。但一句话说久了,连说话人都忘了是什么意思,更无意叩问一下虚实。假如说早期来自欧洲的不同民族在这片新大陆上实现了在文化上一定程度的融合的话,但后来的拉丁美洲,特别是亚洲的移民其实一直在"大熔炉"的边缘挣扎。直到最近几十年,面对现实,一些诚实的美国人方才不无遗憾地承认,也许美国各民族之间的关系更像"色拉碗"而非"大熔炉"。不同种族和民族在美国共同生活,"混合",却并不"融合"。

其实从文化的角度来看,假如一个国家真能做到各民族和睦相处,同时又能保持各自的文化传承与特色,实乃多元化之最高境界。问题是，这种"混合"型的多元文化模式给多数民族（在美国就是白人）造成一种多元的假象，使得他们不再关注和学习其他民族的文化和语言。而少数民族，因为不能完全"融合"，反倒意外地有了一份收获，即比他们多数民族的同伴们多了一种语言和文化的技巧。

从这个角度来思考当今大学的国际化问题，我们就不能不回到一个基本的问题：大学国际化究竟为哪般？有人将目标设定在增强一个国家的"软实力"，借出国办学来弘扬民族文化，提升国际影响；有人将目标设定在经济方面，借联合办学、双学位等项目进行创收，以弥补教育经费的短缺；更多的大学将国际化作为大学发展的捷径，试图提升大学在国际上的排名以扭转在国内排名中的劣势地位。所有这些所谓"国际化"的努力，都遗漏了一个大学至为重要、极其关键的"利益相关人"——学生！

回到图皮亚的国际化观念，我们不难看出今天的大学毕业生所面对的世界和当年的巴塔维亚市场确有相似之处。假如我们能够暂时地搁置诸如地域差别、生活习惯、教育开支等因素，那么从理论上说今天地球上每一个角落的学生都可以选择到另一个国家去接受大学教育。事实上，这样的情形在越来越多的国家已经不再是假设，而是现实。假如当年美国的大学开始将多元化纳入大学教育是形势所迫的话，那么随着大学生全球流动的趋势日益增强，大学已经无法回避国际化教育这个话题。图皮亚给我们的启示是，在一个多元化、国际化的校园里，求同还是存异已经不再是两个可以选择的项目，而是一个选项的两个方面。在这里，求同意味着大学必须帮助国际学生尽快适应大学所在地的文化与生活习惯；而存异则意味着大学通过招收外国学生在校园里营造一个模拟的社会和未来职场，目的是帮助学生了解、熟悉他们即将进入的现实社会，一个以国际化、多元化为特征的社会。而学校为学生提供的训练则必须包括帮助学生学习在这样的社会和职场生存发展的技能。

不难看出，大学国际化，存异比求同来得更为重要。

第二章

校园国际化寻踪

一

记得若干年前在国内一家名牌大学讲课，突然接到通知，说是该校的一位副校长要请我吃饭。诚惶诚恐之余，发现行囊中并未准备任何合适的见面礼物。无奈，只得将自己关于美国大学的一本小书权作答谢。副校长性情豪爽，而且年龄相仿，所以一见如故，席间相谈甚欢。接到我的小书后翻了一下，连声道谢，并拍拍我的肩膀说："其实啊，不瞒你说，虽然老兄在美国大学任职多年，要说了解，我还真胜你一筹。"我这厢虽说在美国大学虚度不少年华，但还是纸上谈兵的时候多。美国人钱袋子捏得很紧，平时没有出国考察这一说，连参观兄弟学校还得借口开会或"义务劳动"（比如说成为地区认证机构的评估员）才能得逞。现在遇到"真人"，不禁大喜过望，连忙表示愿闻其详。果然，借着出国考察的机会，副校长光在美国就访问过130多所大学。当他将那些大学如数家珍、细细道来时，我不由得自愧弗如。

虽说世面见得不如副校长多，但我还是窃以为对大学的了解深度比广度要重要，因而对副校长的自夸颇有点不服。谁知风水轮流转，我最近几年由于工作变动，居然有了许多挡都挡不住的机会访问世界各地的大学。中国有句成语叫"见异思迁"。我在见过诸多异国异地的大学之后，虽未思迁，以往"深度重于广度"的自信却是有点动摇。还是不认为"游学"能加深对大学的本质和管理之道的认识，不然高教研究学科就得先和旅行社结盟了。但"周游列校"最大的好处是了解大学的文化，而后者一直是研究界难以"搞定"的一个题目。文化无所不在，但在我们这个事事要求定量的时代，把握"大学文化"这个题目还真需要花点工夫。

先从印象说起。话说我们一行数人去法国一家大学访问，由于转机耽误，到达饭店已经半夜。房间临河，对岸就是一座被灯光打照着的宫殿，在浓浓的夜色里显得金碧辉煌。第二天一早，我们即将访问的大学派了一位教授来迎接，而目的地居然就是那座宫殿！我目瞪口呆。在美国待久了，以为哈佛、普林斯顿或哥伦比亚的校园已经够精致的了。看到这所法国大学校园才知道"楼外有楼"这句话的意思。然而，我的惊喜在踏进校园的最初几分钟就逐渐消失：那美轮美奂的宫殿式大楼由于疏于维修，居然已是满目疮痍！进到校长接待室，首先跃入眼帘的是那优雅的法式落地长窗以及窗外那静静流淌的大河，在初晨的阳光照耀下显得雍容华贵。但将视线从远处收回，呈现在眼前的却是那油漆几乎完全剥落的会议长桌，而身下则是"立场"不太平稳的折叠椅。

一个截然相反的印象来自香港的大学。多年在纽约的大学工作,自以为对城市大学的空间概念早已习惯。但香港的大学则完全是另类。我与这里大学的第一次亲密接触是香港科技大学:整个大学居然就是一栋连体的大楼群,而要从A学院走到B学院,该问的问题不是哪栋楼,而是第几号电梯。香港城市大学更有意思:一条半地下的通道将校园和一座豪华的购物中心联为一体,传统的大学校园似乎必不可少的"广场"或公共场所在这里就是一条候机厅式的"大学通道"(University Concourse)!但香港的大学真正让人震惊的不是小得不能再小的空间,而是这些有限空间的管理和使用:拥挤却有条不紊,嘈杂但一尘不染。

好像没有很多人将大学的外貌或环境与大学的管理或质量放在一起进行研究,可以想见这会是一个多么吃力不讨好的课题。假如我们可以这样假设,大学的环境(或硬件条件)会从一定程度上决定其教育的方式,但我们却无法进一步在教育方式和教育质量之间找到什么对等关系。也许这就是为什么凤凰城大学(University of Phoenix)的校园占据了城市里很多豪华的商业大厦,却至今无人许之以一流大学的称号。但法国乃至欧洲有些在高等教育史上如雷贯耳的大学,校园美则美矣,但其名声在世界各种排行榜上江河日下也是不争的事实。

因此,虽然今天全世界的大学都在争当一流,都想成为哈佛或剑桥,大学的管理者却无疑是各个行业中最无奈的一群人了。你可以在三个月中建成一座教学大楼,但要让大楼的外壁爬满常春藤却要经过几十年以至几百年的风吹日晒。有的大学还没等到长出青藤已经悄然谢幕；有的大学虽然长出了常青藤但却无法变成"常青藤"；当然也有大学虽然没有常青藤却非常"常青藤"，甚至比"常青藤"还要"常青藤"。最后一类可以斯坦福或麻省理工为例。

近年来，随着大学间人才竞争愈演愈烈，大学外观也成为一所大学能否招聘到学术明星或尖子学生的一个重要因素。且不说公开招聘教授的大学需要将最后的人选请到校园面试，就是家庭收入一般的父母只要可能也会尽量带着孩子去他们心仪的几所大学参观一下，以便他们的选择有一些"物质"基础。这样，将大学以什么样的面貌呈现出来便成为大学管理者难以回避的一个问题。以前中国"酒香不怕巷子深"的经验在这里怕是不太好使。年前随一个政府代表团去印度，应邀访问当地一所名牌大学。该校校长提出在自己的官邸接待我们。当我们的车到达目的地，眼前这座几乎是美国白宫仿制品的建筑着实让人"惊艳"不已。唯一的区别是，白宫外的花园在围墙里面，而校长官邸则为铁栏杆所环绕，与花园式校园完全隔离。因为早到了半个多小时，警卫不让进，我们一行人只得在校园里转悠。开始有点奇怪，校园虽美，却未见教学楼，后来渐渐看出了道道儿：原来这片校区除了校长官邸外，只是一片经过精心维持的绿地和花园，而真正的校园是在马路对面。而跨进对面校区迎面扑来的是一块锈迹斑斑的铁牌，上书："化学楼"。

也许在人口众多的印度大学还无需为能否吸引一流人才而操心，至少这样的名牌大学还不用担心别人不来。问题是，一个国家的大学好坏，其实并不是建一两所名牌就万事大吉了。你

景色优美的印度某大学的校长官邸，真正的校园在马路对面。

能想象将哈佛搬到一个第三世界国家，它还能继续做哈佛？名牌大学的人出门头往往抬得有点高，好像他们的牌子全靠自己努力挣来的。我的看法是，要不是美国有这么多一流和接近一流的大学和哈佛竞争，并在此过程中将它抬高，哈佛和它周边的另一所社区学院也只不过在校名上有所不同而已。这也就是为什么这所印度大学能够安心地在当地做老大，却在世界高等教育的圈子里默默无闻。不是它本身不够出色，而是缺少"绿叶扶持"。

这一点对于那些由政府操办大学的国家尤其重要。有些政府倾全国之财力扶持一小批甚至一两所大学，以为这样就能建成世界一流。但这样做的结果往往是揠苗助长，因为此举将一所大学成长必备的竞争环境给摧毁了。这样建成的一流，至多也只是"区域性"名牌而已。

二

周游世界访问大学最奇妙的经验，当数英国的诺丁汉大学及其宁波校区。我先是有机会到宁波诺丁汉大学校园里参加一个研讨会，从学校的英方和中方两位领导那里第一次听到有关这所大学的故事。诺丁汉大学尽管是一所在英国以至世界上都算不错的大学，但让中国人对它刮目相看的却是两件让很多国外大学至今难以望其项背的大手笔。一是在21世纪初将中国著名科学家、复旦大学前校长杨福家聘为校长，此事不仅前无古人，到目前为止后无来者；二是在2005年在宁波成功地建立英国诺丁汉大学海外的第二所分校（第一所在马来西亚），成为教育部正式批准设立的第一所中外合作办学机构。

那天宁波诺丁汉大学学务副校长（Provost）尼克·迈尔斯教授亲自带领我们参观校园。走到大学的行政楼面前时他一再提到该楼的设计是他们英国本部行政楼（Trent Building）的"拷贝"。我当时还没有去过诺丁汉大学，对此也没太在意。半年以后，我随一个代表团访问英国，其中一站就是诺丁汉大学。一踏进校园我就彻底地震惊了，我们面前的大学行政楼从建筑风格到周边环境居然和我在宁波校区见到的一模一样。唯一的区别是，Trent Building不可避免地会给人一种岁月带来的沧桑之感，而宁波校园里崭新的行政楼则更具现代感，更带有阳光、青春的气息。最不可思议的是，走到诺丁汉大学行政楼后面，我突然发现那一汪碧绿的湖水（Nottingham Lake）似曾相识，原来宁波校园的设

英国诺丁汉大学校园一景。宁波诺丁汉大学用心良苦,从建筑风格到周边环境几乎完全是英国诺丁汉的复制,令人瞩目。

计者将英格兰中部地区诺丁汉郡特有的田园风光搬到了宁波郊外,大学本部那经由岁月酿制过的浓浓的人文气息由此传递到万里之外的中国校区。当今世界热衷于跨境合作办学的大学不在少数,但如此用心者,实属罕见。

  作为中外合作办学最成功的案例之一,宁波诺丁汉的经验理所当然地受到所有想在中外合作办学方面有所作为的大学的关注。① 但宁波模式是否应当成为中国未来合作办学的模式,行业

---

① Yi Feng, 2013, "University of Nottingham Ningbo China and Xi'an Jiaotong-Liverpool University: Globalization of Higher Education in China". *Higher Education*, 65: 471—485.

内见仁见智。唯一可以肯定的,像诺丁汉那样,集天时、地利、人和于一身的大学至今尚未现身,所以宁波诺丁汉还是海内外的孤本。究其原因,宁波模式涉及的合作办学中的"原装"问题,仍是高等教育国际化过程中一道难以逾越的天堑。

扯远一点。我们全家从纽约搬到香港,虽然学校提供住房和家具,但所有电器都得"本地化",所以在香港买了许多我们在美国就很熟悉的日本电器。谁知不到三年,我们心目中那些信誉卓著、经久耐用的日本电器居然一件又一件地、无可挽回地抛锚了。后来一打听才知道,原来同是日本品牌,在日本和美国销售的多是"原装",或至少是在公司本部严格的质量监控系统下制造的。但是,中国市场,不知何故,像是姨娘生的孩子,打着嫡系的招牌,却是杂牌的质量。我们至此才恍然大悟,为什么多少年来从美国带礼物回国,经常由于不是美国制造而受到亲朋好友的白眼相对。国人对于"原装"的执着事出有因。

买一款电器尚且追求原装,那么今天家长与孩子们对于来自境外的大学教育及其品质的考究便无可非议了。此前我曾受一所美国大学的委托,为迪拜的一所大学设计过一个合作项目。最后由于多种原因未能成功,其中最为纠结的问题就是,有多少美国大学的教授愿意而且能够一次又一次地往返于纽约和迪拜之间,为这个项目提供"原装"的教学?诺丁汉大学为了他们海外校区的"原汁原味",煞费苦心地"拷贝"本部校园,但他们的课程、教授以及学生的就学经验能否拷贝呢?

我当然不会浪费和尼克·迈尔斯教授近距离接触的宝贵机会,向他提出了这个问题。迈尔斯教授来宁波前是英国诺丁汉大学工程学院的副院长，他在2009年来到宁波诺丁汉大学担任理工学院院长，并于2010年被任命为学务副校长。他以自己为例，说明诺丁汉的教授不仅愿意飞来宁波教课，而且还可能像他这样常驻宁波。当然了，有像他这样重量级的"原装"教授加盟，宁波诺丁汉的学生有理由相信他们以远高于国内一般大学的学费来上诺丁汉是物有所值了。但据有关统计，目前宁波诺丁汉仅有10%的教授来自英国本部，而80%左右的教授是通过全球招聘来的，其余的则是所谓的"海归"。[①] 换言之，90%的教授是宁波诺丁汉的教授，但不是诺丁汉的教授。他们通常是五年合同，愿意的话可以续约。这样看来，香港的大学在国际化方面要彻底得多。以香港城市大学为例，所有教授职位都全球公开招聘，目前近70%的教授非香港本地人，教授中有20%左右完全不懂中文。这里的区别是，香港城市大学所聘的每一个教授都是香港城市大学的教授，而诺丁汉大学的教授则分为本部教授、马来西亚诺丁汉教授或宁波诺丁汉教授。从目前宁波诺丁汉在国内的招生情况来看，至少中国的学生对于宁波诺丁汉的教育质量投了信任票。这大概类似于我在美国买到的日本电器，起码大学在教育项目及其质量上得到了"消费者"的认可。

前不久在北京的一个会上见到新近成立的上海纽约大学中方校长俞立中教授，我又问了同样的问题。俞校长显然是有备而来，信心十足地宣布他们来自纽约大学本部的教授一定不会少于40%。从和俞校长简短的交流中，我感到他似乎也很认同这个

---

① Yi Feng, 2013, "University of Nottingham Ningbo China and Xi'an Jiaotong-Liverpool University: Globalization of Higher Education in China". *Higher Education*, 65, p.478.

"原装"的概念，认为这正是上海纽约大学志在吸引全球优秀生源的魅力所在。

那么，对于中外合作办学，有没有必要在"原装"问题上如此纠缠？也许有，也许没有，取决于我们看问题的角度。我想，"原装"与否的问题只有从学生的角度看才是一个有意义的问题。随着近年来国际教育市场的空前开放，理论上讲现在学生可以选择到世界上任何一个国家去上学。为什么有家长或学生愿意考虑中外合作办学项目呢？绝大多数应是冲着优质的教育资源来的。不出国门可以上英国的诺丁汉或美国的纽约大学，何乐不为呢？而优质教育资源的一个最重要的指标就是一个大学的教学质量。从这个意义上说，如果合作办学不能引进"原装"教授和"原装"课程，那"合作"的意义何在呢？

从宁波诺丁汉和上海纽约大学所作的努力来看，他们都在提高"原装"教授比例这个问题上下了大功夫，其目的是为了保证教学质量。然而，在跨境合作办学项目中，合作双方对教学内容和教学质量所拥有的信息其实并不对称。比如外方到中国办学，他们本部怎么办学中方实在很难知道，更不要说为中方学生创造同样的就学经验。通过"拷贝"校园环境来创造大学气氛已属是一种格外的努力，一般合作项目根本不会走这么远。有鉴于此，合作办学双方，特别是接受方，也许需要在他们对优质教育资源的追求上分清主次先后。假如他们没有能力或精力去监控输出方本部的教学质量并以此来监控合作项目的质量，那么他们也许应当将力气花在如何建立监控机制上。古人云，己所不欲，勿施于人。我们假设合作项目的输出方更加关心他们本部学生的学习经验和成果，那么监控海外分校教学质量的最佳途径就是让本部学生来海外分部上课。加上这样一个"原装"学生的元素，不仅可以保证海外分校学生有一个国际化的大学经验，还能通过校本部对于学生海外学分的认可来保证海外学生在分校取得的学分与在本部上课取得的学分等值。迈尔斯教授介绍说，他们不仅鼓励英国本部的学生来宁波校区选课，而且宁波校区的学生也可以申请到英国本部或其他友校去学习一个学期或更长的时间。诺丁汉对于宁波分校教学质量的信心，由此可见一斑。

三

其实游学最精彩的部分还不是参观校园，最难忘的往往是访问各国大学时见到的学界"牛人"以及和他们的交流。跟着校长或政府的高官虽然能见到一些校长、大牌的教授以至各界名流，但这种场合往往是打哈哈多于谈正事，签字仪式多于学术交流，因为艰难的谈判往往发生在幕后，而协议则在出发前早已谈妥。因此，工作访问虽然比较辛苦，但比正式的代表团访问更"好玩"一些。

由于没有直航，我从香港到俄罗斯圣彼得堡的行程加上在莫斯科的中转一共花了20个小时。到达下榻的饭店稍加休整，就匆匆上路了。今天我们要访问的是俄罗斯最"牛"的两所大学之一圣彼得堡国立大学（St. Petersburg State University），见的是一个在俄罗斯高教界充满争议的人物——圣彼得堡国立大学的校长尼古拉·科罗帕契夫（Nikolay Kropachev）。

圣彼得堡国立大学于 1724 年建校，比俄罗斯另一所著名大学莫斯科国立大学早了 32 年，号称"俄罗斯的哈佛"。主校园坐落在涅瓦河北岸的瓦西里耶夫斯基岛上，与冬宫隔岸相望。来到校园时离与校长的约见时间还早十几分钟，我们就走马观花式地参观了一下。校园主要是由一栋红白相间的超长建筑和周围一些较小的楼房组成。这座被称为十二学院楼（Twelve Collegia）的建筑是彼得大帝在 1722 年下令为沙皇政府的十二个政府部门所建造。1835 年沙皇政府将此楼赠予圣彼得堡国立大学。其实让这座建筑名扬遐迩的并不是十二座优雅雍容的楼宇，而是连接这些楼宇之间的长达四百多米的长廊。长廊两边矗立的名人雕像，给人一种走进历史纵深的感觉，而那深不可测的长廊尽头似乎是人类知识之无涯的象征。大学的建筑居然让人产生了宗教建筑都难以企及的效果，除了震撼，我无法描述当时的感受。

近年来世界上五花八门的大学排名榜上其实并见不到圣彼得堡国立大学，有也不是名列前茅。但这所大学，怎一个名次了得？您可能没有注意过这所大学，但您不太可能没有听说过发现了化学元素周期律的门捷列夫、世界无线电通讯的发明人波波夫、创立高级神经活动学说的巴甫洛夫、文学家屠格涅夫、现任总统和总理普京与梅德韦杰夫。退一步说，这些人您都不熟悉，那么，"无产阶级革命的导师"列宁您总听说过吧？这些赫赫有名的人物都出自圣彼得堡国立大学。

而科罗帕契夫校长的名声，则没有那么光鲜了，完全取决于您从谁的口中听说他。2008 年 12 月科罗帕契夫接任时，大学的一名高管刚因挪用建筑公款而受到检方指控。因此，这位名牌大

俄国圣彼得堡国立大学"十二学院楼"的长廊。长廊两边矗立的名人雕像，给人一种走进历史纵深的感觉，而那深不可测的长廊尽头似乎是人类知识之无涯的象征。

学校长上任伊始首先必须面对的不是学术问题，而是反腐斗争，而后者却又和另一项在俄罗斯大学方兴未艾的改革纠缠在一起，即大学如何推动学术自治和教授治校。

科罗帕契夫校长的麻烦源自学校一对著名的夫妇：医学院院长彼得罗夫（Sergei Petrov）和新闻学院院长史舍吉娜（Marina Shishkina）。① 也许是为了显示其反腐的决心和力度吧，科罗帕契夫校长就任后椅子还未坐热，就指责彼得罗夫将大学一个诊所的

---

① Anna Nemtsova, 2010, "At an Icon Russian University, a Rector Clamps Down", *Chronicle of Higher Education*, July 3, 2010.

部分空间用来为自己的病人服务，收取医疗费，却没有按照程序向大学报告。在内务部和警方介入调查之前，科罗帕契夫校长先免了彼得罗夫的医学院院长之职。彼得罗夫辩解说，学校领导早前批准了医学院利用公家诊所收诊病人为学校创收的做法，并要求法庭干预为其复职。法学院的几位教授也为彼得罗夫打抱不平，联名上书他们以前的同事、现任总理梅德韦杰夫。

科罗帕契夫校长大概是决心强硬到底了。他杀鸡儆猴的第一步尚未见成效，又未经教授商议任命了一位校外人士担任新闻学院一个考试委员会的主管，而新闻学院院长恰好是医学院院长彼得罗夫的妻子史舍吉娜。后者在公开挑战科罗帕契夫校长的决定后，迎来的是大学的审计委员会。审计结果发现，新闻学院领导挪用70万卢布（约2.3万美元），内务部以贪腐为由正式展开调查。

去见这么一位铁腕人物，我们内心的紧张不难想象。然而，科罗帕契夫校长那充满感染力的笑声居然在几分钟内就让我们感到宾至如归了。他兴致勃勃地向我们展示他的办公室，还不无幽默地说，我的这张椅子说不定彼得大帝还坐过呢！

然而言归正传时他的心情就不再轻松了。还未等我们提及大学的麻烦，他已经迫不及待地开始给我们解释为什么在和教授们的斗争中他不能退让。他那稍纵即逝的委屈的表情，不知何故给我一丝感动，仿佛是一个备受委屈的孩子终于找到倾诉的机会。"我不能轻易放弃，"科罗帕契夫校长挥了挥拳头，"假如我们这么一所历史悠久的大学让这些教授们为所欲为，那么我们还有什么未来？我们如何再创辉煌？"听到这斩钉截铁的话语，我再次被震撼了。也许是在西方的大学待久了,我还从来没有听到过一所大学的校长敢和自己的教授如此尖锐对立,即使有敢想的也没有敢说的。有趣的是,在我们访谈结束时,科罗帕契夫校长主动提出要秘书为我们准备一份英文的谈话记录①。几星期后,我们收到这份记录,内中所有激烈的言辞都消失了。

尽管如此,这份记录还是较为真实地反映了科罗帕契夫校长在一个多小时的谈话中提出的对于当代大学,特别是俄罗斯大学的看法。这是我第一次零距离接触俄罗斯名校校长,并亲耳聆听这位学界领袖对于当代大学的看法。这种机会其实对于整个西方的高教界都是很难得的。随着1990年代苏联的解体,俄罗斯

笔者(右一)会见圣彼得堡国立大学校长科罗帕契夫(左二)。他的铁腕作风和对西方大学的熟悉程度令人印象深刻。

---

① 本章中所引的科罗帕契夫校长的谈话均出自这份记录。以下不再一一注出。

作为一个超级大国的形象在西方人面前轰然倒塌。尽管后来的俄罗斯在民主化的道路上走得已经很远,而且近十多年来普京总统也为这个大国的复兴不遗余力,但由于语言的障碍、资金的匮乏、体制的限制、文化的差异等诸多原因,当代俄罗斯大学始终在国际上显得格格不入。有一次在一个小型的会议上,英国《金融时报》著名记者马丁·沃尔夫(Martin Wolf)以极其不屑的口吻谈到俄罗斯大学,为此我还和他有过一番激烈的争论。但沃尔夫的有一个观点我无法辩驳,即在今天全球化的世界里,你即便有再高的学术成就,不用英语交流、不为同行了解,还是白搭。我不得不承认,沃尔夫代表了高教界相当一部分人对俄罗斯大学的看法,而后者在当今大学国际化潮流中的滞后几乎成为业界的共识。

然而,你可以批评俄罗斯大学在国际化的进程中慢了一拍,但科罗帕契夫校长则不仅不慢,可能较之一般西方大学的校长还要快半拍。他对西方大学从理念、经费到运作的熟悉程度一点也不亚于我见过的很多言必称美国的中国大学校长们,因此他也不讳言俄罗斯大学的落后。比如说,他认为美国大学历来关注市场需求,贴近社会变化,所以他们在教学、科研和创新等方面能够随着市场和社会的变化快速调整自己。相比之下,俄罗斯大学从财政到学术的管理至今还是牢牢地为政府所掌控,因而无法适应时代的变化,更不要说追赶世界大学国际化的步伐。就大学财政来说,由于整个国家至今未能走出1990年代经济崩溃的阴影,对教育的投入严重不足,加上苏联科学院与大学分家的体制至今未变,所以大学在科研上从设备到人才都不足以与西方大学抗衡。

其实，俄罗斯大学资金方面的不足我们在参观校园时已经有所察觉。涅瓦河北畔那红白相间的十二学院楼与南畔绿白相间的冬宫相映成辉，但走近十二学院楼你却不能不注意到处处斑驳的粉墙，地上用铁皮草草掩盖的大坑，以及走在 400 米长廊脚下咯吱作响的地板。大学其他方面的经费情况我们不得而知，但那天晚上为了答谢圣彼得堡国立大学东亚系一位助理教授担任我们与科罗帕契夫校长之间的翻译，我们请她在一家意大利餐馆吃饭。付账时助理教授告诉我，这顿饭吃掉了她近半个月的工资。

科罗帕契夫校长认为，虽然俄罗斯大学存在各种各样的问题，但有一个原则是任何大学都必须坚持的，那就是，作为国立大学，为国家服务是大学的责任，也是他们最高的荣誉。而作为国立大学的校长，捍卫和管理国家的财产（state property）是他的首要职责。科罗帕契夫校长几乎是以炫耀的口气谈到他与政府之间的密切合作，事实上，见过我们之后他就会直接去机场，因为第二天一早他在克里姆林宫与普京和梅德韦杰夫有例会。在大学管理模式的选择上，他对西方大学教授治校的理念非常熟悉，但在俄罗斯，他认为，校长除了需要照顾学术共同体（academic community）的利益而外，还需帮助政府管好那些无法无天的教授们，以防止校园里可能出现的无政府状态。因此，他希望用"крепкая рука"这个俄语词来描述他治校的风格，可以大致译为"坚定的手"或"强有力的领导"（a firm hand）。

大学只有处处维护政府的权威，政府才能帮助大学发展。科罗帕契夫校长和政府高层的密切互动给大学带来巨大利益。2010 年圣彼得堡国立大学经过政府授权，成为俄罗斯第一所能够自主设立教学和研究项目,并颁发自己学位的大学。这一授权美国人听了也许完全不知所云,因为美国的大学本来颁发的就是自己的学位。但在俄罗斯和今天的中国,学位是政府颁发的。理论上讲,北京大学的学士学位与任何一所地方大学的学士学位等值,因为学位的颁发者是教育部,而不是大学。圣彼得堡国立大学从政府手中得到的这个"特权",即使在自认为紧跟国际化潮流的中国大学还没有先例。

圣彼得堡国立大学在俄罗斯国内的地位是无可争议的,对此科罗帕契夫校长极为自信,因而他更为关注的其实是大学在国际上的声誉。2001年俄罗斯大学正式加入博洛尼亚进程,为他的大学打开了一扇通向世界、走向国际化的大门,也让他看到俄罗斯大学所面临的困难和问题。在和他见面后,我与他的副校长以及国际办公室几位同事就两校间的学术和学生交换计划进行了一系列的谈判。回来后又通过email继续沟通,其间由于语言的障碍和制度的不接轨,交流几乎是步履维艰。但是,经过一年的努力,我们居然成功地签署了两校间的学术和学生交换协议书。我喜出望外,不仅是因为起初的期望值其实很低,更由于同时与俄罗斯的另一所同样著名的大学打交道所遇到的各种不可理喻的困难,使得我更加珍惜这个难得的成功。科罗帕契夫校长的国际化理念以及他本人的推动应是这个成功的原因所在。

为了招收国际学生,我在俄罗斯跑了不少中学和大学,基本印象是,一般学生及其家长对于海外留学兴致不高。除了经济原因和英文水准外,他们还是更相信自己的品牌。然而,尽管莫斯科国立大学和圣彼得堡国立大学仍是所有好学生梦寐以求的大学，科罗帕契夫校长却居安思危："一个人只有在几个国家有过就学经历、能讲几种外语，并具有宝贵的跨文化交流的经验，才能在国际化的（人才）市场上游刃有余，从而能成为对自己国家有用的人才。"因而，他努力地推动圣彼得堡国立大学与国外其他大学的交往，每年要送600多学生去国外大学交流，并接受2000名左右外国学生来校学习。同时，圣彼得堡国立大学也在努力扩展他们的教授与国外同行的合作。科罗帕契夫校长兴奋地告诉我们，最近将有两个分别由瑞士和德国顶尖科学家领衔的实验室在圣彼得堡国立大学安家。

对于大学的国际化，科罗帕契夫校长有很多宏大的愿景。比如说，按照学校的战略规划，到2020年，圣彼得堡国立大学的国际学生将是现在的三倍多，教授论文起码有50%发表在外语的刊物上，用外语教学的课程项目将是目前的五倍以上，而且得到国际认证的课程项目也将从目前的两个增加到15个。他对于这些愿景的实现似乎没有丝毫怀疑，因为他的后面除了国家这个坚强后盾而外，更有他本人与当政总统和总理的私人关系作为保证。顺便一提，就在科罗帕契夫担任法学院院长时，梅德韦杰夫是系里的教授，因而在学校他有"帝师"（Teacher of the President）的雅号。和世界上多数大学校长特别是公立大学的校长不同，科罗帕契夫校长似乎并不担心未来政府会削减对大学的资助，"即便在经济危机最严重的那些年头，我们大学的教学与科研也并未受到太大的冲击"。俄罗斯政府对大学的资助虽然从金额上远不及美国政府对他们大学的投入，但圣彼得堡国立大学的地位决定了政府决不会在资金上为难学校。他甚至不担心随着教育的市场化或大众化，大学的人文学科会受到冲击，因为"归根结底，即使是最先进的科学技术也是人类创造的，并意在满足人类的不同需求和兴趣"。只要有国家的支持，大学就有能力抵挡来自市场和社会的各种诱惑，而他作为大学校长的工作就是保证传统学科一如既往地按照正确的理念成长与发展。

也许是在西方大学待久了，见多了政府对大学财政的不断紧缩，也习惯了大学不依赖政府自筹资金的做法，现在听到科罗帕契夫校长对大学未来如此"阳光"的看法、对政府如此毫不设防的信赖，真有一种"久违了"的感觉。

科罗帕契夫校长的乐观并非毫无根据。他在大学反腐的力度和方法虽然招致一些人的质疑，也赢得很多师生的支持。2009年夏天在大学一次最大规模的学生示威中，科罗帕契夫校长与示威队伍的代表进行了长达五个小时的闭门谈判与沟通。谈判结束后，学生代表向记者表示，校长说服了他们。有学生甚至引用校长的话劝说其他示威者："我们的大学是一个大家庭。"

但即便是一个大家庭，家长和家庭成员之间也有一个权力分配的问题需要解决，特别是人事权的问题。自科罗帕契夫校长上任以来，圣彼得堡国立大学校方已经修改了一些人事规章，允许校长无需通过教授的权力机构"科学理事会"（Scientific Council）就可以任免学校高层管理人员。在校长的推动下，大学还就领导结构作出重要调整，进一步削弱了科学理事会在学校事务中传统的监管作用。以科罗帕契夫校长对于西方大学的熟悉程度，他应该不会不了解当代大学学术独立、教授治校的理念。他在圣彼得堡国立大学的治理上采取的强硬的治校风格，究竟是出于反腐斗争的需要,还是对于大学国际化、民主化潮流的反动,我们不得而知。有一点不难想象,以圣彼得堡国立大学在俄罗斯的地位,科罗帕契夫校长每走一步都会受到其他大学的关注,而将这所大学的发展趋势当成俄罗斯大学国际化的风向标来看待,应当不算太牵强。

第三章

人的国际化

一

这个故事带些荒诞色彩,且充满侦探小说般的细节。然而最不可思议的还不是它的情节,而在于故事发生的地点:一个本当远离尘世的学术象牙塔之中。2006年12月6日,香港某大学D教授在他办公室的信箱里发现一个信封。打开一看,里面有1万港币现金,稍后他又收到一封匿名email。发件人自称是他班上的学生,希望D教授能事先透露十天后举行的期末考试题目及答案,而1万元现金只是"感谢帮忙"。此后D教授又两次收到email催促。13日中午,身上装了录音仪器的D教授抵达事先约定的一家星巴克咖啡店,与那位神秘的学生见面,将试题及答案交给这位25岁来自武汉的女博士生C。后者接过材料,赶紧坐下抄写。第一题答案尚未抄完,就被埋伏在周围的廉政公署人员拘捕。人证物证俱全,C因触犯香港《防止贿赂条例》第4(1)(a)条中规定的"向公职人员提供利益"罪,被判实时入狱6个月及充公1万元贿款。

媒体在报道这一事件时提供的两个细节值得关注。一是涉案女生来自内地名牌大学，学业优异。"一次聊天时，她说自己一直以来——从小学到大学一直不停上学到博士——在自己的圈子里是非常优秀的，一直觉得自己理所当然是No.1。"C的同学在学校一个论坛上谈到。只是来到香港后才发现周围人似乎都很厉害，开始感到压力。另一个细节是该女生在整个事件过程中表现出的轻信：从送钱、寄信、约会到赴会，她似乎从来没有怀疑过教授会拒绝她的行贿，更没有对赴约有过丝毫的疑虑或恐惧。这是怎样的一种人格啊？！这究竟是一个聪明过人的天才，还是愚不可及的庸人？

学生考试作弊，古今中外皆然；但这本无新闻价值的新闻还是以其匪夷所思的情节吸引了媒体与大众的眼球。有人以此为据指责内地人将腐败带到香港，导致所谓的香港"内地化"；有人以内地与香港法制不同为C同学辩护，但法官在宣判时表示，被告的行贿罪行严重，不熟悉香港法律不是犯案借口；有人质疑校方直接诉诸刑事部门是否小题大做，本可在事发之前通过校内处分来警示学生；也有人将事件不幸的结局归于文化差异，请求法官高抬贵手。这些争议尽管各执一词，却也折射出两种不同体制下的人们在日常交往时遭遇的各种窘迫与困惑。假如有人会对这个故事的主人公感到一丝同情，那么同情的缘由应当不是惩处太重，而是惩处的对象居然是一个浑然无知的犯法者。从各方的报道来看，C同学直到被捕前一直处于一种自信与淡定的状态，似乎她对于自己正在触犯法律这件事并无任何意识。如果这个假设成立的话,那么我们所要面对的就是一个远比作弊大得多的问题。

我们的大学在推行国际化的时候关注许多具体操作层面上的问题,比如学生流动、学术交流、办学创收、大学声誉等等。人员的跨国流动所引发的观念冲突虽然时时出现在我们的雷达视频上,但那毕竟是一个看不见摸不着的东西,大学更多的时候是采取就事论事的态度,较少兴师动众地在校园里建立任何机制来应对这样的冲突。结果是,大学里师生的成分发生了巨大的变化,人们的许多观念却没有得到相应的调整。招收了多少国际学生、有多少学生出国交换、多少教授与国外同行合作研究等成为很多大学炫耀自己国际化的标准成绩单。

然而观念影响行为,观念也会产生后果。[①]内地的C同学在香港的遭遇为那些在大学国际化进程中重项目开发、轻观念调整的人们敲响了警钟。大学的国际化离不开人的国际化,而后者恰恰是大学国际化的灵魂。考察近年来大学发展的进程可以发现,人的国际化与大学的国际化之间往往呈现一种不平衡性,最常见的是"人的国际化"滞后于"项目的国际化"。但究竟什么是人的国际化?大学如何在推动国际化项目的同时帮助师生实现思想观念方面的调整?特别是在今天人员组成复杂的校园里,什么样的观念才是"国际化"的呢?

也许是最近常坐飞机出差的缘故,想到这些棘手的问题,我耳边就想起在机场每每遇到航班晚点时广播里那个甜美的声音

---

① 可以参考威佛对于这个问题的研究:Richard M. Weaver, 1948, *Ideas Have Consequences*. Chicago: University of Chicago Press.

（在此略加歪曲）："飞往国际化的大学们请注意：我们抱歉地通知，您所提出的关于什么是国际化的观念的问题没有答案。请在候机厅耐心等待，等我们找到答案时再另行通知。"不是吗？观念的国际化意味着思想观念和心理状态从自己的国家和地域文化圈子里走出来，向跨文化跨地域的思维方式转化，这种转换包括人的价值观念、精神态度、思想意识、思维方式等各个方面。做到比说到不知要难多少倍。俗话说，"知人知面难知心"。知人心已属难得，更不用说试图改变人心。难怪一般大学望而却步，尽可能躲着走。都是"观念"惹的祸。

有没有可能换一种思路，将观念的转变简化成某些行为方式的调整？这样做有理论依据吗？

前不久访问耶路撒冷的希伯来大学，不意间得到一点灵感。这是一所在高等教育圈子里特别低调的大学，人们很少将它与哈佛、牛津等耳熟能详的所谓世界一流大学相提并论。但是，学校主楼里有一面墙上居然挂满该校教授和毕业生中诺贝尔奖、菲尔兹奖等国际大奖获得者的照片。我数了一下，光诺贝尔奖得主就有八人！其中的一名获奖者是现在普林斯顿大学任教的丹尼尔·卡尼曼（Daniel Kahneman）。早就听说了这位唯一获得了诺贝尔经济学奖的心理学家，而且他那本畅销全世界的著作《思考，快与慢》[①]我已买了多时，却未来得及看。从以色列回来后我迫不及待地将这本书从书架上取下开始阅读。心理学和经济学都不是我的专业，而且这本书的写作风格也不如近年来流行一时

---

① Daniel Kahneman, 2011, *Thinking, Fast and Slow*. New York: Farrar, Straus and Giroux.

的大众版经济学①那样深入浅出，相反，卡尼曼在描述那些行为经济学研究时还有点沉闷、迂腐。但他对于人们思维的两个系统的解读却让着实让我感受了一把另类思考的快感。卡尼曼指出，我们的大脑有快与慢两种决策系统。"系统1"是潜意识层面的直觉判断系统，它经常是无意识的，反应很快，凭借情感、记忆和经验迅速作出判断，然而，它也很容易上当，因为它以眼见为实作为判断依据，所以经常被讨厌损失和盲目乐观之类的感觉所误导，因而作出错误的选择；"系统2"则相反，它是意识层面的逻辑思考系统，通过调动注意力来分析问题，并作出决定，它比较慢，也不太出错，但它效率低，有时走捷径，并不时地受到"系统1"的直觉型判断影响而作出决策。

这个理论和国际化有什么关系呢？多少年来我们被古典经济学关于"理性人"的著名假设洗了脑，认为人的决策行为都遵循理性和效用最大化的原则。然而，卡尼曼指出，生活中"非理性"决策的例子实在太多了。我们不仅将金钱押到那些肯定赚不回来的赌局中，还常常因为害怕损失放弃最佳的投资机会。当我们认定一个结论时，我们就不假思索地认同支撑这个结论的论据，哪怕这些论据并不那么可信。这些非理性的思维方式无时不在影响着我们这个以理性为信仰的知识阶层。在当今多元化的校园里，很多学生离开家乡，进入一个陌生的新环境，他们从原本熟悉的旧环境里带来的"系统1"就会经常影响他们的日常思考和判断。这样看来，不仅那位从内地来到香港的C同学

---

① Steven D. Levitt, & Stephen J. Dubner, 2006, *Freakonomics*. London: Penguin.

没有尽快地调整其"系统1",而且连那些将她的行为当成腐败的"内地人"的代表进行批判的香港本地人也落入"系统1"轻率判断的俗套。2013年在接受《经济观察报》的采访时,卡尼曼谈到,人类的直觉判断系统(系统1)十分强大,它几乎无所不能。"正是因为它,你才能几乎不用耗费脑筋地说话,产生想法,并做很多事情。而逻辑思维系统(系统2)是核心的,它帮助我们思索未来并制定决策。""在理念的冲突中,过度的自信是十分危险的。无论对于律师,还是在战争中都是如此。如果不是因为战争中的一方,或者双方存有某些极端执念,战争根本就不会发生。"①

那么,怎样才能改变人的理念呢?"系统2"尽管比"系统1"理性、逻辑,但事事仰赖"系统2"的理性分析,既不合宜也不可行。现实中很多的不确定性,未必是理性分析所能解决。卡尼曼在书中虽然没有给我们提供任何现成的方案,但他在分析各种案例时提出了两条非常具体的建议。其一,大多数情况下我们信仰一个理念,是因为与我们亲近的人都相信它。因此,我们只有在自己尊重、敬仰和热爱的人们发生改变的时候,我们才会改变自己的核心理念。生活和环境的整体改变会让人产生新的信仰。其二,人们可以经过训练学会如何掌握时机,学会在某个时点和状况时稍停下,调动"系统2"来分析、干预,并矫正"系统1"的选择。前者有关理念转变,后者涉及行为矫正,两者都和教育有关。

---

① 《丹尼尔·卡尼曼:思考是一种信念》,经济观察网,2013年5月8日,见http://www.21ccom.net/articles/sxwh/xfwm/2013/0512/83181.html。

作者（右4）随香港的大学代表团访问文莱。

在今天国际化、多元化的社会里，改变或调整理念有多重要呢？哈佛大学历史学教授尼尔·弗格森的《世界之战》①一书值得一读。这本书对于过去100年间人类经历的无数次战争，特别是两场惨绝人寰的世界大战作了横切式的剖析。过去我们常将战争归因于国家间对于资源的争夺，强国的崛起和衰落，国内经济危机的转嫁等等，但弗格森教授通过大量的史料搜集与考证，详尽地描述了两次大战前后欧洲国家之间由于种族的偏见所引发的各种冲突。后人可以责怪这些国家和地区的领袖们出于其政治和经济的考量而挑起民族间潜伏的矛盾，但在战争中出现的一个民族对另一个民族的驱赶、杀戮、强奸以至清洗，却是通

---

① Niall, Ferguson 2006, *The War of the World: History's Age of Hatred*. London: Allen Lane.

过很多普通老百姓之手得以实现。外人看来，民族间尽管生活方式、行为习惯等不无差异，但彼此间的仇恨深重到需要赶尽杀绝的地步实在不可思议。但冰冻三尺非一日之寒，种族间的仇恨也不是一夜之间爆发的。这一点我们从犹太人在欧洲两千年的命运就可以看出。莎士比亚笔下的威尼斯商人，集贪婪、残暴、猥琐于一身，为那些社会地位卑微却自以为占据了道德高地的普通人提供了再好不过的迫害犹太人的理由。当然，因奥斯威辛的惨剧向莎士比亚兴师问罪固属荒谬，但观念对于行为的影响及其后果却不能不引起我们的重视。套用卡尼曼的理论，尽管希特勒发动战争是经过他"系统2"的分析后所作的决策，但百姓间的仇恨乃至残杀却留下很多"系统1"思考的痕迹。

想通了这个道理，大学国际化，特别是观念国际化的重要性就不言而喻了。香港的八所公立大学原是纳税人埋单的，因此政府在很长一段时间里没有招收非本地学生的愿望，尽管师资的国际招聘早在1990年代初已经形成常规。直到21世纪初，国际化的旋风终于吹开了香港高校的大门，政府也顺应潮流出台了一系列政策，鼓励大学创造多元化的校园环境，到内地和国际上招收学生。于是乎，各大学纷纷推出各种计划和项目，吸引非本地生来港就读。然而，政府准备好了，大学准备好了，并不等于学生准备好了，更不代表香港的市民也准备好了。当非本地学生开始占用校园资源，包括宿舍、奖学金、选课、外出交流等，本地学生和他们的家长开始感到了威胁。这时，非本地学生任何的行为不检都可能成为冲突的导火线，并上升为民族、文化、地域等观念之争。我们投入巨大资源打造的国际化项目，很可能因此毁于一旦。

走笔至此,顺手拿起当天的《星岛日报》,其中一篇报道写道:

> 近年来,虽然矛盾风波不绝,但来港留学的内地学生却不断增加,有网民今天在报章刊登广告,反对大批被称为"港漂"的内地学生,占用本港大学资源,更指责内地生毕业后留港就业抢饭碗,要求减收内地生,保障港人升学和就业。有本港大学生认为本港大学逐渐"大陆化",但有留港内地生认为,不排除部分港青因无法升学而迁怒他们。①

港人港生对内地学生来港的抱怨,听上去怎么这么耳熟?改革开放之初外国资本进入中国,人们不也曾惊呼,外国企业会抢了国人的饭碗,逼倒国企,云云。但今天对于大学国际化的抱怨发生在香港这个全球最开放、最具竞争力的地方还是令人咋舌。港人不是为三千多家跨国公司来香港成立总部或分部而无比骄傲吗?为什么会对一些学生来港就学就业感到恐慌呢?非本地学生来港尽管会影响一些人的利益,但上升到对立的层面显然和我们的项目超前、观念滞后有关。

由此可见,大学还真不是多了几个外来学生就国际化了,关键是人的观念必须跟上这个多元的时代。异地就学对于外国、外地学生固然是挑战,他们必须学会适应当地的价值观念、生活习俗和法制系统,但国际化对于本地学生来说也许是更大的挑战。

---

① 刘晓楠、郭增龙、李建人文章见《星岛日报》2013 年 6 月 20 日,A02 "要闻"。

他们不仅需要学会宽容，学会接受外来人的观念，包括某些看似不可思议的怪异行为，还需要帮助他们学习如何与来自其他文化背景的人相处。而大学的工作，除了通过有效的宣传招收非本地学生，以此创造一个多元的校园环境，还必须通过各种教育项目的设计，训练学生如何掌握时机，学会在冲突发生前的某个关键时点上稍停下反思，调动"系统2"来分析、干预，并矫正"系统1"的选择。从这个意义上说，国际化对每一个大学生来说，都是一个改变观念、调整行为的过程。

二

中国人相信，"常在河边走，哪能不湿鞋？"的确，从事外事工作的人聚在一起，每人都有一些不堪回首的"尴尬时刻"。我最经典的一个段子发生在中东地区最开放的城市之一迪拜。

那天我和老板一起去迪拜一家大公司访问，商谈和这家公司旗下的一所私立大学的合作项目。董事长是王室的姻亲，那天带着他的几个兄弟和我们开会。房间里除了我老板是女性、美国人，其余都是大老爷儿们，对方个个穿着雪白的阿拉伯袍子（thawb）。会开到中午，董事长安排了工作午餐，并打电话让他的太太一起参加，大概是想让我老板有个伴儿吧。未见其人，先闻其声。当董事长的太太出现在我们面前时，我居然无法将这个还在门外就听到的银铃般的声音与眼前这位一袭黑色长袍（abaya）的女士连在一起。董事长介绍说，他太太目前担任好几个慈善基金会的工作。要是不看到那身传统的装扮，她那流利的英语和很快的语速真和华尔街的职业女性没有什么差别。

我老板见到董事长太太,不假思索地上前给她一个美国式的拥抱,而后者似乎也很熟悉西方人的礼节,没有半点迟疑。轮到我时,也许是因为目睹了刚才这一幕,我居然将之前就穆斯林礼仪所做的功课完全抛在了脑后,走上前去,伸出手,正要自我介绍。突然,我从她眼里看到一种文明人遭遇野蛮人时才有的近乎恐惧的神情。她的身子如弹弓似的往后弹去,直到我完全够不到她的地方才停下。我浑身的血轰地一下充满大脑,那只已经伸出的手悬在空中都忘了收回。"How stupid!"我暗暗地骂自己。

恼人的是,这还不是故事的结局。大概是由于会议的成功吧,董事长最后兴致勃勃地提出晚上要在迪拜刚刚开张的亚特兰蒂斯棕榈酒店(Atlantis, The Palm Hotel)请我们吃饭。这是位于迪拜著名的棕榈岛顶尖的超豪华饭店,只要你愿意(当然钱包允许),你房间的一面墙可以是水族馆的玻璃,而你可以躺在床上观赏千奇百怪的海底世界。我们到达饭店大堂时,不仅董事长和他的太太已经在那里迎候,而且他那几个兄弟的太太们也都来了。我的老板再次毫无顾忌地用西方人的礼节和女宾们寒暄,而愚蠢之至的我居然又习惯成自然地向董事长太太伸出手去……

此后很长一段时间,只要见到身穿 abaya 的妇女,一种无以名状的羞辱感就会向我袭来,让我感到窒息。但最难以理解的事情还在后面。那天的晚宴是一场晚餐秀(dinner show),一群来自东欧的姑娘穿梭在饭桌之间给客人表演肚皮舞(belly dance)。当身上除了三点之外几乎一丝不挂的舞娘们来到我们那些身着

thawb 的主人面前时，男人们一脸坏笑，不时地还调戏几句，而他们的太太竟是一副见惯不怪的样子。

我原先那点多元文化的自信在此轰然倒塌。多年来兴之所至念过许多有关伊斯兰文化、历史和宗教的书，在这里也都变得肤浅、无效。全球化、国际化或多元化的劲风难道根本就没有吹到过这个角落，还是早就吹过了头？这究竟是一个保守还是开放的社会？多年西方教育，好歹还扛着一个常青藤大学国际经济政策的学位，现在又从事国际教育工作，难道我对伊斯兰世界的认知还未及启蒙？这个偶然的事件几乎让我原先对于东西方世界可以通过交流达到理解的信心都开始动摇了。

想想有点后怕，我在美国一所常青藤大学工作多年，那里的教授经常是今天还在课堂上教课，晚上接白宫一个电话，明天摇身一变就成了政府高官，开始执掌美国的外交、军事和经济大权。可以毫不夸张地说，当今世界的每一场冲突与战争，背后都有我那些学富五车的教授们在运筹帷幄。我在迪拜的失态，实在是太不给我的老师面子了。要不，我在他们课上打瞌睡了？电影《南征北战》里有句著名台词："不是我们无能，而是共军太狡猾。"借来聊以自慰：不是我太无知，而是伊斯兰文化太复杂。

的确，关于人的国际化的讨论，从观念到行为，都还有道理可讲，再往前走就麻烦了。不是吗？当我们对某些社会现象感到困惑、无法接受，或无计可施时，一个比较方便的解释就是"文化"，或是"宗教"。这两个题目都大到了远非个人能力之所能及，所以对此无所作为也不那么让人良心不安。

问题是，真有不安，就是大不安。

很多 20 岁以下的年轻人，大概已经无法想象那个坐飞机还可以长驱直入进到登机口而无需安检的年代。那是一个多么令人神往的年代！我至今怀念 1980 年代旧金山海关那位永远面带笑容的大叔，以及他一句"Welcome to America!"（欢迎来美国！）的招呼将十多个小时的旅途劳顿一扫而光的感觉。可是，曾几何时，同是坦荡天真、却又视个人隐私高于一切的美国人民，已经心甘情愿地接受了机场"看光光"的安检扫描仪、从头到脚的按摩。我的一个朋友（美国公民）最近在过扫描仪后被安检人员要求脱下内裤检查。完了以后，这位天性开朗的朋友和安检人员幽了一默："我下次坐飞机前一定剃干净了。"

最让人无助的是，这种让整个民族集体转身的事件，是在一夜之间实现的，是在我们几乎来不及眨眼的瞬间完成的。在纽约亲历"9·11"，我至今不太能接受别人对这一事件的泛泛而论，而在自己最亲的人从世贸大楼底下逃生后，再听到"9·11改变了世界"之类的感叹，只能当作"不知愁滋味"的少年故作深沉。难怪在美国，以"9·11"为题材的电影、书籍门可罗雀，真正的幸存者早已是"却道天凉好个秋"了。

当然，面对如此深刻的社会变迁，光是一句"天凉好个秋"恐怕连"9·11"的亡灵都无法慰藉，更何况我们活着的人还需继续直面"惨淡的人生"。由于著名政治学家塞缪尔·亨廷顿早在 1990 年代提出的"文明冲突论"一语成谶，伊斯兰文明、基督教文明、儒家文明三者之间的冲突再次成为世人关注的焦点。这种关注将我们以前对于文化、文明和宗教的那种形而上的拷问从天上拉到地上，从抽象变成具体。

尼尔·弗格森在他的另外一本书《文明》[①]中对以英国、美国等为代表的西方文明的发展作了详细的分析。在他看来，竞争、科学、财产权、医学、消费社会和工作伦理等六种积极因素直接导致了西方文明对当今世界格局的主导。基地组织攻击纽约世贸中心，实在是剑指双子楼所代表、所象征的西方文明本身。这种文明主导世界五百年，对于自认为代表人类进步的主导者来说也许是一件天经地义的事，因而将他们主导的文明价值当成普世价值来推行，也算顺理成章。问题是，有人考虑过这个主流文化圈外面人们的感受吗？"9·11"过去已经十多年，人们对于这一事件的起因至今众说纷纭。无论是宗教还是文化使然，有一点是肯定的，那就是，所谓"主流文化圈"内的西方国家试图通过现代化的努力进入这个"主流圈"的其他国家，对伊斯兰文明真的知之甚少。当然，无知者无罪，但无知却不求知，或是无知而又傲慢，就不可原谅了。

不同文明之间、各种宗教团体之间、发达国家与发展中国家之间保持畅通的交流和沟通，其意义怎样强调都不会过分。举一个简单的例子。全球化的一个最直接的表现或结果就是人口的流动，特别是欠发达地区的人向发达地区的流动。对于此事，传统的认知往往是欠发达地区的人为了寻求更好的生活品质到发达地区寻求机会，从而扰乱了发达地区富足安宁的生活。但是，下面这组数据也许会改变你的想法。从1970年代起，西欧国家一对夫妇平均生育不到两个孩子，这个数字在1999年掉到1.3。

[①] Niall Ferguson, 2012, *Civilization: The West and the Rest*. New York: Penguin Books.

为了保持现有人口，他们起码要维持在 2 以上。联合国人口局预测，50 年后西班牙人口将减少 340 万，意大利将减少五分之一。人口减少的后果是什么呢？到 2050 年，希腊、意大利和西班牙的人口中位数将达到 50 岁以上，三分之一的人口将达到 65 岁以上。这意味着，今天欧洲的新生儿在他们的有生之年将付高达 75% 的税，不然的话他们现有的退休和医疗福利将不复存在。按照联合国的预测，为了将工作与不工作人口的比例维持在 1995 年的水平，欧洲需要从现在起每年接受 140 万移民，直到 2050 年。这些新移民来自何方？目前世界上人口出生率高的国家大多是穆斯林国家。比如说，摩洛哥的人口出生率是邻国西班牙的七倍，而目前至少已有 1500 万穆斯林居住在欧盟境内。①

　　古人云，物以类聚，人以群分。然而，以上数据清楚地表明，人类传统的、依照族群分而居之的状况在未来世界已经变得不太可能。今天，对那些身居"主流"文化圈内的西方人来说，是否了解伊斯兰文化早已不是选项，而是前提——未来社会稳定、繁荣与发展的前提。另一方面，一个族群由于自己文化或宗教上的无知，将不熟悉的族群视为异类，进而妖魔化，并诉诸暴力：弗格森 600 多页的《世界之战》一书充满这样的例子。

　　从这个角度看，个人在文化或宗教上的无知虽有可原谅之处，一个团体乃至整个民族对另一个团体或民族的无知就是灾难性的。作为未来社会领袖的摇篮，大学得天下英才而教之。但这里的"教"，不仅仅是知识的传承，更是人格的培养。所谓大

---

① Niall Ferguson, 2006, *The War of the World: History's Age of Hatred*. London: Allen Lane, pp.640-642.

学的国际化，首先应是人的国际化。台湾政治大学副校长林碧炤指出，"在今天全球化和信息化的大环境之下，任何人的国际观必然都是经过学习的过程，而它的结果也一定是多种知识及价值观的混合，不管你的宗教信仰、生活习惯或民族意识有多么强烈。"[1] 林校长将人的国际观细化为知识、涵养、态度及视野四大部分，认为这四大部分都是经过不断累积而形成的。

当然，大学毕竟是人生中一个短暂的过程，这种积累不能光靠大学教育来完成。但是，大学，特别是一个国际化的大学，可以为即将步入多元化、全球化世界的大学生提供一个演练的场所，使得他们将来在碰到 abaya 时不至于像我那么狼狈，碰到过于较真的机场安检也能幽默以对。国际化是一种海纳百川的涵养，一种处事不惊的态度。

三

前不久应邀给国内大学中高层主管讲课。课到最后照例谢过诸位领导降尊纡贵，给本人一个班门弄斧的机会。刚想拔腿走人，突然听众席里一位大汉举手喊道："且慢！"我赶紧将话筒递上："请讲。"大汉接过话筒，居然用了起码一分钟的时间对我的讲座大加恭维，让我顿时感到皮下似被注入氢气，脚尖开始脱离地面。谁知大汉话题一转，接着说："但在结束之前，我必须郑重地提醒程老师，您在讲课时一而再、再而三地将美国的大学、中

---

[1] 林碧炤："谈国际观与国际化"，见 http://b016.ccu.edu.tw/ezcatfiles/b016/img/img/206/755651049.pdf。

国的大学和香港的大学相提并论,这是一个严重的政治错误。您难道不知道,香港是咱们中国的一部分吗?"我一时张口结舌。要不是多年来从事管理工作,练就一张堪与大象比厚的脸皮,那天还真不知如何收场。礼节性地谢过大汉,并保证今后一定不再犯此低等错误,我匆匆地下了课。

忘了自我介绍。虽然本人平时人前一副从善如流的样子,骨子里却是一个大俗人:一听到恭维话就喜形于色,受到批评难免"长戚戚"焉。唯一可以聊以自慰的是,本人并不盲从。因此,在谢过这位批评者之后,我不得不对他的指控作出一点反思。

前不久在网上看到有关"北京精神"的讨论。"爱国、创新、包容、厚德"八个字中最让人惊喜的是"包容"二字,只是在看到英文翻译后略感不足。将"包容"译成"inclusiveness"虽然准确,却少了"tolerance"(宽容)这层意思,而后者却是当今这个日益多元的现代社会虽难得却不可或缺的一种品质。要说包容,今天的北京已经和二十年前的北京完全不可同日而语,各种文化的共存与包容起码在北京已成常态。从麦当劳到 TGI Friday(星期五餐厅)到星巴克,从好莱坞大片到愁肠百结的韩剧韩流,这年头已经没有什么东西能让见多识广的北京人惊诧的了,连老外都从胡同里一直逛到了 CCTV 演播室。但是,包容并不等于宽容。我们可以让外地人在我们的家门口卖烤羊肉串,但我们似乎并没有耐心去了解他们的宗教信仰、生活习惯,听听他们的抱怨,更不用说宽容他们那些和我们不同的想法与行为了。比如说,近年来频频见诸报端的关于某些城市里非洲黑人社区的报道,字里行间流露的傲慢与偏见,不一而足。

有时傲慢与偏见会害死人。几年前在纽约哥伦比亚大学发生的惨案便是明证。[①]一天傍晚,一位来自国内的统计系研究生在哥大校门口等车。几个十三四岁的黑人孩子恶作剧,相互打赌,看谁敢吓一吓这位一看就是中国人的大小伙子。于是一个13岁的男孩自告奋勇,从背后抓了一把这位小伙子。后者一见是黑人,慌不择路,冲向马路中间逃生,被迎面来车当场撞死。事发后哥大校园内外众人异口同声谴责黑孩子的恶行,并为这位才华横溢的年轻人英年早逝而痛心不已。

　　痛定思痛,我们不能不想想如何亡羊补牢。因为他刚来美国不久,我作了这样的假设:有人从背后抓了他一把,他回头一看,是个白人或亚裔孩子。这时他会如何反应?他是否会吓得冲上马路?各人可以有自己的答案,我的答案是"不会"。这个答案的佐证是:有那么三四年时间,我每天上下班从125街纽约著名的哈姆林黑人区穿过。每次和来自国内甚至已经在纽约生活的中国朋友们提到此事,都会从他们脸上看到那种不可思议的表情。很多人来纽约之前就得到过这样的警告:千万别去125街以北的街区,太危险!而国人对于黑人的这种根深蒂固的成见,应当来自那些在美国生活过并受过美国多民族文化熏陶的同胞!要不,这位刚来纽约不久的研究生,怎么会被一个黑人孩子吓到如此地步?一想到这年轻的生命在离开这个世界时所经历的如此铭心刻骨的恐惧,我的心都会颤抖。

---

　　① Ray Rivera and Jason Grant, 2008, "Vehicle Kills Student, 24, as He Flees 2 Attackers". *New York Times* April 6, 2008. URL: http://www.nytimes.com/2008/04/06/nyregion/06hit.html?_r=0.

我们似乎可以从这个令人心痛的案例中得到一个多少有点令人遗憾的印象,我们的大学培养的学生欠缺了一点国际视野(international perspective)。但这不是他们的错,因为我们的大学本身尚未国际化,或者说我们的大学领导尚未将什么是国际化这件事情想清楚。近年来访问不少国内的大学,每每见到领导,他们都会如数家珍地谈到他们国际化的成果,包括与多少国际高校建立了伙伴关系、招收多少外国学生、吸引多少国外名师来校讲学和任教,等等。据说有的高校大牌教授的工资已率先实现了国际化。这些都是我们的大学和社会变得更加"包容"的明证。但令人纠结的是,在我们大学的"产品"——学生身上似乎少了一点"宽容"的印记,而这恰恰是国际化的大学生所必备的一种品格。

宽容是对这个世界不同族群可以共同相处的一种认可,是对不同圈子里的人可以有不同想法的一种默许,是为持不同想法的人设身处地的一种姿态,也是在面对多元化的当代社会时表现出的一种从容与自信。宽容不等于没有原则,但宽容的人知道在何种场合以何种方式来坚持原则。

从这个意义上说,大学的国际化首先必须是人的思想与行为的国际化,这是我们的学生在未来多元化的职场与社会环境中安身立命之本。因此,当代大学国际化的努力必须从一些最基本的事情做起。比如说,在四年的大学生活中为学生创造一些与各种各样人交往的机会;再如,将换位思考作为一种处世方法教给学生;更进一步,在校园里传播一种宽容的价值观、创造一种宽容的氛围,特别是要教会学生宽容那些与自己的文化和价值相左的人。我想,假如哥大那位研究生曾与黑人同过学、交过朋友,也许他不至于对黑人有那么深的成见,至少不会如此恐惧。

当然,我这番关于"宽容"的说教要想服众还是不太容易的。不是吗?别人才批评我一句,我就顶他十句也不止,还硬要编出长篇大论,甚至不惜引经据典来为自己辩护。不过,需要再次声明的是,我从一开始就承认了自己的口误。不巧的是,我接下来的这番宏论听上去有点像在驳斥那位我本当衷心感谢的听众。

访谈录之一：大学的国际化与美国化

1941年5月19日，毛泽东在延安干部会上作《改造我们的学习》报告，批评那些教条主义、用外国框框套中国的人是"言必称希腊"。70多年过去了，毛泽东也已仙逝多年，但他的话影响犹在。"言必称希腊"在我们今天的语境中是崇洋媚外的同义语，在知识界仍是一种不大不小的原罪。唯一的区别是，今天千夫所指的不再是希腊，而是美国。

记得改革开放初期，"美国方式"在求知若渴的国人眼中的确代表了某种高雅和时尚，从住所24小时的热水供应到高速公路上飞驰的私家车，从好莱坞大片到星巴克咖啡，什么事和美国沾上边就是占据了现代化的制高点。闹得本来在美国过得好好的华人华侨纷纷放弃豪宅宝马回到祖国，以传教士般的热情传播美式生活的福音，为祖国早日赶英超美献计献策外加献身。可是，关于美国的故事说到一定程度，就成了祥林嫂嘴里的阿毛，令人生厌。加上中国经济的起飞，很多国人曾经羡慕的美国神话成为现实，而且有的中国故事甚至成为美国人心目中的神话。于是乎，"言必称美国"的时尚一夜之间变成"言不称美国"，违规者则很可能遭到学界共诛之、全民共讨之。

我的不巧是:在美国大学里工作了二十多年,研究的是美国高等教育,偏偏又没有在美国热降温之前赶回地球的这一边。刚开始以为学术交流无禁忌,口无遮拦,直到被人呛了几回才意识到个中微妙。近年来逐渐学会在分享我的美国研究时谨言慎行,就怕有时话不投机被扣上"言必称美国"的帽子。

著名学者和记者马丁·雅克在其畅销书《当中国统治世界》中,对于中国清代末年百日维新失败的原因作了这样的分析:由于西方国家在工业化和现代化方面较之中国和其他后起的发达国家先行一步,所以现代化这个词与西方化过于紧密地连在了一起[1],而直到18世纪末还是世界第一经济强国的中国[2],此时却由于朝廷的封闭和积弱,正受到西方国家的侵略和羞辱,因而维新派所追求的改革与发展不仅得不到朝廷的支持,连一般老百姓都顺理成章地将他们的努力等同于崇洋媚外,并将提倡学习西方以求富国强兵的改革者视为中华民族的叛徒。这个解释能否自圆其说当然可以见仁见智,但这个不幸的巧合对于在现代化进程中后知后觉的近代中国确实是一个灾难。说中国现代化的进程因此而延宕,当不为过。直到80多年后,要不是邓小平的"白猫黑猫"论,也许我们今天还在为现代化是否与西方化同义而纠缠不清。

无独有偶。二战后美国出于冷战需要,将大量研究经费投入

---

[1] Martin Jacques, 2009, *When China Rules the World: The End of the Western World and the Birth of a New Global Order*. London: New York: Allen Lane, p. 90.

[2] Ibid., p. 80.

高等教育，几乎是在无意之间造就了一批优秀的研究型大学。正如很多成功人士不愿意承认其奋斗过程中的偶然因素，或我们常说的运气，美国的顶尖大学也更愿意让别人相信他们的异军独起是制度使然，是他们在科研成果、教学方法和管理模式等方面积极探索的成果。随着近年来高等教育的全球化与国际化，美国大学的发展成为当代大学圈子里的神话传奇。于是乎，在追求卓越的当代大学眼中，特别是对于发展中国家的大学来说，世界一流大学几乎等同于美国大学，而大学的国际化也几乎就成了美国化的同义词。

这个同义词让锐意进取的中国大学进退两难。翻开国内涉及大学教育的任何出版物，我们都可以看到，关于美国大学的叙述无所不在。可是，如何才能创建世界一流大学却又不是简单地拷贝美国模式？在所有世界性的大学排行榜的前列都被美国大学占领的今天，要做到这点委实不易。但为了避"言必称美国"之嫌而索性置美国经验于不顾，那更是愚不可及。怎么走出这个怪圈呢？本山大叔的喜剧小品中所表现的民间智慧为我们提供了有益的启迪。面对进退两难的境地，本山小品中的人物将难题化整为零，然后就事论事地进行有利于自己的选择：有的可以有，有的可以没有；有的不可以有，有的不可以没有。同理，任何一所成功的大学（不一定非要是美国大学）都包含各种导致成功的元素。一番拆分后，我们也可以有所鉴别、为我所用。

比如说，一流的大学不可以没有世界一流的人才。在这一点上，香港的大学毫不掩饰自己对于美国大学的崇拜和仿效。事实是，1990年代初香港科技大学创校，在全球范围里搜罗人才，也因此带动香港其他大学，人才招聘因此制度化、程序化、国际化。[1] 这场旷日持久的人才争夺战至今没有偃旗息鼓的迹象。为了争取优秀学者来校任教，香港的大学三顾茅庐、重金收买、相互挖角，等等，无所不用其极。结果是，仅用了短短20年的时间八所公立大学中就有四所进入世界百强（根据QS的全球大学排名）。

中国内地大学的情况则有所不同。前不久我和香港城市大学一位同事访问内地一所远非名列前茅的大学。热情的主人邀请我们参观该校工程学院的一些实验室。我近年来虽然由于工作关系经常访问世界各地的大学，但参观实验室却是我最不愿意做的一件事。主人往往以此炫耀其雄厚的科研实力，却因此苦了客人，因为人说隔行如隔山，而实验室就是山那边的外人最不容易到达的地方（同行除外）。果然，该校工程学院的实验室个个美轮美奂，每一件设备都一尘不染，连我这科技行外之人都感到敬畏。我悄悄地问我那位当过工程学院院长的同事，他们的设备比我们如何？他毫不犹豫地回答说：

"比我们强多了。"

"那么，他们的工程学院比我们强？"我又问。

"不，差得太多了。"我同事同样斩钉截铁。

"为什么呢？"

"我们光是IEEE fellows（美国电机及电子工程师学会院士）就有十几个，而他们有些设备虽然先进，却没人会用。"

---

[1] 孔宪铎：《我的科大十年》（增订版），北京大学出版社2004年版。

参观结束后,主方院长提出要在研究方面和我们的工程学院合作,因为他们有设备,而我们有人才。我不由得暗中佩服我同事对对方实力的判断。看来在我们访问之前他们已经对我校的工程学院作了功课。明知可能得罪人,我还是好奇地问道:"既然你们不能充分利用这些实验设备,为什么还要花这么多钱去买呢?"院长摇摇头,苦笑:"您是对我们的体制不了解啊!我们其实不缺钱,只是我们不能像你们那样把钱花在请人上面。"看来,这所大学尽管雄心勃勃,只是在现有的体制下,可以没有的与不可以没有的这两件事情给搞颠倒了。

那么,哪些事情美国大学有、但一流大学却可以没有或是经过努力也不容易有呢?在奉行"不出版就完蛋"(publish or perish)原则的现代研究型大学里,英语作为学术传播的载体让美国学者占尽风光,而很多非英语国家的学者就受到很大的限制。丁学良对于这些学者所面临的"一组极为不利的制约条件"作了这样的释义:一是用非母语表达专业性思想和意义时的艰辛,二是以西方"主流"听众的兴趣作为研究选题所带来的困扰,三是在高手云集的国际学术圈内竞争不得不面对的挑战。[①]在这里,学术思想的载体,而非学术思想本身,造成我们的大学在某些方面尤其是人文与社科方面根本无法通过"国际化"来赶超美国大学。凭这一点,我们也许可以这样推断,真正的国际化和英语化或美国化有所区别,而一流的学术水平也并非只有用英语发表才能得到学界的认可。

---

① 丁学良:《什么是世界一流大学?》,北京大学出版社2004年版,第104—105页。

然而，以英语进行学术交流这件事，可以没有却不可以不努力争取。在今天这个全球化、国际化的大环境下，非英语国家的学者有再多的委屈，也不能因此放弃与美国及其他以英语为母语的学者的竞争。放弃的结果只能是在世界一流大学的行列中叨陪末座。因为工作关系我近年来几度访问俄罗斯，也和该国最顶尖的几所大学打过交道。要说世界一流大学，敢忽略俄罗斯名校的人，不是愚蠢，便是无知。例如，没有听说过莫斯科国立大学情有可原，但没有听说过该校的著名校友如契诃夫、别林斯基、赫尔岑、萨哈罗夫和戈尔巴乔夫就算没有文化了；而圣彼得堡大学更是因为有总结化学元素周期表的门捷列夫和在生理学、神经科学、心理学等许多领域皆有建树的巴甫洛夫而誉满学界。但是，我有很长时间一直不明白，为什么俄罗斯的学者至今不屑于用英语发表文章，也不积极参与国际间用英语作为交流媒体的学术活动，而且他们的学者和学生与世界其他大学的学术交流或交换更是少得可怜。直到我开始和俄罗斯的大学联系工作并登门拜访，这个疑团才开始解开。在我看来，俄罗斯的大学在国际化的进程中起码面临两大障碍。一是他们官本位的大学管理体制严重阻碍学术交流。一所俄罗斯名牌大学的外事主管连回我一个 email 都要先向上司请示报告，而另一所名牌的外事主管在和我谈到校际交流时突然离开会场，到上司那里得到许可后才回来继续会谈。另一个重要原因就是俄罗斯大学校方不仅不鼓励师生学习英语或用英语交流学术成果，连对我送上门去的师生出国交流这样的机会都采取爱搭不理的态度。

这样的自我孤立、自我放逐，可以成为我们的殷鉴：在建设一流大学时,若将"言不称美国"推到极端,我们也许就成了俄罗斯。

2011年秋去北京开会,《中华读书报》特派记者王春春向我提出要做一个关于"美国的大学是怎么办的"专题访谈。当时我刚从美国到香港不久,还处在一种自我调整的状态,我称之为"文化反休克"。从我最初去美国留学至此整整四分之一个世纪过去了,而且在到香港任职之前也已在美国的大学里工作了20年。"言必称美国"虽然在很多人看来不可原谅,但也不是不可理解的吧。可被人呛了几次便学乖了,开始自律,以免落入"兄弟在美国时"那类漫画圈套。可是春春则有所不同。她在华中科技大学念博士时我们就认识,而且后来她去美国访学,专门研究小型文理学院,回来后所作的专题报告令我印象深刻。这次她为了访谈做了大量的准备工作,包括和陈蓬老师一起拟定了详细的采访提纲,研究态度之严肃认真让我感动。这篇专访最后在《中华读书报》发表后,① 据说反应还不错。最近责任编辑吴荷老师给我来电邮告知,他因为此文得到光明日报集团2012年度好文章二等奖。他说要请我客,只是我们至今尚未谋面。

精英教育与大众教育

读书报:据教育部的统计数据,2011年全国普通高等学校招生规模安排为675万人,而报考人数按比较"富裕"的估计为

---

① 王春春:《美国大学是怎么办的——访香港城市大学协理副校长程星博士》,《中华读书报》2012年4月25日第22版。

929万，也就是说全国高考平均计划录取率为72.7%，如果再将"放弃填报志愿"、"放弃报到"的考生计算在内，最后的实际录取比例将超75%。而有的省的录取率更高，比如来自山东的消息，应届高中生有51万，计划招生50万，即使算上复读考生，录取比例也相当高。

从以上数据看，我们的高等教育从某种程度说，已经从"独木桥"变成"高速路"了。当高等教育解决数量问题后，就会面临教学质量问题。在美国高等教育，尤其是本科教育中，一方面存在规模很大的公立大学，吸收了绝大部分生源；另一方面，也存在一些私立大学和小规模的文理学院。他们在教学上，看重质量而不讲求数量，很有过去精英教育的意思。您如何看待这两种教育并存的问题？

程星：高等教育的形式应该是多元化的，一个社会应该既有大众教育，也有精英教育。就像一个金字塔，总得有一个塔尖，你不能把金字塔做成方秃秃的东西，从结构上也不稳定。不管我们怎么样评价精英教育，甚至说是贵族教育，它一定还是存在的，起码从有大学开始，它就一直存在，我们一定要面对它。我们的学者、研究高等教育的人，不能怕触犯众怒，心存禁忌。其实，不要说高等教育，如今从幼儿教育、小学教育到中学教育，无论中国还是美国，也都存在"重点校"和"非重点校"之分的现象。再如，国内一些单位招聘时，表示只要本科是985、211高校的毕业生，这也是将高等教育分成三六九等。

在形式上，精英教育就是一个老师照管少数学生，大众教育模式就是一个老师面对几百个学生。一种是针对"个性"的教育,一种是"非个性"的教育。哪个更好?我认为,其实没有好坏之分,它们都是为了适应社会对高等教育的需求而发展出的两种不同模式。比如,我曾在哥伦比亚大学工作过,哥大注重教学,走的是精英路线,毕业生人才辈出。此前,我也在纽约市立大学工作过,是典型的大众教育学校,很多学生来自不富裕的家庭,被称为"穷人的哈佛",但不少毕业生都通过接受大学教育,进入大公司和企业。它的毕业生中出了8位诺贝尔奖得主,也包括美国前国务卿鲍威尔和英特尔公司董事长格罗夫等优秀人才。因此,在我看,两所大学对社会的贡献都功不可没。

读书报:正如您说的,精英教育在任何时代都是需要的。不过大家好像只是做,而不大张旗鼓地说。我记得在美国一所小型文理学院调研的时候,一位教授对我说,他在来这所文理学院教书之前,一直在公立大学念书,此前他甚至都不知道还有这么一类学校,会有这样的教育,他说文理学院就像"中产阶级的秘密俱乐部"。

程星:是的。这和美国社会及高等教育发展有关。一直到20世纪60年代以前,美国的精英教育都是公开的,比如说哈佛大学、耶鲁大学都是精英学校,由政府赠地而建立起来的大学是普通百姓上的学校。对此,没有人提出质疑。哈佛也毫不掩饰地说,我们就是精英教育。那时,这是件光荣的事情,没有什么难为情的。

从20世纪50年代末期开始,一直到七八十年代,美国大学经历了一个急剧扩展的过程,就像我们扩招一样,而60年代美国民权运动更对社会造成很大影响。大家对精英的看法改变了。随着大学越办越大，更多人要上大学。解决的办法就是大力发展社区学院，社区学院是美国民主在高等教育里面的反映。不管什么人，只要他高中毕业，想上大学就起码能进社区学院就读。由此给人们这样一个印象：我们的大学不能再分三六九等，大学应该让所有的人都能够进入。

时间久了以后，大家对这种"平等"习惯了，也不再深究其中的差别了。20世纪80年代，我到美国的时候，就发现有一个很有意思的现象：人们觉得最光荣的事是民主与平等，而并不是当"精英"。你要去哈佛，可以，你悄悄地去，也别跟人家说，这没有什么好炫耀的。我在哥伦比亚工作了十多年，感觉很多人爱拿"常青藤"大学开玩笑。我细想原因有两个：一是比较善意地拿"强势群体取乐"，就像很多人爱拿律师开玩笑，但是你不可以拿弱势群体开玩笑；二是讽刺"常青藤"的学生来自富裕人家，不知道生活艰辛。正因为整个社会环境的改变，现在"常青藤"学校虽然骨子里认为自己就是精英，但是并不张扬。

学校是个花钱的地方

读书报：您曾说："有钱的人不办教育，办教育的人没钱。"要想办好高等教育，财力上是个大问题，美国很多私立大学都强调自己是非营利的教学机构，可每年四五万美元的学费不是个小的数字，如此高的收费还不能赢利？

程星：确实不能。哥伦比亚大学学费是4.3万美元，但我了解，哥伦比亚大学花在一个学生身上的代价，要超过这个数字。

其实，为回答这个问题，教育经济学家花了很大的力气试图说服公众，为什么要这么高的学费，但普通人还是难以接受。也许，普通大众只看到教室里一位教授在上课，而忽略了学校除了教员的工资，还包括教员的医疗、退休费用、研究投入、公共设施、图书馆、实验室、学生服务、行政管理和日常运作等开销。如果从学校的财务报表看，仅学费是不足以维持学校日常运作的。因此，大学是花钱的地方，而不是挣钱的场所。

我们可以看看康奈尔大学的预算，该校是私立综合性大学，有本科生13000多人，学费是4万美元一年。2011—2012年的预算总额为32亿美元。从收入上看，25.4%来自学费收入，其次是所属医学院的服务收入23.1%，各种科研资助的收入20.5%，投资收入8.7%，捐赠4.8%，州政府和联邦政府拨款为4.7%。从花费上看，最大的花销是工资和福利，占54.6%，其次是运营费用占18.2%，对学生的资助11.7%，偿债3.8%等等。

美国办大学有多种"运作模式"。美国私立的非营利大学的运作模式是：假如培养一个学生学校核定需要5万美元，你只能收学生4万美元，另外1万美元需要学校去外面筹款，也就是你不能用运营成本来收费。而且，各学校一定要有自己的筹款办法，否则就要关门。事实上，美国最近几年已经有很多学校因此而关张。另一方面，美国有私立的营利大学，比如利用互联网的凤凰大学，目前是做得最好的。凤凰大学1976年才开办，最初只有八个学生。1989年起利用网络进行远程教学。2010年注册学生人数最多的时候，达到60万人。他们一个教授可以同时教成千上万个学生，如此一来，即使学费低，也能赢利。但是，一个教授对 30 名学生讲课的效果和对 3000 名学生的效果是大不一样的。

读书报：那么公立大学的模式呢？

程星：美国公立大学都是州政府的。公立学校的经费来源于纳税人。如果你的父母是本州居民，每年都要缴州税，你也就有权利享受这个州的低学费。当然，靠州政府的拨款还是不够，其他的收入来自联邦政府补贴，还有一些捐款和申请的研究经费。比如规模很大的俄亥俄州立大学，有 37000 多本科生，对州内的学生收费不算高，每学年 8700 美元。今年的预算总额是 48 亿美元，其中学费收入占 17.3%，州和联邦拨款占 20%，剩下的是医院服务收入和宿舍收入等等。在花费中，教学和运营占 31.4%，研究支出占 10%，还有 5% 用于奖学金，其他是医院开支、公共服务等花费。因此，无论是公立还是私立学校，靠学费都是无法支撑学校的日常运作的。

读书报：既然收费如此高，筹款也不容易，那么是否可以在节约成本上下功夫？比如美国有批评者举例讲，有的学校仅游泳池就耗费很多财力。

程星：这可以说是学校间竞争的结果。一个学生在 A 校和 B 校之间选择，如果 A 学校有很好的游泳池等体育运动设备、学生宿舍等等，那么学生选择 A 校的可能性就加大。因此这些设施可以说都是正确的投资。

有位大学校长曾写了本书，探讨为什么大学会投入很多资源在体育运动上。外人都以为这是赔钱的"买卖"，实际上很多大学的运动队和比赛能给学校带来可观的收入。比如中部地区的"十大"(Big Ten)(指美国中部10所著名大学,如密歇根大学、俄亥俄州立大学等)都地处比较孤立的小城镇,整个小镇文娱活动很少,人们很愿意在运动和比赛上花钱消费,而大学斥资修建运动场馆自然很有道理。

打折的学费与招生公平

读书报:谈到美国大学的学费,我发现,同一所学校对不同的学生收费标准会不一样,比如公布的学费是4万美元,但是家庭经济条件好的学生得交全额学费,另外一个学生,可能成绩也好,但家庭不富裕,学校就给他一些补贴,可能他就交2万美元,学校给他补贴2万美元。同样的教育,为何收费如此有弹性?

程星:在好的大学这种现象比较普遍,而且每个学生和家长事前都知道。我觉得这正是美国高等教育中的"闪亮点"。比如哥伦比亚大学,每10个学生中,起码有4个半学生的学费是"打折"的,就像你去买东西。原价是4万,你付2万或者1万,但其余学生是付全额学费。但美国人能够接受这个事实。他觉得这个学校是我的首选,我家里有条件,我就应该付全额学费。

学校不仅在收费时考虑学生家庭的收入,在录取时,学校也同样看重学生的家庭情况。比如,一位家境好的学生SAT成绩是2300分,另一位家境不算好的学生成绩是2100分。学校会考虑,2100分的申请人是在困苦的情况下长大还能达到这个水平的,他付出的努力远远超过2300分的学生,这个孩子更有希望,因此更有可能录取他。于是会出现这样的情况：学校不但降低了录取线，而且还收不到钱。这就是美国的校园多元化，这种多元化不仅包括在种族上，还包括学生家庭的经济水平。

读书报：这样资助学生，会使校园多元化，也让少数贫困学生受到良好教育，但这毕竟是少数。我知道目前只有像哈佛、普林斯顿等个别学校录取时不考虑学生家庭收入，其他一些好的私立学校昂贵的学费，还是把大部分人挡在了校门之外，而只有中产和中产以上的家庭能受到更好的教育。

程星：如果你要从这个方向想，我觉得应该是这样的情况。不过学校毕竟愿意招收一些穷学生，愿意招收一些分数比较低的学生。为此，学校也要付出很大代价，按私立大学4万美元的学费算，每招收一位少数族裔或者家庭经济困难的学生，学校就要拿出十多万美元经费。但学校也必须强调收支平衡，所以这是一个战略上的选择，就是说学校从战略上看，认为这种做法很重要，他们就去做了。但是能做到什么样的程度，就需要达到一个平衡点，让学校财力上能够接受，社会也能认可。

在招生中，经常被争论的还有一个"传统学生"（legacy）的话题，就是说父母是这个学校毕业的，他们的小孩就有优先录取权。这个政策受到很多批评，但也是没有办法的事情。学校要筹款，谁给学校钱？很多是校友，校友大笔资助学校，学校要给校友一些优惠是人之常情。但是，当哈佛、哥伦比亚这样的学校变成了太多人想进来的时候，某些优惠自然受到外面人的不满，这也是人之常情。因此，学校也要寻求平衡点。

为何甘愿规模小

读书报：正如您所说，教学质量是和规模有联系的。美国有很多规模很大的大学，也有规模还不如中小学的文理学院，那么是什么原因使这些学院坚持"小而精"而不走"做大做强"的路子呢？

程星：我觉得他们就是坚持精英教育。精英教育就是面向很少的学生。比如美国有名的几个文理学院，很容易就扩建到1万人的大学，但是它们选择不扩建，不扩建的原因很简单，因为扩大了以后，学校就突破了精英教育的范围，就失去了与学生之间的"亲近"（closeness）。

我曾说过，自由的精英教育在美国大学中，并非只是一种理想，而是一个早已落实的传统；它不仅仅是所谓理想卫道士的精神堡垒，它也深具市场价值，因为它至今仍是许多美国大学招生的利器，也是校外基金与学校获致捐赠的最佳来源。

读书报：就是说文理学院就是想要通过保持小规模来营造一种小学校特有的共同体（community）氛围？

程星：是的。人家来就是冲着你这个来的，你扩成1万人的大学，就没有吸引力了。这种小的文理学院真的有特色，有特色就能生存，而且会生存得很好，我是很看好的。当然，我也看好哈佛和哥伦比亚这样的大学，他们今后也会越办越好。因为这些学校真正关注的是学生。这里有一个如何衡量毕业生的问题。我们不能只用就业率之类的指标。如果用就业率，文理学院的毕业生比州立大学可能还要差一些，但这不是它的培养目标。比如,我们不能按学生毕业后是否去北京、上海来衡量学校的好坏,有的学生本来就"志不在此",你怎么能用到没到北京上海来评价呢!因此,用一个统一的标准来衡量学校办学好坏是不妥当的。火车不能都往一个地方开,要有不同的目标,这是很简单的道理。

目前国内的大学都去争办一流大学,这不现实,我们应该百花齐放,允许办民办大学,允许办文理学院。

读书报:私立大学都有董事会、各种教授委员会和校长,那么在制定学校的战略上,哪股力量发挥的作用最大?

程星:我想是校友的力量。你改变学校的办学方向,一定不能违背校友的意见。因为很多捐赠来自校友,他们会在学校调整战略时起相当大的作用,而校友往往会倾向维持学校当年的传统。

这也是我强调大学应该重视学生,而不能觉得我让你进来就是一种恩赐,你要靠我给你将来的饭碗的想法。其实恰恰相反,大学最后的成功就是来自毕业生的回馈。没有校友的支持,学校一天也办不下去。

大学里的尖子班

读书报:国内很多大学也意识到教学质量问题,有的正在试行小规模教学。形成校中有一个院,院里又有一个很精英的班的局面,以专门培养拔尖创新人才,您如何评价这种做法?

程星:作为尝试未尝不可。但是要看他怎样拔尖,有种拔尖实际是在加码,比如人家原来选三门课,你让他上五门课,这叫加码,不叫拔尖。我理解的拔尖是为学生创造一些宽松的环境,给学生一些自由度,甚至不上课,从本科开始就跟一些教授学做一些研究。中国大学生缺少的是创造性,创造性不是说课上的太少,反而是因为课上的太多,学生连创造的时间都没有了。

读书报:就是说做"减法",不要盲目地做"加法"?

程星:是的。中国的本科生,每一年在学校的时间比美国长很多,美国的暑假就长达三个月,外加上寒假、春假和各种节日,每学期上课的时间也就十几周。

读书报:您谈到创造性,我觉得要培养这样的学生,除了在教学规模上的改变,更重要的是教学方法也要调整。很多人,包括我自己都曾认为,刚毕业的博士,在学校待了那么多年,自然就会教书。但现在看,其实不是的。我接触到一位在美国私立小学院教书的中国教授,他告诉我,开始教学的前几年,与其说是在教书,不如说也在学习,学习如何与本科生进行互动,因为这个过程是以往在国内教育所没有的。

程星:是的。现在很多人讲所谓"启发式"教育,但为什么很难做起来?因为我们的老师也没经历过,让他们怎么开展起来?比如说,现在一些领导做起报告来,能够讲两小时,气都不喘,就一直讲下去。他从来没有想过听众怎么想,没有和听众互动的意识,下面的听众也没有觉得我应该打断他,我应该能够提一下问题,让他跟我讨论一下。但对启发式教育来说,互动是基本常识,你做任何事情都是双向的。

读书报：您觉得怎样才能解决这个问题呢？

程星：只能慢慢来。可以采取"请进来，走出去"的办法。我知道有一些学校请海归老师做一做示范，但是海归也有局限性，也要看不同的学科，有的学科需要，有的学科也许不是特别的需要。因学科而异，因人而异，但教师教学理念应该有些改变。还有就是允许多种尝试。美国高等教育之所以比较发达，就是因为博采众长的结果。历史上，美国大学从原来英国模式中学到培养本科生的德智体全面发展的教学方式，又从德国模式中学到通过带研究生加强知识和实践的结合。但这两种模式都强调大学科研教学活动与现实社会的分离和独立。为弥补这个缺陷，美国创造性地发展出自己的特点：把为急剧变化中的社会提供实用的知识和训练有素的人才作为大学的使命。为此，美国大学可谓有多种形式，既有贵族气十足的常青藤院校，也有"仓储式"的公立大学。每所大学都立下自己独特的办学宗旨，锁定自己的服务对象，并力求办出自己的特色。

选择专业和学校

读书报：在顶尖大学和好的文理学院，美国本科生选择最多的专业都是"通识"教育的专业，比如普林斯顿大学经济学、英语与文学、政治学、历史和公共政策分析是学生选择最多的五个专业，威廉姆斯学院学生所选专业的前五位是经济学、英语、文学、政治学、心理学和生物。虽然如同国内经济学很热门，但值得注意的是，美国学校并没有专业人数限制，也就是说，如果学生愿意，所有学生都可以选择学经济，但事实是 80% 以上的学生选择的是其他专业,有的甚至是国内的所谓的"冷门"专业。您如何看待美国学生的选择?

程星:首先,美国大学并没有将传授知识作为本科教育的唯一宗旨,而是希望学生先学会明辨善恶。要让人从愚昧、无知、偏见、固执和各种欲望中解放出来,从而能自由地思想,自由地行使自己的意志和判断能力。

其次,知识更新的速度也造成不管学校和学生如何努力,四年的本科的专业训练都很难让学生终身受益。我曾看到过这样一些数据:如今《纽约时报》一个星期所包含的信息量已经远远超过18世纪一个人在一生所能够接触到的信息;此外,现在每天出版的书是3000本,而科技按照现在的速度,知识量将每两年翻一番。悲观地讲,大一新生学的一些知识,到毕业时已经过时了。因此,很多名校和文理学院,强调通过吸收人类文化的精华来丰富学生的思维能力、锻炼口头和书面表达能力、培养社交能力。

最后,美国除了工程学院等一些专门专业外,即使一些本科生选择了专业,但雇主也不会将他们作为专业人才使用。因为整个社会已经达成共识:唯有研究生毕业才算接受了足够的专业训练。综合这些原因,你就会发现为什么在美国一些"冷门"本科专业还是很有市场。

提到专业,也不妨说说选校。中国人选择大学喜欢名气大的学校,谁排名排在前面,好像它就更好,其实这很盲目。美国人也有这种情况,但是相对来说比我们好一点,他们比较注重自己的孩子究竟适合什么样的学校。近年来,每年夏天,很多美国人要举家来次"大学游"。父母带着快要上大学的孩子参观学校。

这很有道理，作为一个孩子，你凭空让他选学校，他也不知道这个学校怎么样。你让他到这个学校看看，校园怎么样，听听他们的介绍，了解一下。这样每个学生都会看到学校的特点，选择适合他的学校。比如说，哈佛和哥伦比亚大学本科都有专门的学院，这和其他文理学院有什么区别呢？我觉得前者是湖泊当中的一条船，活动的空间很大，而后者本身就是一条大船，不太受到外面的干扰。如果孩子喜欢有发挥自己才能的天地，那么前者很适合；而如果喜欢在一个小的圈子里，与一些很熟的朋友相处，那么文理学院也许更适合。

第四章
国际生源大战的硝烟

一

有那么一种革命,当发生时,或被误读,或被忽略。而当这种革命惊世骇俗的意义被感受、被认识、被接受时,世界已经为之改变。大学的国际招生,也许就是这么一场正在我们身边发生的静悄悄的革命。

据联合国教科文组织的统计,2009年全球流动学生人数达到340万,而2002年这个数字还是210万。① 在这里,"全球流动学生"是指那些"跨越国界或地域在他们本国之外注册上学"② 的学生。特别是考虑到这个高达60%的增长,居然是发生在"9·11"之后充满动荡的世界中、在不到十年的时间内。更有意思的是,将传统上吸纳外国学生最多的四个国家——美国、英国、

---

① UNESCO Institute for Statistics: http://www.uis.unesco.org/Education/Pages/tertiary-education.aspx.

② R. Choudaha and L. Chang, 2012, February, "Trends in International Student Mobility", *World Education Services*, New York. URL: www.wes.org/RAS, p. 7.

澳大利亚和加拿大——2009年的数字加在一起，我们得到的留学生总数是130多万。换言之，这只是当年340万全球流动学生总数的40%多。还有200万或者说60%的全球流动学生是谁？如何流动？为何流动？

学生流动几乎可以追溯到大学的源头。早在11世纪，博洛尼亚大学就汇聚了来自当时欧洲各地被称为注释者的语法学、修辞学和逻辑学的学者，共同评注古老的罗马法典。12世纪，巴黎大学吸引了来自法兰西、皮卡第、诺曼底与英格兰四个国家的青年来到西堤岛（l'Ile de la Cité）上的校园学习神学、法律、医学及艺术。当然，在民族国家形成之前，大学间学者和学生的流动与今天的国际学术交流不可同日而语。但是，从学术发展的角度看，国界或地域从来就不是交流的极限。美国人有句俗语：Sky's the limit，意即天空才是极限。可对大学来说，假如他们的科学家能在太空握手的话，那么连天空都不是极限。事实上，世界大学发展的历史一再证明，大学的生命力很大程度上取决于人才自由流动的程度。

没有比德国大学的起落更让人触目惊心了。19世纪的美国虽然有哈佛、耶鲁、哥伦比亚等学院为这个新兴的国家输送人才，但这些学院用今天的眼光看，充其量也只能算是贵族寄宿学院。是德国人一手开创并完善的现代研究型大学模式，激发了无数美国学生和学者朝圣般的热情——洪堡、哥廷根、海德堡等大学头上的光环在美国人眼中比今天的哈佛、耶鲁和牛津要耀眼得多。结果是，学成归来的美国人大大方方地"拷贝"他们德国母校的办学方式并加以创新，建成了当今名扬世界的芝加哥、约翰·霍普金斯和斯坦福等一大批世界一流的研究型大学。然而，曾几何时，德国大学耀眼的明星却无可挽回地陨落了。希特勒对于犹太学者的迫害和驱赶无疑使德国大学遭受毁灭性打击。然而，战后德国政府所实行的高等教育政策，也许是造成这个体制每况愈下的另一个重要原因。

德国宪法规定，高等教育由16个州政府资助，因而政府必须承担大学营运的所有费用。由于政府财政受到国家经济形势的左右，大学财政也会随之呈现周期性的起落。这样的大学财政在精英教育时代尚可维持，因为毕竟"再穷不能穷教育，再苦不能苦孩子"是每一个重视教育的民族都不难接受的简单道理。然而，随着现代社会对于高等教育的需求日益增加，大学教育的普及势不可挡。由政府出资为公民提供免费高等教育，虽然是一个崇高的理念，亦有助于推动高等教育的普及，但什么样的政府能够支持得了一个普及版的大学财政呢？在2005年联邦法院的一项决定鼓励下，8个在德国统一前属于西德的州开始向学生征收学费，而学校承诺把这些钱用在提高教学质量、扩大学生服务和更新

当代研究型大学的先驱、德国洪堡大学创办者之一亚历山大·冯·洪堡。

基础设施上。不幸的是,从 2008 年起,从黑森州开始,大多数收学费的州又迅速废除了这一制度。据公共广播公司 Bayerischer Rundfunk 委托所作的调查显示,72% 的巴伐利亚人支持取消大学学费。①

那么学费对于现代大学的发展究竟起了什么样的作用呢?美国和英国的大学都是收费的,特别是美国私立大学的学费高得令人咋舌。英国大学名义上虽然是公立的,但学校并非国家所有,教员亦非公务员,学费是大学财政的重要来源。由于英美的大学财政相对独立,较少受到政府意志的左右,大学就比较能够按照高等教育发展的规律办事。在国际化的浪潮以不可阻挡之势冲进校园之后,这些财政独立的大学不仅能够较快地调整其管理策略,而且有足够的经济能力来应对突然加速的大学间的人才竞争。他们将教授的招聘面向全球,用高薪和优越的科研条件吸引世界一流的学者;他们的招生人员开始频繁地出现在国际上所有重要的机场,深入当地最优秀的高中,以传教士般的热情鼓动尖子们到他们的大学去留学;在课程设置上,学生海外交换和游学开始成为大学教育的一个重要组成部分。

当然,这些以大学国际化的名义点亮的灯没有一盏是省油的。但正是在美英大学里这些新近点亮的灯光照耀下,德国的大学才会黯然失色。由于大学没有学费收入,他们必须靠政府拨款和企业资助生存,结果必然是政府不堪重负、大学捉襟见肘。在

---

① Christopher F. Schuetze:《德国大学学费的存废争议》,《纽约时报》中文网 / 国际纵览,2013 年 9 月 24 日。见 http://cn.nytimes.com/education/20130924/c24germany/。

这种情况下，大学能够拿出多少钱来招聘一流教授、吸引优秀学生，答案不言自明。其实，免费高等教育还有一个鲜为人知的后果，即本国学生不再愿意出国留学。试想，假如在本国上学不用交学费，你为什么要出国留学？从人才的层次看，本科生虽然还不能算是真正意义上的人才，但没有一个社会能够忽略这支人才后备军的走向。这支后备军中有一部分外出留学，并不意味着人才的流失；相反，这些储备在海外的人才，一待时机成熟，就会回归，给他们的祖国带回各个行业都不可或缺的国际视野，而后者则是一个社会可持续发展必不可少的元素。更有意思的是，一个大学不收学费的国家，只要其大学足够优秀，还会继续接受那些来自收费国家的留学生。结果是，让他人取得真经、得尽好处，却将自己人关进笼子。德国大学就是这样的一个例证。

二

最近在南非约翰内斯堡访问一所著名高中，和校长的对话让我产生一种时空错位的感觉。

这是一所有一百多年校史的私立高中。一踏进校园，扑面而来的是一股浓浓的贵族气息。红瓦与石墙构成的主建筑传递着浪漫，又渗透了沧桑，而那些又高又细的棕榈树则与身穿校服的孩子们细高的身材交相映衬，在一片片绿草地的背景中显得格外优雅。N校长是一位中年女性，带着我们穿越校园时不断地停下向经过的学生交代些什么事情，似乎学校的每一个学生她都熟悉，犹如家人。她介绍说，他们的毕业生都进了南非最好的大学。

她也特别鼓励自己的学生出国留学,她自己的孩子目前就在美国康奈尔大学念书。N校长当然明白我访问的意图,并表示愿意鼓励和推荐该校最优秀的学生报考香港的大学。

有意思的是,作为吸引外国学生来就学的优惠条件之一,香港特区政府允许每一个非本地学生在毕业后还可以逗留一年,寻找工作,在港学习或工作满七年就可以申请香港永久居民的身份。在海外招生时,香港的大学招生人员都以此作为"卖点"向学生大加宣传。当我的同事照例地谈到这个优惠条件时,N校长的脸色突然变了。她几乎有点激动地表示,她之所以鼓励学生出国留学,是因为她希望南非的孩子在学成后能够回国,而不是留在发达的国家或地区享受优越的生活。假如香港特区政府用移民作为诱饵留住他们优秀的学生的话,她宁可让他们留在国内上学。

这番真诚而又固执的言论让我彻底震惊了。1980年代,由于同样的理由,我出国留学的申请一波三折,甚至在国内单位批准、美国大学录取之后,还受到有关单位的百般刁难。当时的中国百废待兴,国家对于人才的渴望完全可以理解。但是,动用行政手段来限制人才流动,这个已经被历史证明是徒劳无功的策略,显然并没有过时。为了"救场",我只能试图以"游子行千里,不忘故土情"之类的陈词滥调来劝说N校长,结果连我自己都难以信服,何况我此时面对的是一位社会责任感极其强烈的名牌中学校长。

很巧的是,名记者威尔达夫斯基(Ben Wildavsky)在他的新书《人才大竞争》(*The Great Brain Race*)中也记述了一位南非学生的故事。克莱尔·布泽生从南非威特瓦特斯兰大学

（University of the Witwatersrand）毕业后，打算继续深造，直至取得化学博士学位。她通过网上搜索和教授推荐，向全球十一所大学的化学专业递交了申请，最后成为英国华威大学（The University of Warwick）的博士生。华威大学所设的一个研究生奖学金为克莱尔·布泽生读博提供了就读期间所有的费用。顺便一提，这所大学里每五个学生中就有一位来自海外。[1]

克莱尔·布泽生的经历是对 N 校长留住南非人才的强烈愿望的回应。过去 30 年经济全球化的进程，是否已经将世界变成了"地球村"还可以讨论。但是，大学的国际化趋势却早已不可逆转。理论上说，今天任何一名希望出国留学的学生都可以向世界上任何地方的大学提出申请，前提当然是申请者的学术水平足够高、语言能力足够强、经济实力足以应付各种留学所需的开支。而阻止学生跨国流动的唯一有效方法是由申请方或接受方的国家启动护照或签证等行政手段。这后一种方法中美两国在 20 世纪八九十年代都曾用过，但结果如何呢？签证和护照上的限制没有挡住出国的人流，即便在物质生活条件大为改善了的今天，中国学生仍然义无反顾地选择出国留学，成为美、英、澳等西方发达国家大学里最大的外国留学生群体。

耐人寻味的是，当年中国政府曾经抱着通过行政手段限制人才外流的幻想，后来这个幻想的破灭其实并没有给幻想者带来多少痛苦。相反，中国人从放开留学限制中尝到的甜头居然大大超过了最初想象的痛苦。中国经济在 1970 年代末濒临崩溃，可

---

[1] Ben Wildavsky, 2010, *The Great Brain Race: How Global Universities Are Reshaping the World*. Princeton, NJ: Princeton University Press, p. 14.

30多年后的2010年居然超越日本成为世界第二大经济体,其间走过的哪一步,离得开人才的留学与留学的人才?事实证明,留学生的回国定居与他们报效祖国这两件事情之间并无必然联系。重要的是他们在国外学到的知识、技能和管理经验能否有效地应用到祖国的经济建设和社会发展中去。中国的改革与开放是人才自由流动的有效机制,这个机制为留学生知识报国、教育报国、技术报国等愿望和需求的实现提供了一个平台。

三

一对貌似中国人的少男少女坐在蒸汽蒙蒙的浴缸里面热吻。镜头推开,旁边有一对中年夫妇,也坐在浴缸里,正狠狠地瞪着这对年轻人。这时,电视屏幕上闪出这样一行字:"远离你们的父母!"

这不是电视连续剧中的镜头,而是一则推介新西兰高等教育的电视广告。广告的主题是:"留学新西兰——你将远走高飞。"①很显然,广告制作者的宣传对象是亚裔,而新西兰远在天涯海角的地理位置,则是他们的卖点之一。

我不知道我的同胞们能否欣赏其中的幽默,反正我不能。为人父母,特别是家有学龄少女,我从中看到的是轻浮,感到的是错愕,得到的是担忧。讽刺的是,广告制作者背后的大学意在推

---

① Martha Ann Overlan, "Ad Campaign by New Zealand's Colleges Seems to Promise Carnal Knowledge," *Chronicle of Higher Education*, April 17, 2008. URL: http://chronicle.com/article/Ad-Campaign-by-New-Zealand-s/40824.

广国际教育,自己却掉进了文化差异的陷阱。作为同行,我不难体会新西兰高校的良苦用心,但从浴缸里飘出的蒸汽背后我看到的却是一场国际生源大战的硝烟。前不久参加一个国际教育展会,原以为是教育界同行交流大学管理和国际教育经验的盛会,结果却被穿梭在会场里成百上千教育中介机构的代表所淹没。好不容易在会议大厅找到一把椅子,刚打开电脑想回 email,就被身后两人的对话所吸引。男人是一个中年的白人,西装笔挺,一副商人模样;女人很显然是中国人,操一口略带北京口音的英语。从他们的对话中听出,这是一家跨国中介公司驻北京联络处代表正在向她的(美国?)老板汇报工作。女人小心翼翼地报告说,现在中国人对于外国大学的品牌非常注重,所以他们在北京的工作其实不太顺利,因为好的大学不通过中介招生,而好的学生也会跳过中介直接向大学申请。男人听了显然非常生气,他那带着布鲁克林口音的粗口不知女人是否全能听懂:"别给我说这些牛屎!你自己工作不力,还要找借口。你给我听着,今年的指标达不到你就给我滚蛋。"

原来大学招生已经成为生意,而且是竞争如此残酷的生意。只是今天的生源大战和三十年前相比具有两大特点:一是大学招生的目标已经不仅限于研究生,很多大学更多的是在本科生身上下功夫;二是参与竞争的大学已经不只是来自西方国家,也不限于英语国家,很多传统的留学生输出国现在成为输入国:新加坡希望到 2015 年能吸引 15 万外国学生;马来西亚希望将(2005 年的)4.5 万留学生增加到 10 万;约旦的目标是到 2020 年能吸收 10 万国际学生;中国目前已有 19.6 万外国留学生(大多来自韩国和日本等亚洲国家），希望这个数字在 2020 年达到 30 万；日本更是雄心勃勃地希望在 2025 年将目前的 12 万留学生增加到 100 万。①

相比而言，香港推出的大学国际化政策显得有点不合群。香港近年来一直鼓吹要建成一个国际教育枢纽（education hub），而且他们的确是从 1990 年代开始就建立了一套相当完善的大学教职全球公开招聘的制度。结果是，以香港城市大学为例，目前教授队伍中近 70% 都非香港本地人，而其中 20% 左右的教授完全不懂中文。这个比例对于一般大学来说意味着什么呢？以美

作者在印度尼西亚一所中学举办招生说明会后与学生合影。

---

① Ben Wildavsky, 2010, *The Great Brain Race: How Global Universities Are Reshaping the World*. Princeton, NJ: Princeton University Press, p. 24.

国名校斯坦福大学为例,其教授中有三分之一出生在国外。[1] 由于香港的大学在教授工资水平上已经与国际接轨,因此这支教授队伍的国际化程度可见一斑,其研究质量和教学水平亦不可小觑。但是,由于香港的八所主要大学都是公立,所以多少年来政府一直不允许大学将纳税人的钱用来补贴非香港本地学生。直到 2005 年政府才最后答应将本科学生中非本地招生的名额放开到 20% 的上限。当香港的大学终于开始加入全球生源大战,他们突然发现,自己已经比新加坡晚了起码十年!从营销学的角度来看,香港的大学想要在学生和家长心目中树立起品牌效应,需要为其姗姗来迟付出额外的代价。

既然国际招生代价如此高昂,为什么大学还趋之若鹜呢?1991 年香港科技大学成立时,当时的领导班子来自美国,其办学理念也几乎全盘照搬了美国研究型大学的模式。因此,他们以研究水平作为招聘教授的重要条件,搜罗天下英才而用之("Recruit the best people and keep them happy."[2])。香港科大在短短 20 年的时间内跻身世界名校前列,是教授队伍国际化策略成功的明证。然而,香港的大学由于政府限制非本地学生就读,所以学生群体极度单一,与教授队伍的多元化形成鲜明对比。其结果是,香港的大学虽然有一流的教授,却培养不出当今国际化社会所需要的、具有国际竞争力的毕业生。比如说,由于香港是一个高度发达的商业社会,学生受到家庭和社会的影响,毕业后

---

[1] Ben Wildavsky, 2010, *The Great Brain Race: How Global Universities Are Reshaping the World*. Princeton, NJ: Princeton University Press, p. 30.
[2] 孔宪铎:《我的科大十年(续)》,北京大学出版社 2011 年版,第 16 页。

乐于从商，却很少投身科研，因此香港的创造力严重不足。大学按照美国的方式高薪聘来许多学术明星，但后者却都难以像美国的教授那样找到合格的研究生助理。更让人难堪的是，香港虽然汇集了3000多家跨国企业，但香港的大学毕业生却并不一定能够在这些公司谋得高薪职位。如果本地的申请者在英文能力和国际视野等方面不能满足招聘方的要求时，后者宁可从他们的伦敦或纽约总部调人也不愿将就。面对这种局面，开放非本地招生、推动在校学生群体多元化成为香港高校唯一的选择。

为了善用本科招生中宝贵的20%非本地名额，城市大学将其中一半拨给内地，通过加入高考系统来争取优秀考生，其余10%则留给来自世界上任何一个角落的申请人。不难想象，对于香港的大学来说，要说服一名17岁从未听说过香港（更不要说香港的大学）的高中生离乡背井、放弃"美国梦"、选择到香港来度过他人生最重要的四年大学生涯，这场攻坚战的难度堪比任何商场厮杀。记得我第一次访问印度，到一所中学，刚开始介绍香港，就有孩子举手提问："我们都知道新加坡有很好的大学，我要是去不了美国就会去新加坡。你们香港有大学吗？"

经过近十年的努力，多元文化的曙光终于开始在香港的校园里出现。尽管应届高中毕业生中只有顶尖18.5%的学生才能进入香港的八所公立大学，但700万人口中的尖子与内地14亿人口中的尖子相比还是有一定距离的。而在外国学生的招生方面香港的大学更是坚守宁缺勿滥的底线，和英美名校争夺同一批才子才女。这些优秀的非本地学生给香港的大学校园里注入一种前所未有的活力，大大地激发了本地学生的学习动力和竞争能力。

四

1957年，苏联成功发射世界上第一颗人造地球卫星"斯普尼克1号"（Sputnik 1），引发了以美苏为首的两大阵营之间长达30年从太空到科技的全方位竞争。在"斯普尼克1号"升空不到一个月时间里，美国总统艾森豪威尔任命麻省理工学院院长担任白宫科学顾问，在全国开始推动数学和科学教育，并成立了国家航空航天局（NASA），负责美国航天事业开发。更重要的是，美国政府以此为契机，向大学投入巨资从事科学研究。从某种意义上说，这也是一场不同科研体制之间的竞争：美国的科研体制以研究型大学教授为主体，而苏联则以科学院专业研究人员为主体。后来的事实证明，美式体制不仅在科研产出上略胜一筹，而且还在无意间造就了一大批世界一流大学。

美式科研体制成功的秘诀之一是人才的配置。当政府和企业将大笔科研经费投入大学后，项目的领衔教授们虽然实至名归，但其辉煌的成果背后有一大批能力超强但价格超低的研究生在默默地奉献着他们的才华和创意。

记得三十多年前中国的大门在与世隔绝多年后终于开始向世界打开。当时我的同辈学人们无不为这样一个发现而惊喜：学而优则赴美——不仅学费全免，而且还有在当时堪称巨资的生活费。作为这批留学大潮中的一员，我完全不明白美国人的慷慨究竟目的何在。那时在美国的留学生中，来自中国台湾、韩国和印度的留学生不仅人数众多，而且资格也比我们要老很多，因为他们的"留学运动"比我们要早很多。直到30年后的今天我才恍然大悟,原来美国人对"饱暖思淫欲"的理解比发明这句话的我们的老祖宗认识还要深刻。富裕的生活和优越的教育环境尽管是顶尖科技成长的土壤,但每一项突破都少不了"白领苦力"在实验室没日没夜的劳作。这就是发达国家一般"重文轻理(工)"的原因所在。既然养尊处优的本国学生不能或不愿承受这样的"苦力",那么"价廉物美"的外国留学生就成为自然的人选。

当然,对于莘莘学子来说,在教授带领下所作的奉献也是不可多得的学习机会和实战演习,加上美国移民政策对于高层次人才的倾斜,国际学生在他们毕业时已经具备了独立科研的能力,很快就成为大学科研机构或高科技公司的接班人,而人力与智力的回流也给留学生的输送国带来了经济的起飞和社会的进步。韩国、印度和崛起的中国,30年前的留学大国,无一例外地成为今天世界经济的明星。由于研究生在美国大学科研体制中独特的地位和作用,因此研究型大学之间对优秀的外国研究生的争夺自1950年代以来始终烽烟未断。

假如说研究生的国际招生由于规模有限尚未尽显其革命性意义的话,那么,随着全球化时代的降临,本科生源大战的烽烟早已燃起,而且从传统的发达国家蔓延到发展中国家。这两者之间一个明显的区别是,此前研究生的国际招生有政府和企业投入的研究经费作为支撑,但本科的国际招生却大多是留学者自己买单。除了由于新富们希望到发达国家为下一代寻求优质教育资源之外,国际本科招生的背后还有什么其他的玄机呢?

近 30 年来大学国际化的背后有两个强力的推手：互联网和便宜机票。互联网将世界上所有的大学都放到了同一个平台上，让大学间的比较和竞争成为可能，而便宜的机票则使学术交流和出国留学成为家常便饭。为此威尔达夫斯基发明了一个新的说法："Free Trade in Minds"。[①] 不知如何翻译才能传达他的意思，但这个说法以国际贸易中人的跨国界自由旅行带来的货物的自由交换为喻，将大学教授和学生的自由旅行带来的思想和理念的自由交换作为大学国际化的最终结果和表现。这个比喻还有一层意思，即自由贸易中竞争的概念。这个概念的引进也许是我们理解本科生源大战乃至大学国际化本身的一把钥匙。

本科生的流动和先前研究生相比缺乏一种动机上的单一性，比如说一些国家将本科留学生当成摇钱树，用他们的学费补贴本国生；为了抢夺生源，有的大学不惜降低录取的学术标准；许多商业机构也乘虚而入，将大学排名做成了学界的"泳装大赛"。凡此种种，惹来社会各界的批评，不绝于耳。然而，本科生流动的种种乱象背后其实是作为"卖家"的大学和"买家"的学生及其家长之间"信息不对称"（asymmetric information）的一种表现。这种现象即便在交换充分自由的市场，卖家和买家之间的信息交换也经常是不平等、不充分的。大学排名只是商家应市场需求而提供的一种信息服务，其目的是帮助大学的"消费者"更好地理解他们所"购买"的"商品"。从这个角度看问题，今后只要市场足够开放、竞争足够公平，需求和供给之间总能达到某种均

[①] Ben Wildavsky, 2010, *The Great Brain Race: How Global Universities Are Reshaping the World*. Princeton, NJ: Princeton University Press, pp. 167–169.

衡（equilibrium）。这就是"看不见的手"的魅力所在。同样，大学只有在国际间建立一个开放的平台和公平竞争的机制，思想和理念的自由交换才有可能，而后者恰恰是当代大学的核心理念赖以立足的根本保证。

本科生流动所具有的革命性意义也许就在这里。学生的自由流动带来观念的自由交换，而观念的交换终将引发人才培养模式的转变。大学国际化的必然结果是，不管一所学校吸引本科生的动机何在，最终胜出的一定是那些能够满足市场对人才需求的大学。当学生带着他们的学费向市场认可的优秀大学集结时，其他大学除了跟进或创新之外，别无选择。

什么样的大学较有可能成为未来的成功者呢？美国大学有很多本科乃至研究院的基础课往往是由研究生助理担任。于是我们便经常看到这样的现象：美国学生担任研究生助理一般是帮助教授改卷子或辅导学生，而从中国或印度毕业的本科生来到美国进入研究院，则经常直接进入课堂讲课，特别是数理化方面的课程。我的一个朋友北大物理系还没念完就被美国的大学录取为研究生，并得到一个让我们文科学生羡慕不已的助教（teaching assistantship，简称 TA）职位。唯一的问题是，他的物理知识虽然应付美国大学物理课程绰绰有余，但他的北京英语实在让那些本来物理基础就够呛的美国学生叫苦不迭。印度助教虽然英语口语比中国学生略胜一筹，但英语非母语的学生要听懂那浓重的口音还是一个挑战。既然中国和印度的本科毕业生专业知识远胜美国本土学生，是否可以假定中印大学的教育质量也远胜美国大学呢？事实并非如此。

日本著名管理学家大前研一在《专业：你的唯一生存之道》一书中曾说过："全球化时代，人才流动和购并日益普遍，和不同文化的人在一起工作，十有八九会产生纠纷，中途加入的人，不管优秀还是平凡，在新环境中都会非常辛苦。"① 针对这个问题，学界提出核心能力或关键能力的概念，有人干脆就将这种能力叫做就业能力。这些所谓核心能力、关键能力或就业能力，显然不是指大学所能教给学生的专业知识。不然的话，世界上最好的大学，特别是最好的本科大学一定都在中国和印度。

其实，在当今这个全球化的时代，学生除了专业知识之外，还需要很多专业领域之外的技能、视野和机会。从这个角度看，假如大学在吸引一流研究生时以强势的专业和杰出的研究取胜的话，那么在吸引本科生时还必须在培养学生的非专业能力方面取胜。可以这样反推：如果一个本科生进入哈佛也会碰到讲北京英语的物理助教的话，那么哈佛吸引他的一定不是物理的专业课程。优秀的学术传统、出类拔萃的教授队伍、多元的学生群体、精英校友的人脉资源，很多这类与专业教育相关和不那么相关的特点汇聚，造就了精英大学的本科教育及其毕业生所谓的核心能力或就业能力。

行文至此，美国的大学之成为世界之艳羡的原因开始浮出水面。作为一个移民国家，美国以其开放的经济体制和多元的文化环境，吸引了来自全世界的寻梦人，其中很多是他们本行业中的精英或极具潜力的未来精英。这些未来精英在美国的一

---

① 大前研一著、吕美女译：《专业：你的唯一生存之道》，天下远见出版股份有限公司 2006 年版。

流大学汇聚，又进一步吸引了更多的具有多元文化背景的精英。因此，今天的美国大学，特别是一流大学，与其说是美国的大学，不如说是国际性的大学。他们的师生来自世界各地，多元的思想和理念在校园里自由交换和碰撞，为本科生的成长创造了一个国际化、多元化的校园环境。在这样的环境里，大学生有机会面对未来社会和职场可能遭遇的各种人和事，从他们的同学、室友那里学习如何应对不同环境中具有各种宗教、文化或社会背景的人。

当然，创造一个多元化、国际化的校园环境并不能保证毕业生就能取得未来社会所需要的核心能力、关键能力或就业能力，但不具备这样的校园环境则连达到这一目标的机会都没有。试想，假如香港的大学继续以纳税人的钱作为借口而排斥非本地学生，那么，香港的本地学生就不可能像现在这样，有很多来自国际和内地的尖子生们与他们竞争。这些尖子的作用类似球队训练中的陪练：没有后者，球队的战斗力将是另一番景象。

五

这是国际政治圈内人们津津乐道的一个所谓原则："没有永恒的盟友，只有永恒的利益。"这句话用到大学上未免冷血，因为大学间的竞争既不完全功利，也非你死我活，但"永恒的利益"的确存在，而且是任何一所大学投入资源推动国际化都必须考虑清楚的问题。同是大学国际招生，具体的国家、具体的大学因为利益不同，从操作方式到表现形式都会是千差万别的。德国的大学不仅有其优秀的传统而且至今免费，使得学生的流动呈现只进不出的局面。要不是因为"博洛尼亚进程"以及由欧盟支持的学生交换计划"伊拉斯谟项目"（Erasmus Programme），德国的学生大概连欧洲其他国家都懒得出去，更不要说到遥远的美洲甚至亚洲去留学了。说德国的大学至今仍在吃他们一百年前鼎盛时期积下的红利，应当不算过分。但德国大学的决策者显然十分明白人才流动对于大学发展的作用。因此，当他们知道暂时无法推动德国学生外出留学，唯一的策略选项就是将外面的学生吸引进来。对于德国大学来说，这就是"永恒的利益"，起码目前还是。至于他们只进不出的国际化还能延续多久，那就要看造化了。历史上优秀的大学由于政策失误而衰亡的例子并不少见。

在南非，虽然国家并不出面阻拦学生出国留学，但对于人才外流的担忧，加上百姓手中有限的可支配资金，使得出国留学只是少数精英的选项，而吸引国外教授和留学生进入南非的大学，也还没有列入议事日程。2013年初访问开普敦大学，我们早在几个月前就和该校负责国际事务的主管约了会。可是当我不远万里应约来到大学时，那位主管却在前一天晚上出差了。接待我的一位低层文员虽然有点歉然，但也没有为他们的老板找个好的借口，看来这样的事在他们那里是家常便饭。交谈中，当他们听说香港的大学教授可以全球招聘时着实吃惊不小，因为在南非的大学里要想聘一位外籍教授，光是手续之繁复就足以让人却步。从南非回来后，我们再次和开普敦大学的外事主管联系，希望保持联系，继续探讨两校合作的机会。对方尽管礼貌周全，但总是词不达意。也许，对于南非的大学来说，眼前最大的利益是设法留住本国的人才,至于国际交流和人才流动,那是下一步的事。

真正能够在大学国际招生中名利双收的,大概就是英、美、澳、加、新西兰等英语国家了。如前所述,澳大利亚政府从1980年代末开始就将招收外国留学生当成一个产业来做。这个教育服务产业在2008年为澳大利亚挣了155亿澳元,在其出口行业中稳居第三位。虽然大学排名充满争议,但澳大利亚大学的排名却让人回味无穷。不管排名机构运用什么指标,澳大利亚大学的前八名在世界上还都名列前茅,可一往下就见不到其他学校了,直到两百多名以后澳大利亚的大学才重新出现。内中原因读者可以自己去研究、去想象,而我在为香港的大学招生时遇见澳大利亚的同行,有时也能近距离地感受到经济利益对于像澳大利亚、新西兰这类国家的大学及其国际化的努力有着怎样的影响。

不能要求所有人都能理解大学国际招生背后的深意,而且多元文化的教育理念在全球化时代的意义也一定会和不同国家不同的经济利益挂钩。用"主观为自己、客观为别人"来描述香港高校国际招生的动机,至今难以说服很多香港市民。但从一个更高的视角来看全球学生流动,我们发现这有点像古典经济学家鼓吹的"看不见的手"在市场调节的作用:当所有人都在追求利益最大化时,市场的调节作用使资源达到最优配置与组合。事实上,从培养学生的国际视野、多元文化和竞争能力的目的出发,国际招生已经成为当代大学教育和管理中必不可少的"市场调节"机制,而多元的学生群体则是各国各地大学教育资源的优化配置与组合的结果。中介通过招生从大学得到报酬,(某些)国家通过吸纳外国学生的学费收入来增加GDP,大学通过国际招生提高其声誉和排名,等等,其最终的赢家是学生:他们在多元的校园环境里取得进入未来社会和职场必不可少的国际视野和竞争能力。

我们的结论是,不管大学国际招生的动机何在、效果如何,从大学张开双臂欢迎外国学生,特别是当大学之间因优秀国际生源开始竞争的那天起,大学的理念、目的和学生培养模式就已经永远地改变了。这是一场发生在我们身边的静悄悄的革命,其潜在的意义我们已经能够感受到,尽管有时还很难清晰地把握。

第五章

以"综合评定"的名义

最近在国内访问一所省重点中学。接待我的教务主任以毋庸争辩的口吻介绍说:"我们的学校不只是一般意义上的重点中学;我们其实是重点中的重点。"他的主要论据是,该校全省招生,生源可谓省内最佳;该省北大和清华的录取名额基本上被他们的毕业生包了。好像还嫌自己的论据不够有力,教务主任又补充说:"今年有一位同学参加了(美国的)SAT考试,一举拿下2300分!学校得知这个情况后,当即决定出钱雇一家中介公司,为他量身定制,冲击哈佛。"

假如您当时在场的话,一定不会错过我那张惊讶得久久不能合拢的嘴。学校花钱雇中介?冲击哈佛?用广东话说,"有冇搞错?!"哈佛是件衣服,可以量身定制?美国大学的申请还能由学校包办?再说,哪家中介狗胆包天,能接这样的活,能有把握包送哈佛?

当然,这个故事也有不那么让人惊讶的环节,那就是,对很多国人来说,哈佛不是一所大学,哈佛是一个神话。

近年来由于工作关系与国内中学的学生、老师、校长以至政府考试院的官员多有接触。在一次与 N 省考试院院长会见时，话题不知怎么转到了中美大学的录取标准上。院长绘声绘色地为我描述了她在北京开会时的一段经历。她参加一个由教育部召开的会议，其间正好哈佛的招生人员在北京某名牌高中进行录取面试，与会者应邀观摩。据她说，无论哈佛考官如何刁难，应试的学生个个对答如流。在答辩结束时，欣喜若狂的哈佛考官居然当场取出随身带着的录取证书，签上名，亲手交给考生，并热情祝贺这些优秀的中国学生加入哈佛。院长不无感慨地说："哪一天我们的大学能够像哈佛那样不拘一格录取优才啊！"

哈佛录取学生真能做到"不拘一格"？"不拘"的是哪一"格"呢？院长故事的真实性固然不能怀疑，但她对所观摩的面试流程的理解是否有误却不得而知。我自己在常青藤大学的圈子里工作多年，从未听说过这样的录取模式。退一万步说，假如我们真想也能像哈佛那样不拘一格，这种录取学生的方法我们消受得起？

近年来社会构成与技术手段的多元走向催生了民意表达前所未有的多元化。在这种情况下，对于高考制度种种弊病的批判也许属于百姓中间所剩无多、最能凝聚共识的话题之一了。问题是，以哈佛为代表的美国常青藤大学头顶的光环有时是过于耀眼夺目了，不可避免地会在膜拜者眼中制造出一些盲点，甚至会借某些"追星"官员之手对我国高考制度的改革与日常决策产生干扰。因此，如果我们能读一点历史，以史为师，也许能让哈佛这样的学校走下神坛，为我们未来的高考改革提供一些有益的、切实可行的借鉴。

一

加州大学伯克利分校著名的社会学家杰罗姆·卡拉贝尔（Jerome Karabel）在他洋洋洒洒七百页的巨著《天之骄子》一书中以详尽的资料记述了美国著名私立大学哈佛、耶鲁和普林斯顿在过去一百多年中如何通过大学选拔来培养贵族精英的。虽然书中最遥远的故事都不超过一百年，但这三所大学所展示的傲慢与偏见对于今天经历了1960年代民权运动的美国人来说已经如天方夜谭一般不可思议。然而，让人难以释怀的是，即便在当代美国的名牌私立大学早已摈弃各种带有歧视性质的招生政策，新的社会环境仍不可避免会产生新的歧视政策，而这些政策背后往往有着深厚的历史渊源。

比如说，美国私立名牌大学最让人诟病的是优先录取校友的子弟（所谓的 legacies）。这种做法虽然早已是公开的秘密，但其理据、历史原因和严重程度却至今鲜为人知。普林斯顿校友会1958年的一份文件中是这样陈述有关校友子弟录取政策的："事实上，普林斯顿校友子弟无需与非校友子弟竞争。不管有多少其他男孩报考，对于普林斯顿校友子弟的审核只有一个问题：他是否能够毕业？假如答案是肯定的话，他就应当被录取。"[1] 哈佛的情况基本相同。假如你是哈佛的校友子弟并在1958年申请进入哈佛，你被录取的几率是69%；不是哈佛子弟的话，你的几率只

---

[1] Jerome Karabel, 2006, *The Chosen: The Hidden History of Admission and Exclusion at Harvard, Yale, and Princeton*, Boston and New York: Houghton Mifflin, p. 240.

有 39%。①

校友在名校录取过程中的作用举足轻重。1950 年代的耶鲁学院每年大约有 4000 人申请，其中 3000 都会经过校友面试。特别是对于一些边远地区的考生来说，通过校友面试几乎是进入耶鲁的唯一途径。下面这个故事是当时校友面试及其重要性最好的例证。有一位怀俄明州的考生通过他的女朋友认识了 1948 届耶鲁校友托马斯·斯多克（Thomas Stoock），而后者因从事石油业，成为同是 1948 届耶鲁校友的乔治·H. W. 布什（我们熟知的美国第 41 届总统老布什）的好友。斯多克向老布什介绍的这位怀俄明青年是所在中学的球星和年级学生主席，但成绩平平。由于校友老布什的推荐，耶鲁不仅录取了他，而且还发了全额奖学金。也许是成绩实在太差，他最后还是从耶鲁辍学了，进入怀俄明大学并勉强毕业。这位怀俄明青年就是后来成为美国第 43 届总统小布什的副总统的迪克·切尼。②

今人在批评私立名校校友优先的录取政策时表达得更多的是道德的义愤，但从历史的角度看，美国私立名校之所以成为世界高等教育的奇葩，成功的校友及其成功后对母校的无私捐赠是决定因素。谁都知道，办教育是准赔不赚的买卖：这就是为什么世界上绝大多数的大学都是由政府买单。得益于校友资助，美国的私立名牌大学在经济上摆脱了政府的控制并得以在学术上实现较大程度的自治。这两点恰是当代大学"从优秀到卓越"的两

---

① Jerome Karabel, 2006, *The Chosen: The Hidden History of Admission and Exclusion at Harvard, Yale, and Princeton*, Boston and New York: Houghton Mifflin, p. 267.

② Nicholas Lemann, "The Quiet Man: Dick Cheney's Discrete Rise to Unprecedented Power," *New Yorker*, 7 May 2001.

个最基本的元素。问题是,多数大学的发展经常是陷在一个悖论之中无法自拔:大学要做到学术独立首先必须经济独立,给政府少一个干预学术事务的理由;然而,高等教育作为当代社会不同阶层之间流动(mobility)的桥梁,又要求大学在录取和培养人才方面对所有群体特别是弱势群体一视同仁。历史证明这种机会均等的实现不会自天而降,而是有赖于政府的立法与监管,而后者手中唯一有效的武器就是教育经费。美国私立名校财政独立,本无需顾忌来自政府的压力。但为了挣脱这个怪圈,他们自发地在大学录取政策方面努力回应社会正义的呼声并接受政府监管,从1960年代初开始逐步地减少了校友子弟的名额。

的确,美国大学的精英们早就推导出名校的招生政策与未来社会发展之间的相关系数。耶鲁大学前校长布鲁斯特(Kingman Brewster, Jr.)上任伊始就希望在改革招生政策方面有所作为,但后来的事实证明,这项工作真正的难度连布鲁斯特自己都始料未及。从1965起,在当时的招生办主任克拉克(R. Inslee Clark, Jr.)的领导下,耶鲁大学开始大幅度削减校友子弟的录取名额,在校友中引发了一场"政变":许多校友公开拒绝给母校捐款。耶鲁大学连续五年的财政赤字在1971年达到新高(250万美元),以致大学财务总管在给布鲁斯特校长的信中惊呼:"我们必须尽快增加录取校友子弟的名额,大幅度的增加必须在今年春天实现,即1972年春天……不然就晚了。"[①]1970年,克拉克不得不黯然下台。他的辞职在所有依赖校友捐赠的私立名校中影响深

---

① Jerome Karabel, 2006, *The Chosen: The Hidden History of Admission and Exclusion at Harvard, Yale, and Princeton*, Boston and New York: Houghton Mifflin, p. 462.

远，使得很多大学至今在录取校友子弟这个问题上不敢轻举妄动。

美国名校青睐体育人才是另一个广为人知的事实。随着时代的变迁，今天广为招揽体育人才的已不再是常青藤等私立名校，而是所谓的"十大公立大学"（Big Ten Universities）。[①]因此，人们的印象也许依旧是：大学试图通过招收一流球员、提高赢球率来提升其声誉。然而早期常青藤大学对体育的重视还真不单是为了赢球。哈佛校长艾略特（Charles William Eliot, 1834—1926）认为，哈佛录取并培养的未来社会的领袖应当具有一种"男子汉气概"（manliness），而这种气概是通过参与"男人的运动"（manly sports）来取得的。他自己从大学年代就身体力行，参与赛艇、骑马和自行车等运动。他相信这些"男人的运动"可以让学生"从弯腰驼背、孱弱多病变成体形优美、茁壮健康的青年"。[②]这种"男子汉气概"成为大学录取的标准，更深一层的原因在于当时大学对贵族精英必备的所谓"性格"或"品格"（character）的理解与追求。健壮的体格不仅是出身高贵的体现，还是个人自律的一种表现。

虽然将名校对品格的追求等同于"以貌取人"未免轻率，但清晰地定义"性格"或"品格"这样抽象的特点毕竟困难。因此，用"有形"的外貌来取代"无形"的性格便成为招生人员自然的选择。1990年美国教育部民权办公室（Office of Civil Rights）

[①] "十大公立大学"包括俄亥俄州立、密西根州立、印第安纳、普渡、密西根、明尼苏达、威斯康星、伊利诺伊、爱荷华、林肯-内布拉斯加等大学组成的美式足球联盟。

[②] Jerome Karabel, 2006, *The Chosen: The Hidden History of Admission and Exclusion at Harvard, Yale, and Princeton*, Boston and New York: Houghton Mifflin, p. 42.

在对哈佛大学如何录取亚裔学生的问题所作的一项调查中发现，招生人员在审核申请材料时写下的笔记中有很多对于申请人相貌特征的挑剔："矮个子，招风耳"；"长相离奇，性格古怪"；"这个年轻人直发冲冠"；"看上去像个小胖胖"等等。[1] 而耶鲁大学招生办在 1965 年废除"体形特征检查表"（physical characteristics checklist）之后，曾在一个内部统计报告中指出，比较 1965 与 1966 两年的数据，6 英尺以上身材的新生从 26.0% 掉到 20.6%；平均身高从 7.04 降到 7.00 英尺。[2] 这是耶鲁自 1883 年开始收集这方面数据以来最大的一次降幅。随着 1964 年"民权法案"的通过，美国社会对于各种弱势群体包括残疾人的关注大大提升，因而任何以貌取人的录取政策都自然而然地受到谴责。只是外貌与身高在名校录取中曾经是如此重要的标准并被用来剔除"异类"，大概会让今天很多崇拜这些名校的人们跌破眼镜吧。

所有这些在今天看来不可思议、却曾在美国私立名校通行多年的招生方式，都是在所谓的"综合评定"（Holistic Review）的名义下实施的。

二

对于学生和家长来说，私立名牌大学照顾校友子弟让人愤怒，但他们对于这样公开的秘密却也无可奈何，谁让人家是私立

---

[1] Jerome Karabel, 2006, *The Chosen: The Hidden History of Admission and Exclusion at Harvard, Yale, and Princeton*, Boston and New York: Houghton Mifflin, pp. 509–510.

[2] Ibid., p. 368.

的呢？至于以貌取人这类"人性的弱点"，不可接受，却不难理解。这一切都是大学招生过程中"综合评定"的一个部分，即对考生各方面的条件和素质进行考察，而不是仅仅根据成绩来决定是否录取。即便在今天，综合评定也是合理合法，逻辑上几乎无懈可击。尽管让人捉摸不透，但也许这就是大学实行这个政策的目的，或是 N 省考试院长心目中的不拘一格录取优才？

那么，为什么美国的私立名校没有像中国那样从一开始就依据考试成绩实行择优录取呢？美国社会不是最讲究公平、公正或是平等的吗？对于这个问题的答案还需追溯到一百年前哈佛校长罗威尔（A. Lawrence Lowell）为限制犹太学生而出台的绝招。由于历史的原因，美国历史最悠久的名牌大学，包括八所常青藤大学都集中在东北各州。这些大学大多建立于英国殖民时期，学生则来自白人盎格鲁-撒克逊新教徒（White Anglo-Saxon Protestant，WASP）家庭。1920 年代，大批学业优秀的犹太籍学生的涌入，让历来主导这些大学的 WASP 们感到了威胁。一开始哈佛及其他几所名校试图通过简单的犹太招生配额来限制其增长，但这种只看背景不看成绩的政策遭到教授们的抵制。眼看一计不成，招生人员又生一计，试图通过将招生范围从犹太人集中的东部扩大到犹太人稀少的中西部，但这个策略的效果也不理想。于是，在罗威尔校长领导下，哈佛开始将原来很简单客观的、基于成绩的录取标准复杂化。我们今天所熟悉的录取标准，包括强调"性格"、对校友子弟和体育人才网开一面、通过面试与照片进行筛选、要求提交个人陈述与推荐信、对于"书呆子"毫不掩饰的厌恶，等等，都可以追溯到罗威尔时代的哈佛。① 由于主观标准的加入，哈佛可以名正言顺地拒收犹太后裔，而又无需对此作出解释。结果是，哈佛新生中的犹太比例从 1925 年的接近 30% 急降至 15%；这个比例一直维持到二战期间才稍有松动。②

对待非洲族裔的态度，常青藤大学的历史也不清白，其中尤以普林斯顿为甚。卡拉贝尔在他的书中记述了担任普林斯顿大学招生办主任长达 28 年之久的拉克里夫·西尔曼斯（Radcliffe Heermance）的一则轶事，给人恍若隔世之感。1939 年非洲裔青年布鲁斯·莱特（Bruce Wright）从纽约一所著名公立高中毕业，以优异成绩被普林斯顿录取。他来到校园，和其他新生一起排队等待注册。突然，一位高年级同学将他从队伍里叫了出来，告诉他大学的招生办主任想要见他。多年后莱特仍然清楚地记得当时的场景：西尔曼斯看他的那种神情，"就像我是显微镜下的一件令人厌恶的标本"。这位招办主任斟字酌句，倨傲而又势利："种族问题在美国是一个解决不了的问题……如果你真想来这里的话，那么，你将会发现自己处处不受欢迎。"因此，他建议莱特还是找一所能够接受"他这类人"的大学去上。尽管这些话让莱特感到如雷轰顶，他还是坚持要在普林斯顿注册，并写了一封信给西尔曼斯，请他解释为什么学校录取了他又不让他上。西尔曼斯在回信中这样说：

---

① Jerome Karabel, 2006, *The Chosen: The Hidden History of Admission and Exclusion at Harvard, Yale, and Princeton*, Boston and New York: Houghton Mifflin, p. 135.

② Ron Unz. "The Myth of American Meritocracy: How corrupt are Ivy League admissions?" *The American Conservative*, December 2012, p. 16.

普林斯顿大学从不因种族、肤色或信仰而歧视任何人。这是我们大学最初的宪章中就已明确规定并作为大学的传统贯穿始终。……容我给您一个纯属个人的观点：作为一贯对于有色人种颇感兴趣的个人，我与贵种族的成员无论是在民间还是军中都曾和睦相处。我从自己的良知出发不希望有色[种族的]学生申请普林斯顿，因为在这样的环境中我不认为他们会感到愉快。①

莱特终于未能在普林斯顿注册。他在宾夕法尼亚州林肯大学毕业后，随美军赴欧参加二战，赢得两枚军功章；回国后成为著名律师，并于1983年成为纽约州最高法院大法官。

在这个故事里，最耐人寻味的部分是西尔曼斯关于"普林斯顿大学从不因种族、肤色或信仰而歧视任何人"的陈述。中国有句老话："无知者无罪。"如果西尔曼斯囿于当时的认知，并不认为普林斯顿拒收非裔学生有什么不对，而且为非裔学生在普林斯顿可能产生的感受着想劝退莱特，那么他和莱特之间的过从还真可算是仁至义尽。可是，当他祭出"普林斯顿从不歧视"的神器时，他已经为"此地无银三百两"作了注脚。这就是为什么他录取了莱特，先为大学"不歧视"的政策做一个姿态，随后又软硬兼施，试图通过"胡萝卜（考虑学生感受）加大棒（当面羞辱）"的方法赶走莱特。这一点上，普林斯顿的"反非"和哈佛的"反犹"可谓如出一辙：他们既想限制某一个种族的学生入学，又要

---

① Jerome Karabel, 2006, *The Chosen: The Hidden History of Admission and Exclusion at Harvard, Yale, and Princeton*, Boston and New York: Houghton Mifflin, pp. 232-233.

打出公平、公正的旗号。要做到这一点，大学手中能用的工具其实不多，而"综合评定"则不失为一个既能保全体面又能达到目的的有效方法。

然而最为讽刺的是，经过1960年代轰轰烈烈的民权运动洗礼之后，当今大学任何稍带种族歧视的政策都已成为过街老鼠。因此，所有大学，特别是私立名牌大学，开始了新一轮的攀比，看谁录取更多的非裔学生。可不尽如人意的是，非裔学生从整体上看学术准备相较其他群体还处于弱势。这虽然与他们在历史上受到的歧视与种族隔离不无关系，但在法律上消除了种族差异的今天，在教育上他们其实并没有享受到与WASP完全同等的机会。为什么呢？

美国有4%左右的中学是顶级私立学校，学费一年约三四万美元。他们请最好的老师，配备最好的设备，营造最好的环境。美国5%的中学是名牌公立学校。公立学校都是靠房产税来养活的，所以名牌公立学校基本都处在豪华住宅区，那里的房产税征得多，给学校的投入自然也就高于其他公立学校，所以这些学校的质量，完全不输顶级私立学校。能够进入这两类学校的非裔学生可谓凤毛麟角。而美国36%的学校是给底层贫困人口建立的，可以说是师资最差的学校。那里经费不足，设备不足，环境也很差。绝大多数非裔族群的经济与社会地位决定了他们的子女只能进入这36%的学校。[①] 结果是，面对私立名校激烈的入学竞争，

---

① 郎咸平博客《数据揭秘：要这样才能考上名校清华北大》，见阿波罗新闻网 2014-06-11 讯：http://hk.aboluowang.com/2014/0611/405235.html#sthash.t8XpojW3.dpbs。

非裔学生中成绩拔尖、达到名校入学资格的人本来已经很少。当大学都希望用非裔学生来装点其多元化的门面,非裔学生就成了一个"僧少粥多"的群体。私立名牌大学在录取了一名成绩中等的非裔学生、却拒绝了一名成绩优异的亚裔学生之后,如何向公众解释?答案是:综合评定。

三

事实上,回顾美国名校的招生政策,最让人跌破眼镜的应当还不是种族歧视,而是成绩歧视。不明就里的人一定以为这里指的是对成绩不佳群体的歧视。事实恰恰相反,受到私立名校歧视至今的正是成绩拔尖的那个群体。尽管这一现象在近几十年来由于名校入学竞争愈演愈烈而稍有淡化,但以哈佛为代表的几乎所有私立名校每年要拒绝一大批 SAT 或 GPA(高中平均积分)成绩满分或接近满分的考生却是一个不争的事实。2003 年申请哈佛的学生中大约有 450 个 SAT 满分(1600 分)的考生,其中只有不到 200 名被哈佛录取。[1] 而普林斯顿承认,2010 年 SAT 满分的考生他们仅录取其中的一半。[2] 哈佛一位资深的招生人员声称,仅有 5% 或更低比例的学生是完全凭成绩进入美国最难进的大学(包括哈佛)的。[3]

---

[1] Chuck Hughes, 2003, *What It Really Takes to Get into the Ivy League*. McGraw-Hill, p. 31.

[2] Ron Unz "The Myth of American Meritocracy: How corrupt are Ivy League admissions?", *The American Conservative*, December 2012, p. 34.

[3] Chuck Hughes, 2003, *What It Really Takes to Get into the Ivy League*. McGraw-Hill, p. 49, pp. 57–58.

那么,名校如何拒绝这些成绩优异的学生?答案还是"综合评定"。哈佛招生与学生资助办公室主任本德(Wilbur Bender)在任期间(1952—1960)虽然在学生多元化(将招生范围从东北部扩至全国)与择优录取等方面有一定贡献,但他那"宁要绅士(gentlemen)不要才智(intellectuals)"的方针亦流毒甚广且深。对于哈佛的培养目标他有如下表述:哈佛的任务并不仅仅在于训练"未来的学者或科学家或才华横溢的知识分子",它有责任培养"成功的商人……或州长"。因此,哈佛必须努力吸引来自社会上层的学生。[①] 为了实现这个目标,他要求哈佛因成绩优异而得到录取的学生比例不超过10%;换言之,90%的学生都是通过"综合评定"录取的。

"综合评定"最大的好处,或者说,对于校方来说最方便之处,在于它的灵活性,即大学可以根据其发展愿景、培养目标以致财务考量来自行定义那些非学术的"软性"指标。比如说,当私立名牌以WASP的行为准则甚至体形外貌来定义"性格"时,那些来自社会底层、通过苦学取得优异成绩的"书呆子"自然无法得到招生人员的青睐;私立名牌的校友回馈母校的传统一直是大学财政稳定的保证,而犹太人以及其他少数民族的校友能否将这个传统发扬光大不能不成为大学的担心;而当"领导才能"或"领袖潜质"(leadership)成为私立名校孜孜以求的目标时,学术尖子有朝一日入主白宫或驰骋华尔街的几率当然远不如那些名

[①] Jerome Karabel, 2006, *The Chosen: The Hidden History of Admission and Exclusion at Harvard, Yale, and Princeton*, Boston and New York: Houghton Mifflin, p. 191.

门望族的后代。的确,在美国短短二百多年的历史上,华尔街和白宫一直都由常青藤和少数私立名校的毕业生所把持,而这些名校毕业生事业上的成功除了归功于母校的教育,更离不开的是他们作为名校校友的父亲、上流社会的交游网络以及衣食无忧的经济基础。特别是对于有志从政的名校毕业生来说,经济后盾是他们能够全身心投入社区服务(public service)、积累政治资本的必备条件。从这个意义上说,大学录取新生与投资无异:出自名门的"绅士"是"蓝筹股",而成绩优秀顶多代表一支"潜力股"。投资后者的风险不言自明。

将话题扯开一点。最近网上疯传一对美国夫妇(丈夫为美国人,妻子是中国人)送女儿来中国上学的报道。这位美国爸爸在谈到为什么送女儿来中国上学的原因时提到:

> 美国文化中反智主义太严重,最明显的是在中小学。大家最想当的是 cool kids(酷小孩),cool kids 都是不爱学习的,如果你爱学习,大家都认为你是 nerd(书呆子),嘲笑你,孤立你,如果你喜欢学习,成长环境很负面,一路要承受很多同辈的不认同。[①]

从网上的跟贴看,很多国内的读者颇不以为然,认为这只是个案,不具普遍性。其实,在美国有过养儿育女经验的华人多少都会有些同感,特别是那些在美国养育男孩的父母。爱念书的孩子最怕被人叫做"蛋头"(egghead);平时不仅费尽心机地装出

---

① 《美国夫妇:我们为什么送女儿来中国上学?》,人民网 2014 年 3 月 13 日,见 http://edu.people.com.cn/n/2014/0313/c1006-24623113.html。

一副对学习满不在乎的样子，而且还要想方设法地广告天下，自己是怎样的一个体育迷（哪怕连波士顿红袜和华盛顿红人都分不清）。这种反智主义在顶尖名牌大学的招生录取政策上表现得最为充分。哈佛的本德主任就曾坚持将哈佛因成绩优异而得到录取的学生比例控制在 5%—10%，其借口就是，成绩拔尖的学生在情感上、心理上比较脆弱，收多了这样的学生学校的自杀率会升高。他反问道：难道我们真想让我们学院录取的每一个学生将来都成为学者、科学家、大学老师或研究博士？这样的辩解表面看来是为大学和学生的健康发展着想，实际上却将美国上层社会对于知识阶层的傲慢与偏见表达得淋漓精致。事实上，连曾经当过哥伦比亚大学校长的艾森豪威尔总统都曾嘲笑知识分子是"喋喋不休地解释连他自己也未必知道的东西的人"；而小布什总统更是扛着耶鲁的学士和哈佛的 MBA 学位，却从竞选总统的那天起就以一个蓝领、西部牛仔的形象出现在公众面前。其用心之苦，不了解了美国社会"反智主义"倾向的人真是难以想象。

反智主义（anti-intellectualism）作为一种思潮，在美国思想文化界流行已久。1963 年，哥伦比亚大学教授霍夫斯塔特（Richard Hofstadter）写了一本《美国生活中的反智主义》，[①] 风行一时，获得了 1964 年的普利策奖。反智主义鼓吹在民主社会平头百姓拥有一人一票的平等权利，而知识分子尽管拥有更多的专业知识却也不能僭越百姓的政治权利或经济自由。从这个角度看，有其积极的意义。但是，尽管美国以平等自由立国，却

---

① Richard Hofstadter, 1963, *Anti-intellectualism in American Life*. New York: Knopf.

在相当长的一段时间内，有幸进入了上层的精英并不能完全容忍下层人士通过高等教育进入上层，与他们分享国家的政治与经济大权。所以，私立名牌大学在制定招生政策时一贯以反智主义为依据，将学习成绩与综合素质相对立，极力降低成绩在录取决定中的权重，同时夸大诸如性格、品格、兴趣、体育、社区活动、领导才能等非学术因素的重要性，以此排斥异己，达到阻隔较低阶层通过教育向上流动的目的。换言之，社会的精英根本就不相信一个出身卑微、相貌猥琐、举止笨拙、口音奇怪但智力超群的"蛋头"能够担当起领导国家和企业的重任。因而，像法国和日本那样通过考试筛选人才的大学入学系统始终没有在美国生根。

换一个角度看，私立名校反智，青睐上层的精英子弟，自有他们的考量。他们深谙人性的缺陷，知道要是光拼成绩的话，"富二代"、"官二代"根本无法与来自社会底层的子弟竞争。富足优雅的生长环境为"富二代"投身社会服务创造了物质条件，却同时降低了他们寒窗苦读的动力和能力。另一方面，假如名牌大学的录取通知书对于富家子弟只是锦上添花，那么，对于来自贫寒家庭的孩子来说，这是他们一生中"鲤鱼跳龙门"的唯一机会。他们无法通过面试来展示上流社会认可的优雅风度，无暇通过参与"男人的运动"来取得未来领袖所必备的"男子汉气概"，也不能花太多的时间去做义工，因为他们自己的家庭还在贫困线上挣扎。因此，他们能做的只有通过好好学习来进入名校，并借助名校文凭找到好的工作来为自己和家人脱贫。记得美国著名左派作家杰克·伦敦（Jack London）在回忆自己早年奋斗时曾经说过,当处于社会的底层时,他没有世界观,只有"向上观"。(I had no outlook, but an uplook rather. My place in society was at the bottom.)① 试想,要防止私立名牌被这样一群来自底层的"淘金者"完全占领,大学的招生人员除了反智,除了"综合评定",难道还有其他选择?

四

美国私立名牌大学招生政策从任人唯亲到任人唯贤的转机发生在 1957 年。当时正值冷战,因此苏联率先发射的人造卫星"史普尼克 1 号"(Sputnik 1)震撼了整个西方,在美国国内引发了一连串"我们落后了!"的惊呼。之前,美国顶尖私立大学的教授们早就对学校任人唯亲的招生政策啧有烦言,但在这方面要作任何改革都不能不触及校友的利益,而后者正是这些(数)百年老校多年积累的最重要的一笔资源。"史普尼克 1 号"让美国人看到了校园里反智主义盛行可能产生的严重后果。

1958 年美国国会通过《国防教育法》(National Defense Education Act, NDEA),联邦政府为此拨出数百亿美元用来加强美国学校的数学、科学与技术学科的教育水平。随后不久艾森豪威尔总统又签署《美国公共法案 85-568》(United States Public Law 85-568,即《美国国家航空暨太空法案》),创立了美国航空航天局(NASA),在高科技领域展开了与苏联的全面竞争。美

---

① Jack London, 1909, "What Life Means to Me." *Revolution and Other Essays*. Macmillan.

国国家科学基金会（National Science Foundation）对科研的拨款在一年之内就翻了三倍，而这些钱绝大多数以科研经费的形式进入美国大学，特别是顶尖大学。"'后史普尼克'时代来自联邦政府的研究经费的暴涨无疑[在美国学术界]开启了一个学术科研的黄金时代。"①

然而，科学的春天并没有与人才的春天相约一同降临美国的大学；顶尖大学的教授们兜里装满了科研经费却找不到够格的研究助理。1958年，哈佛大学的霍尔顿（Gerald Holton）教授在给文理学院院长的信中一针见血地指出，哈佛多年来在招生时所强调的所谓"能力"完全是一个错位的概念。他因此呼吁，数学、实验科学和外语等三门课的考试成绩必须成为进入哈佛不可或缺的条件。乔治·基夏考斯基（George Kistiakowsky）是哈佛大学化学系教授，曾为美国的原子弹研发工程"曼哈顿计划"立下汗马功劳，并在艾森豪威尔总统的科学顾问委员会担任顾问。1957年他作为教授代表参与招生委员会的工作并很快发现问题的症结所在。他对本德领导下的招生办出版的宣传材料进行了严厉的批评，认为他们向中学生推介的哈佛教育是一个不合时宜的、以培养谦谦君子为目标的自由教育模式，不仅无视严格的科学教育，而且忽略了国家对科学家、工程师这类人才急切的需求。②

---

① Hugh Davis Graham & Nancy Diamond, 1997, *The Rise of American Research Universities: Elites and Challengers in the Postwar Era*. Baltimore, MD: The Johns Hopkins University Press, p. 34.

② Jerome Karabel, 2006, *The Chosen: The Hidden History of Admission and Exclusion at Harvard, Yale, and Princeton*, Boston and New York: Houghton Mifflin, p. 263.

半个世纪后回望"后史普尼克"时代,我们已经难以想象当时美国人国难临头的危机感,也无法感受那种国家"到了最危险时刻"的震撼。但是,知微见著,从私立名牌大学此后在招生政策上的急剧转变中,那个时代的焦虑依稀可辨。比如说,1958年之前,学生参加 SAT 考试但只有他们的中学和他们申请的大学收到成绩,而考生不知道自己考试结果。"后史普尼克"时代国家对于优秀人才的需求和社会对于人才选拔方式的批评,迫使大学打破了这个惯例。当大学录取过程中对成绩的考量变得更加透明,私立名牌继续暗箱操作、任人唯亲就变得更加困难。结果是,哈佛当年的 SAT 中位数往上急跳 50 分,从 1285 跃升至 1335!这届哈佛新生中来自公立高中的比例创出历史新高,且全国优秀奖学金(National Merit Scholarship)和通用汽车公司奖学金(General Motor Scholarship)(两者均以成绩为依据进行选拔)的得主几乎占到 10%。[1]

尽管直到今天,美国大学的录取还不能像日本、法国和中国那样实行彻底的"任人唯贤"的政策(meritocracy),即以学习成绩作为大学录取的唯一标准,但在时代潮流的裹挟下,他们也再不能像过去那样为照顾校友而牺牲招生质量。据说耶鲁校长布鲁斯特的最爱说的一句话是,他治下的耶鲁必须既维持原貌又与时俱进("to keep Yale Yale and still keep it up to date")。此话说来要比做到不知难多少倍。任何社会都是一个金字塔,而塔顶的

---

[1] Jerome Karabel, 2006, *The Chosen: The Hidden History of Admission and Exclusion at Harvard, Yale, and Princeton*, Boston and New York: Houghton Mifflin, p. 266.

空间总比塔基要小得多。在大学教育的精英时代,塔尖的位置是为私立名牌大学的毕业生预留的,天经地义,无人挑战。然而,国际竞争推高了全面教育的水准,使得原本身居塔基的人们的视野随之水涨船高。他们开始觊觎塔尖有限的空间,期望有朝一日跻身其中。毋庸置疑,布鲁斯特和他私立名校的同行及继任者们披荆斩棘,终于通过改革招生政策为社会底层的人们拓出一条晋升之途。但是,他们很快就发现自己面临一个比当年的"犹太问题"还要棘手的挑战:在维持原貌和与时俱进之间,他们必须做出选择。

美国社会最新的一个移民群体是亚裔。这个族群在美国头两百年的历史上一直无法像其他民族那样堂而皇之地进入美国。因此,当移民的大门在1960年代终于向他们打开时,他们成为美国社会中迟到的、也最没有政治影响的一个族群。亚裔的孩子既没有名校校友的父亲,也念不起昂贵的私立高中,更无法通过体育才能获得名校的青睐。因此,通往塔尖的途径只有一条:学习成绩。有趣的是,对于一般孩子来说,通过考试升学来攀升社会阶梯,实在是苦不堪言,但对亚裔孩子却是再正常不过了,特别是中国人的祖先早已在这条道上跋涉了一千多年。"学而优则仕"是他们传统文化中的一部分,早就融入了他们的基因。

以 SAT 成绩为例,1981 年亚裔人口仅占美国大学适龄人口的 2%,却占了当年语文成绩(SAT Verbal)700 分以上考生总数的 4%,数学(SAT Math)750 分以上考生总数的 11%。到 1995 年,亚裔大学适龄人口是 3%,但这两项指标却分别上涨到 14%

和28%！① 有人对全国优秀奖学金（National Merit Scholarship）得主的数据进行分析，因为这个奖项是完全基于各州的中学生参加 PSAT 的成绩而定。从 25 个州所发布的数据来看，如果"全国优秀奖学金"不以学生在本州的成绩高低来定，而是将成绩在全国范围内从高到低排序，那么，总人口仅占 5% 的亚裔起码可以占到这个奖项的 25%—30%！ 2000—2012 年间，美国数学奥林匹克竞赛得主中 58% 是亚裔，而 2011—2012 年美国计算机奥林匹克竞赛亚裔得主竟然占到 75%。②

亚裔学生成绩如此骄人，考大学的结果却不尽如人意。1980—1989 年之间，申请普林斯顿的亚裔学生激增 400%，而同期其他族裔仅增长 8%；与此相似，1976—1985 年间申请哈佛的亚裔学生增长了 250%。③ 但是，名牌大学在招收亚裔的问题上却选择了"维持原貌"，而没有"与时俱进"。各种迹象表明，他们又重新祭起当年对付犹太学生的所有利器。1988 年 7 月，美国教育部民权办公室（the Office of Civil Rights of the US Department of Education，简称 OCR）对亚裔申请哈佛大学和加州大学洛杉矶分校的遭遇问题开始立项调查。经过两年的取证和数据分析，OCR 发现足够的证据显示这两所名校在 1982—1988 年间录取亚裔的比例远低于其他族裔。但是，OCR 拒不接受这两所大学故意歧视亚裔的指控。他们认为，哈佛在处理亚裔和 WASP 这两

---

① Stephan Thernstrom & Abigail Thernstrom, *America in Black and White: One Nation, Indivisible*. New York: Simon and Schuster, 1999, pp. 398–400.

② Ron Unz, "The Myth of American Meritocracy: How corrupt are Ivy League admissions?" *The American Conservative*, December 2012, pp. 20–21.

③ Ibid., p. 19.

个族群的申请时并无本质差异,而 WASP 的录取率高于亚裔的原因在于前者得益于校友子弟和体育人才优先的招生政策。至于说这两项政策是否公平,OCR 认为,起码他们并不违反 1964 年"民权法案"第六条。该条款规定,受到联邦政府资助的任何机构若触犯了这条法案,将从此失去联邦资助。

其实最耐人寻味的是,对于八所仍在以"综合评定"方法录取本科生的常青藤大学 2007—2011 年的数据进行检视,我们不难发现亚裔的比例保持在 14%(耶鲁和达特茅斯)和 18%(宾夕法尼亚)这个区间;而在招生上始终以成绩作为唯一标准的加州理工学院,亚裔的比例居然高达 39%。[①] 历史在绕了一个大圈后回到起点。假如说"综合评定"曾为耶鲁等私立名牌"维持原貌"立下过汗马功劳,在 20 世纪二三十年代有效地遏制了犹太学生的"大举入侵",那么在今天的常青藤大学它再次成为有效遏制亚裔学生"大举入侵"的尚方宝剑。看来今后大学校长在作出"与时俱进"之类的许诺之前,真得三思。

当然,美国的亚裔和其他族群对于 OCR 的调查结果并不信服;近年来以名牌大学在招生中歧视亚裔为由展开的法律诉讼此起彼伏,有的官司一直打到联邦最高法院。但是,作为一个族群,亚裔在这个问题上的心情实在很矛盾。为了孩子能上常青藤,他们可以砸锅卖铁,但他们又对美国大学特别是名牌大学中的族裔构成感到极其无奈。我自己身边就有很多亚裔的家庭并不愿让子女入读加州大学伯克利或洛杉矶分校,因为那里超过 40% 的

[①] Ron Unz, "The Myth of American Meritocracy: How corrupt are Ivy League admissions?" *The American Conservative*, December 2012, p. 31.

亚裔学生让他们感到仿佛将孩子送回了亚洲。面对美国的社会和职场多民族、多元文化的氛围与日俱增,他们担心一个亚裔充斥的校园环境不能充分地帮助孩子面对未来的挑战。

五

据说布鲁斯特校长曾经这样形容一流大学的本科学院招生办公室主任,说他们从事的是社会上最难对付的一份工作。[①]这话在今天,已经具有某种"普世"意义。随着高等教育在全球范围内的普及化和大众化,大学学历的重要性不降反升,而名校学历在一个国家以至全球更是被赋予一种超越其本身价值的光环。国人心目中的北大,日本人心目中的东大(东京大学),英国人心目中的牛津和剑桥,俄罗斯人心目中的莫斯科国立大学,印度人心目中的印度理工(IIT),美国以至世界许多其他国家人们心目中的哈佛:这种略带宗教狂热的名校崇拜其实并不包含多少盲目的成分;相反,在很多国家这种崇拜还相当理性。假如一个大学能够数十(乃至数百)年如一日地"出产"国家领导人、企业高管、诺贝尔奖得主以及社会上各种名流,那么野心勃勃的孩子们及其望子(女)成龙(凤)的父母怎能不为之癫狂?而名校的招生办公室主任是为这些进入社会的金字塔尖发放门票的人。说他们的工作牵动当代人最敏感的神经当是一个极为保守的陈

[①] 布鲁斯特在耶鲁克里夫兰校友会上的讲话。转引自 Jerome Karabel, 2006, *The Chosen: The Hidden History of Admission and Exclusion at Harvard, Yale, and Princeton*, Boston and New York: Houghton Mifflin, p. 350。

述了；他们几乎就是在为未来社会发展的大戏挑选导演和主要演员。

从这个角度看问题，综合评定作为一种为未来社会挑选人才特别是领袖人才的方法，又具有某种不可否定的合理性。我们生活在一个多元化的社会，而且今人对于"多元"的认知与追求早已超越了简单的种族多元。随着经济上全球化时代的来临，人与观念的国际流动势不可挡，形成当代政治多极、经济多样、文化多元的世界格局。因此，今天的大学在校生毕业后所面临职场之复杂性将远远超过他们父辈与祖辈的时代。什么样的人能在这充满竞争和变数的环境中胜出呢？或者说，未来的成功人士需要哪些基本的素质呢？"学而优"当然是一个必要条件，但肯定不是唯一的条件，或许都算不上最重要的条件。假如我们承认这一点，那么我们还有什么理由要求为未来社会输送领袖人物的名牌大学仅依据成绩来挑选学生呢？

那么，到底什么样的人才能够在未来社会中胜出呢？名校的招生办公室主任手中并没有可以用来占卜的水晶球，他们无法预见未来。而且，鲜为人知的是，常青藤这类名校的招生办还是一份"体力和脑力密集型"的工作。一个二三十人的办公室必须在短短三四个月的时间内处理三四万份申请，平均每人每天阅卷时间长达十多个小时。在这种情况下，决定一个申请人的命运，他们至多只有15—20分钟的时间。不难想象，这样高度密集的判断背后一定有某种逻辑依据。从这个角度看，所谓"综合评定"，尽管在名校招生的历史上名声不佳，但在今天这个信息化、全球化和大众化的高等教育环境中，也许早成为一个没有办法的办法了。像卡拉贝尔教授那样对它进行检视与批判，可以开人眼界，但对学生和家长并无实际的指导意义，相反只能增加他们的无奈和无助之感。

既然名校的录取标准不能公开，也无法公开，那么我们只能根据历史与现实留给我们的蛛丝马迹进行一些推理了。据说哈佛大学前校长萨默斯曾经说过，当今社会一小撮经济上的成功人士之所以能够聚敛如此之多的财富，也许是因为这个社会对于效率的要求越来越高。一个人只要技艺过人，社会就愿意给他超乎寻常的回报。只要让市场无拘无束地发功，它就会给那些才智、产能与贡献高人一等的人相应的奖赏。① 这段话说的虽然是经济领域，但推至其他领域应无不当。我们可以从中得到三点启示。其一，"任人唯贤"（meritocracy）、"学而优"，在今天变得更加重要；成绩不是上名校唯一的标准，但的确是非常重要的标准。其二，正如任何一个社会都无法杜绝不公，校友子弟、少数族裔、体育才能等优待条件也不会绝迹，但将考不上名校归于少数人的特权也只能是聊以自慰了。其三，才智过人、技艺超群、效率非凡，这些非常人所能企及的特点才是申请名校真正的"卖点"所在，而"行行出状元"这句被重复了几百年的陈词滥调，假如是指让孩子根据自己的特长自由发挥，也许竟是"综合评定"背后真正的秘密所在。

特别是这第三点，虽然对人的天资有一定的要求，但后天的引导、培养和训练不可或缺。这对于那些为了考试成绩而将孩子

---

① David Rothkopf, 2008, *Superclass: The Global Power Elite and The World They Are Making*. New York: Farrar, Straus, and Giroux.

年复一年、日复一日地锁在教室做习题的家长和学校是一个警示，因为他们与其说是在增加孩子考上名校的几率，不如说是在撕毁孩子进入社会的金字塔尖的门票。将未来社会比喻成一个大舞台，我们怎能想象这个舞台上上演的只是同一种戏、每一出戏都出自同一类导演之手、挑选出来的演员长得都是一个样？

访谈录之二：美国大学如何招生？

和国内朋友谈到孩子的教育问题，总会听到如下充满羡慕的感叹："你的孩子真幸福。在美国长大、上学，少吃多少苦！"我知道国内的孩子多辛苦，且不说中考、高考的压力，光是一句"不能输在起跑线上"就不知道让多少父母为此愁肠欲断、多少孩子从此失去童年的快乐。可是，当我试图用国内孩子的故事来激励我女儿努力学习时，这个每年回国、对国内生活不无了解的"小老美"却不以为然。她会撇撇嘴说："他们认为美国的学校好上，让他们来试试！"的确，我女儿高中四年，很少在半夜之前上床，而且天天早晨6点之前就得起床。她忙，但和国内孩子忙得不同，她可以选择不这样忙，但国内孩子也许没有这样的选择。

和中国的中学生一样，美国中学生也是跟着"高考"的指挥棒转，只是美国"高考"和中国"高考"内容不同，学生忙的事情也就不同了。美国孩子很少无休无止地做习题，但他们的老师动不动就让他们做"小组项目"（group project）。一个小组三四个人，常会碰到"搭便车问题"（free rider problem）。于是，一道纯粹的课外作业变成了团队内部的斗争和协调问题（美国人称之为 politics，与汉语的"政治"有所不同），比单打独斗、自己完成的作业要多花几倍的时间。美国的高中也像大学那样自由选课，但在同一门课的"容易版"和"高难版"之间所作的选择可以直接影响到将来想上怎样的大学，心理压力可想而知。没有人提倡学雷锋，但美国孩子挖空心思寻找机会为社会上的弱势群体（包括病人、穷人、孤儿、孩子等等）服务，而且还要将这些服务项目做得有创意、有影响。当然，这一切活动背后的驱动力还是美国"一本"大学考查学生的基本要求。如果只想念美国的"三本"大学，中学生完全可以早睡晚起，打游戏机，谈恋爱，没有人会干涉他的自由。从这个意义上说，美国中学生所吃的苦，都是自找的。

之所以要为这篇访谈写这么一个"前言"，原因是近年来内地越来越多的家长选择让孩子脱离正常的高考途径，转入"国际班"或送孩子去国外念中学。然而，对国外大学招生标准的认识有偏差，他们往往自以为为孩子选择了一条相对轻松的入学途径。事实上，正如常言所说，"一分耕耘，一分收获"，国内外大学在这一点上并无差异。唯一的差异是，国外的孩子在上什么样的大学方面需要作很多的选择，不仅是选择大学本身，而且从进入高中那天起就要为自己所选择的理想大学作出一系列的选择：上什么课、参与什么活动、交什么朋友，等等。

最近看到香港某大学一位发言人与记者的谈话，暗自发笑。该大学在内地招生没有纳入高考系统，采取自主招生的方式，由考生自愿填报、大学择优录取。由于教育部给香港的大学提前录取的优越条件，因此报考香港的大学并不影响他们在高考的系统里填报其他内地大学。内地巨大的生源，加上该校在内地的名声也不错，所以每年都能吸引大批学生报考。于是，这位发言人不无骄傲地宣称，该大学录取具有"选择性"（selectivity），即从报考学生中录取的比例，远远低于哈佛大学。他的结论是：该校比哈佛更难进。

这个结论本身也许没错，但他（有意）忽略了这样一个事实，即美国的考生在选择大学时虽然名望也是一个重要因素，但他们更多的是看自己的兴趣和能力是否与报考的大学相匹配。在这个过程中，是很多顶尖大学先遭到考生的淘汰，而不是只有大学能够淘汰考生。明白了这一点，再来看这篇访谈，我们才能对美国大学的招考有一个较为全面的了解。

这篇访谈是教育部考试中心评价处章建石博士2009年在哥伦比亚大学当访问学者时对我所作访谈的实录。原文《美国大学的入学考试与招生系列访谈（二）——访哥伦比亚大学程星博士》发表在《教育测量与评价》2010年3月号。文中关于哥伦比亚大学的招生标准和要求仅供参考，不足为凭。

章建石：作为享誉世界的名校，哥伦比亚大学（以下简称哥大）在人才培养上应当有特别之处。请简单介绍一下哥大招生工作的基本理念与特点。

程星：理念以及对理念一以贯之的坚持是许多美国高校能够成为世界一流的重要原因。在美国，几乎每所大学都有自己的理念。理念看似是个很虚的东西，实际上它作为大学的一部分，常常会渗透到大学运作的每一项工作中。因此，美国各大学的招生工作肯定会受到其理念的影响。一般而言，每一所大学都有自己的使命（mission）陈述，它对培养目标作出高度概括，而招生是学生培养过程中的第一个环节，必然会受到学校使命的影响。对哥大来说，我们坚信：学生在大学的学习经历和体验是大学教学非常重要的内容。学生应在这段时间里努力获取各种知识，不断提升能力，以形成自己的价值观和信仰系统，同时在各个方面都有所长进。对每一个学生来说，成长本身就是追求的结果，而就学经历则是一种财富。

学生在大学期间的成长，是在学校特定的氛围中受教师、同伴和管理者的影响而得以完成的。美国大学尤其关注同学的作用，因为在很多方面同学之间的相互影响会超过教师对学生的影响。在人才培养的定位上，哥大一直强调学生应当成为国际化的人才，成为能够处理多元文化及各种复杂情形的未来社会的领导者。这一理念贯穿于哥大人才培养的每一个环节。学校招聘具有多元文化背景的教师，努力开设多样化的课程，并邀请各个领域的领军人物来校授课。同时，为了营造多元的校园环境并考虑到学生之间相互影响的重要性，学校倾向于招收来自不同文化背景和传统的学生，因为他们可以把不同的信仰、价值观、思维方式、行为习惯和个性等带进校园，成为校园环境的一部分。学生群体的多元化是一个重要的教育资源，会对我们所努力营造的校园氛围产生深刻影响。哥大每年都会花不少钱在全世界做宣传，表面上是在吸引学生，扩大生源，实质上是在为创设独特的校园氛围而努力。我们希望哥大的学生都能经历独特的校园生活，成为有责任感的优秀公民，成为未来社会的领袖。

在招生的过程中，我们设置了一些基本的标准或要求，用来提高学校招生工作的效率，这是必须的。但这些基本的标准和要求只是录取学生时的参考框架，它必须服从学校的理念。当标准与理念不一致时，我们更倾向于坚守理念来对标准进行调整，这是非常重要的特点。

章建石：哥大每年的招生名额是如何确定的？在学生提交的全部申请材料中，哪些材料在录取决策中起着决定性作用？

程星：在哥大，学校的招生名额一般不会有大的变动，因为教师与学生的比例、学校能够提供给学生的学习环境不会在短时间内快速改变。所以，哥大的学生数量一般比较稳定。如果学生过多，课程开设有困难，各项服务都跟不上，必然会影响学校的教学质量。例如，哥大本科生的核心课程在全美很有名，这些课程质量很高，主要以小班讨论的方式进行，师生之间的互动是基本要求，因此每一个班的学生必须保持在 20 人左右，这样才能保证教学质量。总之，对于招生名额的增加，校方是很谨慎的。

在招生时，哥大要求学生提交的申请材料包括标准化考试成绩（SAT 或 ACT）、中学教师的推荐信、高中学习的课程和成绩单、学生的班级排名，等等。另外，我们也会关注学生的 AP 课程①、参加的社会活动、所获得的各种奖励、特殊的经历等，必要的时候，我们还会对学生进行面试。我们之所以要求申请者提交这么多材料，是希望尽可能全面了解学生，以作出正确的招

---

① 大学先修课程（Advanced Placement，简称 AP 课程）是在美国和加拿大等国的高级中学中，由美国大学理事会（College Board）赞助和授权的高中先修性大学课程。大学先修课程相当于美国大学课程水平，比一般的高中课程更深入、复杂和详细。学生通过 AP 考试换取的学分，可以同等换取相应的美国大学学分。

生决策。在我们看来,在这些申请材料中,学生的高中平均成绩(GPA)以及他在AP课程的学习情况可能相对来说要重要一些。但需要强调的是,学校的招生决策是招生人员在综合判断的基础上作出的,不会过多地依赖于其中的某一份材料。

在对学生的申请材料进行审核时,"真实性"是我们坚持的一个基本原则。如果学生过度包装自己,甚至出现造假行为,那他被录取的可能性是很低的,这种弄巧成拙的做法很容易被经验丰富的招生人员看出来。比如说教师的推荐信,不少外国学生提供的推荐信都大同小异,很明显,这些写推荐信的教师根本就不了解学生,在这种情况下,推荐信是没有价值的。在美国,高中教师对待推荐信普遍比较认真,看得出他们是在了解学生的基础上完成的,对此,我们也会认真对待。

从之前谈到的招生理念我们可以看出,哥大一直都在积极倡导多元化。因此,在进行新生筛选时,招生人员会特别注意不同背景、经历、特长、个性的学生。在我们看来,"书呆子"有时也可以是一类特别的人才,他们能为多元化的校园增加一道独特的风景。所以,学生如果能在申请材料中真实地表现自己,包括自己的弱点,反而会提高被录取的可能性。

章建石:在美国高校的招生话语中,有"Admission by Exception"的表述,它是否类似于我国的特殊招生?这种做法背后体现了什么价值?

程星:"Admission by Exception"的直接翻译是"例外录取"。它大致的意思是,在招生过程中,如果有一些学生没有满足大学招生的基本要求，但招生人员经过考察，发现这些学生在某些方面的确有特别突出的表现，在这种情况下，大学可以适当降低录取的标准，给予这部分有突出才能的学生以特殊照顾。这种对特殊群体的优惠政策，在美国的大学招生过程中是比较普遍的，但近年来社会争议也越来越大。我认为，这样的政策其实是一把双刃剑：它虽然体现了美国大学在招生方面的自主性和录取方式的多元化，但这种录取方式会对学生入学机会的公平性带来一定影响。因此，很多大学对"例外录取"的比例有着非常严格的限制，一般当年被"例外录取"的学生人数不会超过新生总数的10%，有的学校甚至将比例限制在6%或8%左右。在公立大学，如美国规模最大、世界一流的加州大学，近十几年每年"例外录取"的学生比例都控制在6%左右。但加州大学有10所分校，在校学生超过20万，因而平均起来，每所分校每年有几百人通过"例外录取"进入大学。可能是迫于公平的压力，1996年，加州大学明确规定拿出4%的"例外录取"比例给弱势群体，譬如那些社会、经济和文化背景较差或教育机会受到限制的学生，另外2%的比例则给那些具有特殊才能的学生，其中包括特殊群体的申请者，如一些退伍军人、残疾人、少数族裔等。在私立大学，校方会考虑给予校友一些特殊照顾，因为校友的捐赠是私立大学经费来源的重要组成部分。校友通过资金投入为母校作出了贡献，学校给他们适当照顾是可以理解的。但是，这些大学仍然会坚持录取的公平性原则，被"例外录取"的校友子女还是必须在达到录取标准的前提下才能享受学校的适当关照。

"例外录取"背后的基本价值是追求卓越和公平。招收有发展潜力的杰出学生,并通过高等教育来提高他们未来成功的可能性,这是追求卓越的体现。有着特殊才能的学生,很容易在严格设置甚至僵化的录取标准中被筛除。实际上,美国大学的录取标准一直保持了较大的弹性,"例外录取"就体现了这种弹性。另外,"例外录取"还会考察学生的特殊背景,对得到较少公共教育资源的群体给予额外关注,这正是保证教育公平的重要手段。

章建石:保证招生的公平公正是各国高等教育改革追求的共同目标,这也是我国国内目前的一个热点。在这方面,哥大有哪些特别的做法?

程星:高等教育的一个重要作用就是促进社会公平,高校有责任在录取的各个环节尽力保证这种公平。几年前,哥大就曾经录取过一名特殊的学生。这名学生读初中时父母就过世了,但他坚持独立生活,经常去麦当劳餐厅打工,还要照顾妹妹,而且,他学习非常勤奋、努力,虽然成绩受到一些影响,但仍然保持在中上水平,所提交的个人陈述和教师推荐信也很感人。我们的招生人员一致同意录取这名学生,认为他从小获得的家庭关注、教育资源有限,能够取得现有的成绩已经非常不容易了。最重要的是,他身上体现出了高度的责任感和不畏艰难、积极向上的优秀品质。毫无疑问,国家需要这样的公民,社会期望这样的人才。给予弱势群体适当照顾,是实践公平原则的重要方式。

另外,在对学生的申请材料进行审核时,招生人员是不允许接触学生家庭经济状况的相关材料的,所有学生都必须一视同仁。哥大一直坚持"基于需求"(need-based)的学生资助原则,也就是"缺多少，补多少"的政策，在学生被录取后，资助办公室的工作人员会根据学生的家庭经济状况决定是否给予资助以及资助多少。通常，学生需要多少资助，学校都会完全满足，不让任何学生因经济上的原因而无法入学，这是学校从经费上保证公平的重要措施。

值得一提的是，目前，学生的 AP 课程成绩在录取中的作用越来越重要，但哥大在要求学生提交的申请材料中，并没有 AP 课程方面的强制性要求。这是因为，各个高中能够开设的 AP 课程数量不同，有的高中甚至根本没有条件开设 AP 课程。这样，很多学生也就没有机会学习这些课程。尽管一些研究表明，学生的 AP 课程成绩更能有效地预测学生进入大学后的学业成绩及其毕业后的发展，但为了公平，我们并不设置这方面的强制性要求。

章建石：哥大在收到学生的申请材料后，如何对材料进行评价，以保证作出科学的招生决策？另外，通常由谁来进行评价？大学教师是否会参与招生？

程星：哥大招生办的工作人员每年秋季会去世界各地的中学进行招生宣传，鼓励优秀的中学生报考我们学校。之后，我们便开始接受学生的申请材料，一直到年底截止。从新年开始一直到 3 月底，招生部门的工作人员审阅申请材料，参与审阅的招生人员从访问中学开始就有着明确的分工，各人都要负责审阅来自他们所负责地区的申请材料，然后进行初步筛选，剔除明显不符合要求的申请者，确定希望录取的学生名单。近年来，申请哥大的学生人数急剧上升，一个 20 人左右的办公室要在两个多月的时间内看完 2 万多份申请材料。可以说，招生人员工作量非常大，他们每天要工作十多个小时。随后，招生工作进入录取的关键环节，即小组讨论阶段。每个小组至少有三名成员，每个成员先把自己确定的录取名单拿出来，由小组共同讨论是否予以录取。在小组讨论中，招生人员需要陈述各自的判断，给出同意或拒绝的理由，对于有争议的申请人，小组成员会进行相互辩论，直到达成一致意见。哥大的大部分招生决策都是在这个阶段作出的。如果小组讨论也无法取得最终的结果，学生的申请材料就会被转呈给招生部门中职位更高或经验更丰富的工作人员，由他们进行讨论并作出最后裁决。这样做，也是为了保证公平，避免一些校友、社会知名人士或其他有影响力的人通过不同的方式来影响最后的决定。在小组讨论中，小组成员的组成以及学生申请材料的分配通常是随机性的，任何人都无法事先知道一份申请材料会被哪几名招生人员审核。另外，小组成员之间也有相互的监督，即使有一位成员想偏袒某位学生，他也必须有充足的理由说服其他成员，这其实是比较难的。这样，很多人为的干扰因素也就难以发挥实质性的作用了。从我们多年的经验来看，这种在程序上保证公平的努力成效显著。

　　大学教师一般能够从专业的角度来对学生进行评价，因而在录取过程中，招生部门的工作人员如果在专业方面难以把握，他们会征求教师的意见。例如，如果有学生在申请材料中表明自己在音乐方面表现突出，并且希望在这一领域有所发展，招生人员就会寻求专业教师的帮助，必要的时候，招生人员还会要求学生寄送自己的作品，由专业教师对学生录制的唱片、艺术作品进行评价。总之，如果需要专业方面的评价，招生人员会尽可能咨询教师的意见，他们的判断影响着最终的招生决定。

章建石：据我了解，美国的常青藤高校在招生时，有一个量化的数值AI（Academic Index，学业指数），它在招生中究竟起着什么作用？学校会不会对学生的AI进行排名后再决定是否录取？

程星：美国的常青藤高校是在体育联盟的基础上发展起来的，这些学校为了在一些联盟的体育比赛中取得好成绩，会招收部分有体育特长的学生，AI值最早就是招收这些特长学生的重要参考标准。后来，AI值逐渐成为部分一流大学招生时普遍采用的一个参考性标准，主要用来对学生的学业能力（academic strength）进行大致的评估。常青藤大学或其他知名的公立大学每年要对数万份学生的申请材料进行审核，工作量非常大。在这种情况下，学校预先计算出学生的AI值，在审核材料时供招生人员参考，这样可以减少他们的工作量。不过，在大学的录取决策中，AI值只是其中一个参考，招生人员一般不会仅凭AI值就作出决定。而且，AI值的称谓和具体的计算方法，不同学校之间也存在一些差异。

一般而言，AI值是将学生的标准化考试成绩、班级排名或GPA进行汇总后的得分。这里并没有考虑学生提交的其他申请材料，如教师推荐信、个人陈述等。计算出学生的AI值以后，一些学校会把该分值换算成不同的等级，然后和其他信息结合在一起进行综合评价。

在美国，有舆论认为 AI 值在常青藤学校的录取中起到了很大的作用。有些机构还对部分常青藤高校新生的 AI 值进行了统计，计算出一个平均值或高校间的排名，然后得出常青藤高校在新生录取时对 AI 值的最低要求等结论，这其实是不对的。我们不能因为高校招收的学生在某些方面表现出了一些群体性的特征，就把它理解成为高校录取的某个标准，这显然颠倒了其中的因果关系。

章建石：目前，我国国内不少人提出要避免仅仅依据学生的高考成绩来进行招生的做法，但更多人却担心这样做会带来人为干预或腐败的空间，教育公平将受到更大挑战。从美国高校招生要求学生提交的申请材料和具体过程来看，似乎很容易出现造假或腐败现象。对此，美国高校是如何避免或消除的？

程星：美国的高校享有高度的自主权，这表现在高校内部管理的各个方面。因而，在美国讲招生，基本上都是指自主招生。而在中国国内，目前还只有很少的高校拥有自主招生的权力。对于招生过程中的腐败现象，绝对消除肯定是不太可能的，我们只能尽量去避免。美国高校要求学生提供的申请材料中，除了标准化的考试成绩，其他材料在短时间内进行人为干预的可能性比较大，通俗地讲，就是容易造假。比如，学生可以请人代写个人陈述，把自己吹嘘一番；可以找高校的熟人帮忙，减少被录取的阻力；可以给高中教师一些好处，让他们在推荐信中夸大其词；也可以伪造一些"辉煌"的课外经历，等等。我相信美国的很多家长也会有这样的想法，但真正会去这样做的应当还是极少数。以高校的招生工作人员来说,他们拥有一定的权力,在招生过程中肯定会遇到各种诱惑,但他们一般都不会去冒险。原因是多方面的。首先,他们不敢这么做,一旦招生中的舞弊行为被发现,丢掉工作是肯定的,情节严重的还很可能承担刑事责任;其次,他们不能这么做,整个招生过程很严格、严密,学生申请材料的审核带有随机性,招生决策必须由几个人一起作出,相互之间还可能会有辩论,个人在其中很难说了算;最后,职业道德起到了重要作用。例如写推荐信,美国的教师一般都会认真对待,这虽然不是他们的本职工作,事实上他们可以坦率地拒绝给学生写推荐信,但如果同意写,他们就会把对教师职业的承诺体现于其中,为学生尽职、对自己负责。

章建石:针对当前我国国内的高考招生制度,您觉得美国常青藤高校的哪些经验是值得借鉴的?

程星:毋庸置疑,仅仅根据高考成绩来招生的做法需要改进。实际上,用考试的方式来对学生的知识、能力和潜力进行衡量,其成效是有限的。对学生的考察,应当更加全面、多元。有媒体报道,中国国内有一些成绩一般的学生被多所世界一流的大学录取,但如果参加高考,他们可能上不了国内一流的大学。同样的学生,在不同的教育体制下会遭遇不同的结果,这正好说明了不同招生标准的差异。而且,学生之间的差异是一种常态,用某一个标准来进行选拔,必然会使培养出来的学生模式化,缺乏个性,这显然不是高等教育所期望的结果,也不符合人的本性。

就中国高校未来的发展而言,我个人认为不仅要创一流,更要创特色。要想有特色,高校就要在招生工作上享有更大的自主权。目前,中国国内一些高校在招生中虽然进行了积极的探索,比如面谈和推荐,但要想把这些成功的经验在全国范围内推广,还是非常不容易的。在我看来,中国的高等教育还存在一些问题,如教育缺少多元化;高校不断趋同,相互之间没有足够的竞争;私立大学的发展缺乏足够的支持和激励,等等。美国私立大学的境遇则恰恰相反,私立大学的存在及其与公立大学之间的公平竞争是许多美国大学能够称雄世界的重要原因之一。美国大学招生最值得中国关注的应当是其背后的一些深层次的办学理念。我相信,只要把大的原则明确了,操作层面的问题相对来说要容易解决得多,而且实施起来也会水到渠成。其中,高校与政府之间关系的界定、高校内部治理结构的完善、学术权力与行政权力的合理分配等,尤其值得大家深入探讨。

第六章

跨境办学的迷思与破解

一

最近从报上接二连三地看到境外大学包括很多名牌大学在中国开办分校的消息。上海纽约大学、昆山杜克大学、香港中文大学（深圳）等国外或境外名牌的高调登场，不仅将合作办学项目的档次提高了一大截（尽管最顶尖的大学，如美国的常青藤或英国的牛津剑桥之类，至今尚未现身），而且这些项目的学费水平也开始和国际接轨。看来跨境办学已经成为当代大学国际化潮流中不可逆转的大趋势，而通过引进国外优质课程，为我们的孩子提供了不出国门就能留学的机会，也将是我国高等教育事业未来发展的一个重要内容。

其实经过30多年的改革开放，加上其间成千上万的中国学术精英留学西方，[①] 国人对于西方的高等教育，特别是美国的名牌大

[①] 据新华网2013年8月2日报道，从1978年至2012年底，中国各类出国留学人员总数达264万人。见 http://big5.xinhuanet.com/gate/big5/news.xinhuanet.com/2013-08/02/c_116794134.htm。

学已经几乎耳熟能详。留学作为孩子大学教育的一个选项,早已是"旧时王谢堂前燕,飞入寻常百姓家"了。但是,了解国外的大学并不等于了解来华办学的合作项目。对于"寻常百姓"来说,跨境教育的难点在于,即便是国外的名牌大学,当他们将教育项目搬到国内,也不能保证他们搬来的就是高质量的项目或课程。我前面提到的"原装"要求也好,对"原汁原味"的追求也好,其实都是没有办法的办法。我国政府多年来在是否开放合作办学、如何制定合作规则等方面一直谨言慎行、严格把关,有其难言之隐。世界各国虽然对自己的大学都有一定的质量监控机制,但对大学到境外所开办的项目及其质量却无法掌控。甚至,目前国际上对这些跨境项目连一个权威的统计数字都没有。2007年美国著名国际教育专家奥尔特巴赫教授作过一个估计,说当时世界上大约有500个大学的(境外)分校,数千个包括双学位之类的合作办学项目[1],但他的估计却难以得到任何第三方的证实。

权威统计数据的缺乏说明了一个问题,即跨境办学项目对于提供和接收两方来说都还处在"摸着石头过河"的阶段。在这种情况下,了解一下跨境办学在世界范围内的现状就变得非常必要,特别是考虑到有些项目是针对一些特别的"消费者"群体而设,后者的"知情权"尤其重要。

我在几年前曾做过一个简单却很有趣的实验。由于无法得到跨境办学的全貌,我采取了"拍快照"(snapshot)的方法,即从一个事件的发展过程中截取一个"横断面",以此观察这个事件的

---

[1] P. G. Altbach, 2007, "Twinning and branch campuses: The professorial obstacle." *International Higher Education*, number 48, pp. 2-3.

来龙去脉和主体特征，并推算它的发展趋势。《高等教育纪事报》（The Chronicle of Higher Education）是美国的一份专门报道高等教育发展动态的周报。在 2008 年金融危机爆发之前有一段时间，我突然注意到这份报纸以非同寻常的频率和篇幅报道美国大学到境外办学的消息，于是我就利用这份报纸网站所提供的数据库，对在 2006 年 1 月和 2008 年 3 月这 27 个月中所有涉及美国大学境外办学的报道加以整理和分析。结果发现，我搜索到的 28 篇文章提及 20 所美国大学在海外已经设立、正在设立或计划设立的分校或合作办学项目共 25 个，其中的 12 个项目由 9 所私立大学操办，其余 13 个项目由 11 所公立大学操办。这些海外项目的专业以 MBA 居多，也有公共卫生、旅游、信息技术等其他专业。

　　记者的报道虽然不如高等教育研究人员那么专业，但他们对于这个领域里的新生事物往往更加敏感，更善于捕捉那些带有时代特征的重要事件。我用"快照"拍下的 25 个跨境教育案例中，接收方有 12 个在中国，5 个在中东海湾地区，其他的包括澳大利亚、克罗地亚、印度、希腊、肯尼亚、新加坡和韩国。中国快速发展的经济、百姓对于优质高等教育的需求、英语成为全球化时代的国际通用语言，以及美国大学在国际上的良好声誉，都是中国成为美国大学跨境办学热土的先决条件。纽约州立大学奥本尼分校的霍尔校长（Kermit L. Hall）将中国比作当代高等教育的淘金之地。[①] 他不仅看到了中国的父母为能让孩子受到良好教育

[①] Kermit L. Hall, "China is clearly the Klondike of higher education at the moment." 引自 P. Mooney, "The Wild, Wild East: Foreign universities flock to China, but are there riches to be made, or just fool's gold?" *The Chronicle of Higher Education*. URL: http://chronicle.com/daily/2007/07/2007072607n.htm.

倾其所有的愿望，也为美国大学在登上世界高等教育的巅峰之后再次发现新的机遇而欣喜若狂。

中东地区的跨境项目大多集中在卡塔尔和阿联酋的阿布扎比和迪拜。这些国家或地区虽然在20世纪六七十年代发了一大笔石油财，但他们的领导人居安思危，早就开始为石油干涸后的国家发展未雨绸缪。所以，他们实行的是"拿来主义"政策，试图在一个完全不具备现代高等教育基础的地方一夜之间建成世界一流大学。他们的做法是，重金"收买"世界顶尖大学的跨境教育项目。卡塔尔设立了一个巨额教育基金，以《美国新闻与世界报道》的大学排名为依据，吸引一流大学去他们新建的"教育城"（Education City）办分校。他们的标准高得离谱，连美国最好的公立大学之一的弗吉尼亚大学都"惨"遭淘汰。[①] 最后进驻"教育城"的大学包括康奈尔、卡内基·梅隆和乔治城等私立名牌大学，从教学楼到日常营运等费用全包。迪拜也建了一个崭新的国际教育城，但由于采取进驻大学自负盈亏的模式，因而效果远不如卡塔尔那么抢眼。

那么，美国大学为什么愿意不远万里去到海外办分校呢？康奈尔大学校长大卫·斯考顿（David J. Skorton）认为，美国大学在海外办分校可以促进当地社会发展与进步，与世界分享美国大学所积累的知识与科技。在他看来，国际教育和研究是美国"最有效的外交资产"[②]，应当成为我们这个时代新的"马歇尔计

[①] Z. Krieger（2008, March 28），"An Academic Building Boom Transforms the Persian Gulf". *The Chronicle of Higher Education*. URL: http://chronicle.com/weekly/v54/i29/29a02601.htm.

[②] G. Blumenstyk（2007, July 27），"Overseas Branches Are Vital to American Academy and the U.S. Economy, University Officials Tell House Panel". *The Chronicle of Higher Education*. URL: http://chronicle.com/daily/2007/07/2007072702n.htm.

划"①。但并不是所有的美国大学都认同斯考顿校长的看法。普林斯顿大学校长蒂尔曼（Shirley M. Tilghman）显然并不认为大学有义务通过海外办学来帮助其他社会发展；相反，维持大学的声誉更加重要："普林斯顿花了261年的时间才形成今天的气质和成功，因此我们不能低估试图在短短几年的时间内在另一个地方再造一个普林斯顿所可能遇到的挑战。"②另一所名牌大学卡内基·梅隆大学的态度则与此截然不同：他们愿意在海外办分校，而且毫不隐瞒这样做的经济目的。③奥尔特巴赫教授一针见血地指出："在我看来，这件事（指美国大学海外办学）多半是为了钱。他们（指大学）需要钱。"④另一位高等教育专家、宾夕法尼亚大学教授赞姆斯基（Robert Zemsky）也同意：多数大学希望将从海外分校挣来的钱用于补贴他们校本部经费不足的问题。⑤

美国大学在海外"麦当劳化"的努力并不顺利。最令大学头疼的是他们的教授并无扎根海外的意愿，而且由于教授的升迁取决于科研成果，因此长期远离自己的实验室根本不在他们考虑之内。结果是，大多数海外分校不得不另外招兵买马，找来的人却

---

① 马歇尔计划（The Marshall Plan），官方名称为欧洲复兴计划（European Recovery Program），是二战后美国对被战争破坏的西欧各国进行经济援助、协助重建的计划，对欧洲国家的发展和世界政治格局产生了深远的影响（引自《维基百科》）。

② S. M. Tilghman, 2007, "Education without borders: Internationalizing American universities". A speech delivered at global connections seminar, Hotchkiss School on July 11, 2007. From http://www.princeton.edu/president/speeches/20070711/index.xml.

③ B. Bullag (2006, February 17), "America's Hot New Export: Higher Education". *The Chronicle of Higher Education*. URL: http://chronicle.com/weekly/v52/i24/24a04401.htm.

④ A. Dessoff (March/April 2007), "Branching out". *International Educator*, 24—30.

⑤ R. Zemsky (2008, February 11), "The 'Times' Makes It Official—U.S. Higher Ed. Goes Global". *The Chronicle of Higher Education*. URL: http://chronicle.com/review/brainstorm/index.php?id=202.

无法和本部教授"同工同酬",更不要说维持与本部相当的教学质量。即便有少数本部教授愿意到海外就职,他们的分校经验也不尽如人意。首先海外学生有限的英语能力使得他们在本部的教学计划难以实施,再加上有些地区如中东本来就缺乏优秀的生源,推行美式课程更是难上加难。[①]

  而我自己的经历则凸显了推行跨境教育项目经常面临的另一层风险。大约在2007年前后,中东一所大学通过他们的一名杰出校友向哥伦比亚大学提出开办合作项目的要求,并承诺设立项目所需全部费用。作为这个项目的主管,我花了很多时间在当地做调研,因此对上述跨境项目所存在的问题有切身感受。为了顺利通过项目所在国教育部的认证,我与双方的教授和管理高层密切接触,最后终于完成了一部从课程设置、行政框架、人员配备、招生方案、学生管理、科研开发,一直到人事细则等全面的合作项目计划书。可是,还没等送到当地教育部报批,金融风暴不期而至。由于对方的大学是由一家跨国公司所资助,而该公司又和皇家有千丝万缕的联系,所以面对金融危机他们首先考虑的是自保。我近两年的努力一夜之间付诸东流。

二

  香港某大学最近在外国学生中作了一个调查。问卷最后是一个开放式问题,征求学生对在港期间生活学习等方面的任何感

---

① Z. Krieger(2008, March 28), "An Academic Building Boom Transforms the Persian Gulf". *The Chronicle of Higher Education*. URL: http://chronicle.com/weekly/v54/i29/29a02601.htm.

想、意见或建议。一位来自美国的交换生写下了他的感受：

> 我最恨这里的教授和同学关于美国学生个个数学都不好的那种偏见。美国中小学生的数学的确不太好，但大学完全不是那么一回事。最让我生气的是，他们不理解，数学并不等于数字运算，而更多的是对范式的追寻。

不得不承认，我在美国时也曾拿那些拙于算术的朋友开涮。现在想来，尽管是善意的玩笑，却也难免伤人，即使我的美国朋友常常以此自嘲，但从他人嘴里听到恐怕同样会感到伤害。就像中国人在一起聊天，可以把同胞的种种恶习批得体无完肤，一旦出于洋人之口，就成了种族歧视。

其实最让我震惊的还是这位学生对于数学的理解。我们的先哲常用"纲举目张""提纲挈领"这样的话来形容那些善于抓住问题精髓的人和事，而敢发如此高论的学生谁敢说他数学不行？我们在谈到美国人数学水平时常常用来举例说明的则是超市的营业员如何离开计算器就无法找钱，美国小学生如何在国际数学比赛中名落孙山，等等。假如美国的学校真这么糟糕，那我们如何解释世界一流大学的排行榜上美国总是名列前茅？

有一种解释是美国一流的科技和发明都是外国移民创造的，理由之一是美国大学每年毕业的工科博士大多是外国人。可多年在美国工作，我却看不到这两件事情之间的必然联系。微软、苹果、谷歌、脸书，一流科技公司的创始人的教育大多还是在美国的教育制度里完成的。再看美国历年诺贝尔科学奖项得主，有多少是新移民？即使中国大陆、香港和台湾长大的杨振宁、李政道、丁肇中、高锟等诺奖得主，也离不开美国的大学教育。面对这些人的成就，谁敢说美国人、美国学校数学教育不行？

在美国华人社区里生活多年，我从来没敢在我那些同胞邻居面前发表过上述高论。这些邻居大多是国内名牌大学理工出身，在华尔街从事和数字有关的金融或商业工作。在这个圈子里，美国同事在数学方面的低能始终是茶余饭后最好的谈资。因为害怕贻笑于大方之家，我从来不敢在他们面前为美国人的数学能力辩护，自取其辱当是唯一可以预见的结果。直到最近从报上看到关于 2012 年诺贝尔经济学奖得主 Alvin Roth 和 Lloyd Shapley 两位教授关于配对（match）研究方面的贡献，出于好奇，将 Shapley 教授与 David Gale 于 1962 年发表的题为《大学录取与婚姻的稳定性》[①]的论文找来读了一遍，读完后居然有了一点"吾道不孤"的感觉。这篇论文发表在专业数学学报上，却通篇没有任何数学公式。以下我试着将 Shapley 教授论文的最后一段译出与大家分享：

> 那么，重提那个老问题：什么是数学？答案看来是这样的：任何带有足够精确性的论证都是数学。你我的朋友们之所以不懂数学，不是因为他们脑子里容不下数字，而是因为他们不能全神贯注地追踪一个必须相当专注才能跟上的推演过程。对于那些从事数学教学的人来说这个观点没有新意，但圈外人就不那么容易接受了。但对后者来说，我这篇

---

① D. Gale & L. Shapley, 1962, "College Admissions and the Stability of Marriage", *The American Mathematical Monthly*, Vol. 69, No. 1, pp. 9–15.

《没有任何数学公式》的数学论文就是明证。①

在这里，Shapley教授强调，数学是一种严格、精确的思维方式。你可以不用任何数学公式和数学运算，但你必须能够相当专注才能跟上的一个逻辑推演过程。而这种逻辑思维过程恰恰是那些热衷于运算、以为学会运算就是学会数学的人所缺乏的。从这个意义上说，我们在学生中间所寻找、培养的所谓"数学头脑"似乎从定义上就有修正的必要了。

走笔至此，我关于数学问题的讨论必须打住了，我那点可怜的数学知识早已捉襟见肘。中美之间数学教育孰优孰劣本不是三言两语说得清楚的，况且本人并未就此做过任何研究，手上也没有具有说服力的数据能够支持任何一方。但中美教育孰优孰劣的问题却是近年来的一个热门话题。可以这么说，30多年来中美在政治、经济、商务、贸易、军事等各方面摩擦不断，相互之间的指责从未中断过，但教育是仅剩的几个领域之一，双方不仅很少颐指气使，还常常相互恭维。中国学生留学美国的热情30年来一如既往姑且不论，美国从官方到民间亦常常以中国学生扎实的数理功底和勤奋好学的工作态度作为榜样来激励他们的学生。由此看来，将中美之间的教育交流概括为中国学生追捧美国大学、美国大学追捧中国学生，应当不算过于离谱。

更进一步说，不仅是美国，西方的大学与中国的学生之间都存在着这种其他领域里罕见的相互欣赏，而中国学生在西方的学

---

① D. Gale, & L. Shapley, 1962, "College Admissions and the Stability of Marriage". *The American Mathematical Monthly*, Vol. 69, No. 1, p. 15.

术表现,加上他们近年来对西方大学财政上的贡献,更是构成了当今世界高等教育中无法回避的中国元素。从这个角度看中外合作办学,特别是中美合作办学,我们似乎可以很轻松地达到一个双赢的境界。不是吗?最好的学生与最好大学的结合——这是高等教育界的梦幻组合。可惜的是,这样的组合除了在为数不多的顶尖大学中出现,通过跨境合作办学实现的案例实在是绝无仅有。原因何在呢?我们不妨试着做一个"排列与组合"的游戏。

假定我们可以将大学和学生各分为"优秀"和"一般"两组,暂时不讨论"优秀"和"一般"之间的定义或标准。那么目前中外大学与学生之间大致有如下组合:

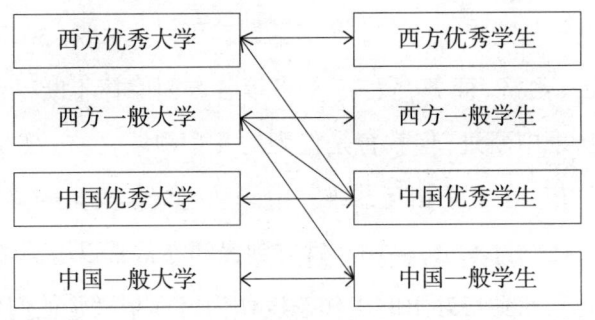

上图中大学与学生之间平行线条的链接是常态。然而,改革开放四十多年来,西方优秀的和不怎么优秀的教育资源逐渐成为当今中国寻常百姓家的可选项目,而国内高度竞争的中小学环境则造就了一个学术能力过人的学生群体。随着近年来高等教育的国际化,大学对优秀生源的竞争亦趋于白热化。结果是,西方优秀大学成为这场竞争中最大的赢家。他们不仅能够轻而易举地收到本国的优秀学生,而且用丰厚的奖学金吸引了海外,特别是中国最优秀的学生。中国的大学就没有那么幸运了。他们虽能吸引本国优秀的学生,却不得不时时提防西方优秀以致一般大学的入侵。事实上,很多西方一般大学每年都能从国内招揽到很多优秀的学生。

那么,西方优秀大学既然那么热衷于招收中国学生,为什么不索性在中国开分校呢?前几年我受哥伦比亚大学委派在北京建立全球中心。在那些日子里,我办公室门前车水马龙,都是来游说我们在中国建立分校,并许诺免费校园、设施及其他硬件支持。我磨破嘴皮解释了几个月为什么哥大完全无意在海外建立分校。其实,稍稍动用一点逻辑思维就可以明白,对西方顶尖大学来说,不出国门就能将别人最好的学生吸引过去,为什么要越洋过海来为中国人民服务呢?而出借金字招牌可能承担的风险进一步降低了顶尖大学合作办学的意愿。至于为什么个别名牌大学在中东建立分校,我们老祖宗的遗训至今管用:"重赏之下,必有勇夫。"

至此我们可以解释为什么热衷于在中国合作办学的大多是西方一般的大学了。优质的生源、国际的声誉、廉价的成本、丰厚的回报,这些潜在的利益对于那些在本国高教市场的激烈竞争中疲于奔命的一般大学来说,有着巨大的吸引力。作为潜在的合作伙伴,我们的大学应当持何种态度呢?我想很多中国学生和他们的家长选择出国留学,特别是到国外上本科院校,并不一定因为国外的大学好,他们其实是用脚投票,对国内大学表达了他们的看法。对这些学生来说,即使是进入西方顶尖大学小圈子以外的"一般"大学,也并不吃亏。这些学校虽然在其国内不算名牌,但他们的教学理念、科研实力、教授素质、校园氛围等也许完全不"一般"。假如这些学校能与国内院校合作,为那些原本要让孩子出国的家庭多提供一个选择,岂非双赢?从这个角度看,中外合作办学实在应当是取长补短、相得益彰,合作双方都有贡献。只是在目前阶段,中方贡献较多的是优秀的生源,而外方则更多的是优质课程。

事实上,如何界定"优质课程",才是中外合作办学最让人困扰的问题。最近应邀参加一个中外合作办学方面的讨论会,发言的嘉宾都是这个领域里的先行者。从会上报告的案例来看,既有宁波诺丁汉、西交利物浦和新成立的上海纽约大学这样可圈可点的合作尝试,也包括了一些值得进一步研究的实验。我在发言时的口无遮拦当场就得罪了一位美国人。我说:"从当今各种合作办学项目看,世界上最好的大学在美国,最烂的也在美国。"听众当然明白我说的"最烂"是指那些打着合作办学招牌来赚中国人钱的美国大学,而且这样的学校不在少数。但这位美国人还是将了我一军,要求我指出哪一所美国大学是"最烂的"。我虽然不会中他的圈套,傻到当众点名,但他的问题的确一针见血:什么样的合作是我们想见到和不想见到的?

我们开头提到的那个有关数学教学的案例可以作为回答这个问题的指南。

将数学作为一门学科、一个知识体系或一门技术教给学生,我们从中小学到大学都做得不比西方差。这一点应当没有异议。因此,在中外合作办学的讨论中,从互利的原则出发,我们首先可以确定的一个原则是：在合作办学的项目设置方面，我们的大学似乎并不需要通过与外方合作来实现一门知识的传授。这个原则的确立可以帮助我们对来自境外的合作意向进行筛选。比如说，一个合作项目的内容止于传授知识，面对这样的项目我们不能不自问：我们的学生将从中得到什么？

当那位美国交换生给我们提意见时，他对于数学作为一门学科的那种高屋建瓴的把握让我们感到一种咄咄逼人的气势，也不免让我们那些精于演算却拙于思辨的东方型优秀学生感到气短。我想，这就是我们经常听到、却不得要领的所谓"批判性思维"。由此可见，我们也许不需要通过合作办学引进数学课程，但我们需要引进 Shapley 教授那样的教学理念，即通过数学教学培养学生一种严谨、精确的思维方式。这样的合作才能使我们的学生不仅能够精于演算，而且可以学会在数学中追寻范式。如果合作办学能给我们的大学在这方面补补课，何乐而不为呢？

要引进教学理念就必须同时引进优质师资，因为教师是一所好大学的灵魂所在。在中美大学之间游走二十多年，我认为美国大学最值得我们引进的就是以学生为中心的教学理念和方法。所以，不管是什么合作项目，如果外方教授不愿参与，师资由中方就地解决，那么这样的合作项目应当是不值得做的。这个问题背后就是纠缠了我们很久的那个所谓国际化与本土化的争论。我理解强调本土化的人们对完全国际化的项目可能带来的消化不良有所担忧，但在国际化尚未实现之时就强调本土化，是否也有因噎废食之嫌呢？既然合作的目的是引进我们自己还没有或者做得不够好、且经过挑选的优质课程，那么尽量保持"原汁原味"当是策略的首选,而要求合作外方提供其本校的师资则是保证项目质量最基本的要求之一。

另一个保证合作项目质量的方法是,要求外方大学也有一定比例的学生来华与中方学生一起上课。我们那位美国交换生之所以能发如此高论,毫无疑问是环境使然。通过学生交换计划,东西方的大学生在香港的校园里一起学习与生活,文化的碰撞产生了思想的火花。当他在抱怨香港学生学数学时缺乏对范式的追求后,是否也会反省自己在运算操作方面的短缺?从这个事例想开去,尽管在内地多数大学暂时很难像香港那样与国外大学建立起全融合式的学生交换计划,但通过合作办学来营造东西方文化交融的校园学习环境,当是中外合作办学较为理想的一种状态。

三

既然推动一个跨境项目需要面对如此之多的挑战,那么(至少在目前)作为主要是接收方的中国大学,该如何应对呢?

先扯一点题外话。前不久上海《文汇报》两位记者以"香港高校为何能走在亚洲大学的前列"为题对我进行采访。当谈到香港的大学所实现的严格的经费管理时,我提到香港的教授出差,学校按照各地的差旅标准补贴,超标的部分只能自掏腰包。这一点,连美国的大学都没有香港高校做得这么细。作为学校的外事主管,接待客人是我的工作。尽管如此,我请客的费用也和学校任何一个教授完全相同。接下来,我半开玩笑地说了下面这段话：

> 说实话，现在和内地的教授一起吃饭，我最怕谁晚上吃饭的时候兴致高了，即兴说要开几瓶酒。要是有人这么说，我就完蛋了，因为我得自己买单。学校的接待餐费是有预算的，普通吃一顿晚餐没问题，只要一开酒，那肯定超标。①

记者在发稿之前给我看初样，我当时正在国外出差，匆匆看了一下就让发了，也没有多想。谁知后来有一次在内地出差，无意间看到一份小报转载了《文汇报》那篇专访，标题把我吓出一身冷汗——《我为何怕与内地教授一起吃饭？》。② 编辑显然是为了吸引读者眼球，断章取义，巧妙地将我的幽默变成"宣言"，把调侃变成责难。试想，假如我们校长看到这篇文摘而不是原文，该作何感想？他手下负责内地和国际事务的协理副校长在内地报纸上向他的合作伙伴们宣战：还有什么比这更糟糕的"公关灾难"？

无独有偶，最近在网上看到这么一则轶事。据说前些年，中国财政部代表团访问美国，美国财政部对口接待，美国财长在招待宴会上说："国会只批准了菜钱，没批准酒钱。这桌菜由政府买单，你们吃菜要感谢美国纳税人；酒由我自己买单，你们喝酒要感谢我。"③ 超级大国的"财神爷"因公招待外宾，居然也批不出

---

① 樊丽萍、唐闻佳：《香港高校为何能走在亚洲大学的前列？》，《文汇报》2013年6月27日。
② 刊于《报刊文摘》2013年7月5日。
③ 刘植荣：《美国政府为啥要关门？》，见 http://zhirong.blog.sohu.com/279358740.html。

酒钱,可见吾道不孤。让我稍感安心的是,我们校长也是来自美国,大概不会因为这篇文摘找我的麻烦吧。

题外话扯到这里,该言归正传了。如前所述,国外大学,包括少数名牌大学,出于各种原因,愿意与我们合作,开办跨境教育项目,这对于优质教育资源还很缺乏的我国高等教育来说应当是件好事,也是我们注重教育的家长和求知若渴的孩子们的福音。但是,从跨境办学在世界范围内的现状来看,很多问题并非多花一点钱就能解决,更不是引进几个国外名牌就能提升教育质量。假如一个收费昂贵的合作办学项目除了海外合作方的那块牌子之外乏善可陈,我们又何必没事找事呢?

因此,作为合作办学项目的接收方,在开始任何项目之前需要想清楚这样一个问题:通过中外合作我们究竟想要得到什么?假如课程项目是我们自己无法开设的,那我们想要什么不言自明。但更多时候合作的课程本身并无新意,那么我们想要的也许就是对方的那块金字招牌或其他什么外在的东西。有这样的动机也无可指责,只是这种情况需要我们多做一些功课,以便我们在尽可能地通过合作得到一些其他方面的收获。

行文至此,我不能不冒昧地做一点"大胆假设",虽然我完全无意也不能进行任何的"小心求证"。假设在当今多数的中外合作办学项目中,中方完全无法独立开设、非有外方加入才能运行的课程项目其实不多。这个假设是基于我前面那个通过"拍快照"方式取得的样本中大多数是MBA这个事实,而MBA恰恰是一个不需要非常特别的专家专才就能开设的课程。那么为什么跨境办学项目中最火的就是这个最不"专"的课程呢?有几个原因：一是这个课程不需要投入重金（比如实验设备）就能运行；二是教授可由在职的商界成功人士兼任，因而不需要在学术与科研这个最让大学费劲的事情上多下功夫；三是商界看重品牌，因此MBA也需要借助名牌才能"卖座"；最后，对于已成名牌的大学来说，与非名牌合作可谓"坐收渔翁之利"，无需太大的投入，何乐不为？这几个原因将非名牌和名牌大学牢牢地绑在一起：一个要名，一个要利。放在一起，名利双收。

这样的合作，虽然可称完美，却意义不大。倒是由《文汇报》专访引发的尴尬给了我一点启发，让我看到了国内大学目前的缺失以及未来的合作办学究竟能给我们带来什么。

近年来国内高教界有一个响亮的口号，即"去行政化"。口号的提出在社会上赢得一片叫好之声，特别是2010年两会期间围绕《国家中长期教育改革和发展规划纲要（2010—2020年）》的讨论，更是给人一种大学"行政化"已成为过街之鼠、人人喊打的印象。然而，几年过去了，两会代表、委员们痛批的大学行政化的种种弊端似乎"桃花依旧"。究其原因，我想可能是因为人们对于什么是大学的"行政化"有不同的解读，因此要去行政化就感到无从下手；还有另外一个可能，即"去行政化"这个口号本身也有点大而无当。大学不能没有行政，但行政与"行政化"之间却没有明确的界限。比如说，有人将矛头指向我们不同类型大学的校长所具有的行政级别及其与此相应的待遇。但取消这种待遇就解决了大学的"行政化"问题？在美国，政府从来不给大学校长定行政级别，难道哈佛大学校长的权力和待遇就和一个社区学院校长没有差别？显然不是。可见大学的"行政化"问题实在是一个大课题,并具有普遍性。在社会达成比较一致的定义之前,任何"去行政化"的努力都难以落到实处。有鉴于此,我倒更愿意将"去行政化"这个大题目暂时搁置,先从小一些的程序性的事情做起。

就以前述大学行政人员的接待费用为例,这是一件小得不能再小的事情,但在中国,它不仅和管理者的行政级别及其权力挂钩,而且还有深层的文化背景作为依托。试想,如果A院长访问B院长,受到盛情款待,之后B院长回访A院长,后者该作何安排?答案不言自明。这是A院长权力范围内的事,也是人之常情,更是一种学术竞争中可以利用的资源。正是这种带有行政权力的资源,增加了院长们的学术竞争力,使得他们与不具行政权力的同行之间的学术竞争成为不公。在这里,尽管"行政化"作为一个概念难以定义,但由行政权力引起的学术不公却是有目共睹的,而且不难界定。

那么,与其高喊"去行政化",不如就事论事,先从限制院长的接待费用开刀?难,因为中国社会的所谓"人之常情"掺和其中。那么香港也是中国人的社会,他们的大学是如何做到连外事主管都不敢在招待客人时开酒呢?答案是:借助外力。由于香港的大学行政体制由英国的公务员制度演化而来,而经费管理是其中的一个部分,所以中国人之间的人情世故借英国人的外力推动,演化成今天香港的大学严格的财务制度。这个制度对香港的大学发展起了什么作用可以讨论,起码在减少学术权威的行政资源方面效果显著。

在这里,内地的大学虽然没有、也不会有类似香港的外力推动,但中外合作办学却可以成为一个契机。我们的合作办学在引进境外的优质教育资源的同时,可以借助与境外大学合作的外力来推动财务制度的改革。比如说中国大陆大学与香港的大学合作,除了引进香港优质的学术资源外,是否可以考虑先照搬一些香港现成的经费管理规章。香港的大学对于外事接待不仅在每年的部门预算中就已经作出限制(连外事部门每年请客的预算都少得可怜),而且还有一些非常细化的规定:我方请对方吃饭参宴人数不能超过对方;早、中、晚三顿饭的开销都设有上限,多出部分由我方参宴者自付,等等。香港的规章很多在一开始也是照搬西方的,但并非完全不考虑香港的实际情况。一个有意思的比较是,我在美国工作时大学规定接待餐饮不得有酒,而香港大学的规定并不限酒,却从费用上加以限制。同理,中国大陆大学在引进类似规定并实施时,也可以适当结合国情和文化习俗加以修正,这样的效果应当比光靠中央的反腐规定或校长出台自己的政策有效。在具体实施遇到阻碍时,大可将麻烦全推给境外的合作方。

一位朋友得知我在请客问题上的窘困后给我现身说法,说他在请大陆同事吃饭时,为了减少误会,常常先将学校的财务处大骂一通,说他们如何不通人情、如何在报销时给他为难等等,然后在宴席开始之前先为招待不周致歉。结果,大多数的大陆朋友都能理解,起码没有人会认为他小气,或故意怠慢他们。这种防患于未然的"伎俩"多施几次,主宾两方就慢慢地习惯了。

第七章

没有统一的制度是最好的制度

一

《国家中长期教育改革和发展规划纲要（2010—2020年）》的发布与实施，再次将现代大学制度建设这个重大课题推向前台。有关方面将纲要提到的现代大学制度下了一个特别的定义，并就此概括为四句话："依法办学、自主管理、民主监督、社会参与。"①

建设现代大学制度，四个方面都很重要，缺一不可。但是，做好这四件事情的前提是我们已经知道什么是现代大学制度，或者就这个问题已经达成某种共识，而这四点事关如何执行。问题在于，恰恰是在如何界定现代大学制度这一点上，不仅国人至今尚无共识，就是在当今世界拥有最多一流大学的美国，也未必有人敢站出来对现代大学制度进行定义。非不能也，不为也。

---

① http://edu.people.com.cn/GB/11129649.html.

不妨以美国为例。尽管在哪一所大学可称一流的问题上人们可以无休止地争论下去，但美国大学在当今世界上的总体地位却得到广泛认可。因此，任何关于现代大学制度的讨论都无法绕开美国。假设我们能够进而将美国的大学当成现代大学制度的楷模（或楷模之一），那么研究美国大学制度便成了研究现代大学制度不可绕开的课题。但究竟什么是美国大学的制度呢？略为夸张地说，美国大学的成功就在于他们没有一个共同的堪称范本的制度！

试想，一个国家连国立大学都办不起来，只得将办大学的权力下放给州政府，这样的国家还有什么大学制度可言？美国宪法第十修正案规定："宪法未授予合众国、也未禁止各州行使的权力，由各州各自保留，或由人民保留。"由于美国宪法对教育问题只字未提，所以大学的问题，从经费一直到制度，一切权力也就理所当然地归了各州。对于联邦政府来说，既然大权旁落，说也没用，不如袖手旁观，乐观其成。然而，恰恰是联邦政府的无所作为，逼着各州政府在大学制度的建设方面有所作为，而州立大学的有所作为又迫使那些没有政府资助的私立大学八仙过海、各显神通。依笔者愚见，美国大学的成功，从反面证明，建设一流大学，也许没有统一的制度才是最好的制度。

但是，没有统一的制度并不等于不要制度。从三百多年前哈佛开张，美国大学就从来没有停止过对制度建设的探索。比如说，相对后起的美国大学，很长一段时间都对牛津剑桥的住宿学院制度艳羡不已，哈佛、耶鲁、普林斯顿以至校园建筑根本不具备条件的哥伦比亚等大学都曾刻意模仿所谓的Oxbridge（牛津剑桥）模式,但谁也没有取得预期的效果。后来美国的精英从欧洲留学回来后又想学习洪堡经验,将科研制度引入美国大学。于是约翰霍普金斯、芝加哥等大学又为建设研究型大学而努力,但他们后来的成功并不在于仿效,而是创新。他们将竞争机制引入美国大学,任由各个大学根据自己的特点来发展自成一体的制度。私立大学由于不受政府制约形成各自的风格和特点自不待说,就是公立大学,面对来自州政府和纳税人的双重压力,还是在制度建设方面做出许多成功的实验,为当今世界大学的发展积累了丰富的经验。加州伯克利、威斯康星、密西根等举世公认的一流公立大学就是明证。

那么,我们孜孜以求的"现代大学制度"究竟为何物?"依法办学、自主管理、民主监督、社会参与"这四句话所概括的究竟是中国需要的大学制度本身,还是构成一个好的大学制度所必不可少的元素?对这个问题的回答我取后者。哥伦比亚大学前教学副校长柯尔教授(Jonathan Cole)在他的《美国一流大学》一书中试图对美国一流大学从成长过程到制度建设作出全方位的描述与总结。他为美国最优秀的大学概括了13个特征:教授科研的高产出、教授科研的高质量、科研经费与科研项目、荣誉和奖项、优秀的生源、优异的教学、一流的设施和先进的信息技术、巨大的校务基金和充足的资源、具有一定规模的系科专业、无拘无束的探索和学术自由、学校的地理位置、对公共事业的贡献,以及杰出的大学领导。① 从书中引述的案例来看,尽管用这些特征

---

① J. Cole, 2010, *The Great American University: Its Rise to Preeminence, Its Indispensable National Role, Why It Must Be Protected*. New York: Public Affairs.

第七章 没有统一的制度是最好的制度 177

美国加州大学伯克利分校的塔楼。美国公立大学为当今世界大学的发展积累了丰富的经验。

可以对任何一所一流大学作出大致的描述，但有了这些特征的大学并不自动地形成良好的大学制度，而且美国很多一流大学的制度是完全无法复制的。套用一句名家名言并略加歪曲："平庸的大学都是一样的，而优秀的大学则各有各的优秀。"

正是从这个角度看大学，当前这新一轮的现代大学制度建设难免引发许多联想。1950年代初的院系调整和1990年代的大学合并，都是在建设现代大学制度的旗帜下进行的。这些运动的功过成败自有公论，笔者无意置言。但这两个"制度建设"运动有一个共同之处，就是将某一种大学制度奉为圭臬，然后自上而下推向全国。尽管每一种大学制度的推行都不乏成功的例证，但在高等教育领域搞整齐划一的结果是大批特色高校的消失和高校特色的淡化。更为严重的是，由于大学制度的趋同化，很多高校不得不在一些极为狭窄的平台上竞争，比如科研经费、学科建设等，而大学原本的优势反而无法发挥。就像现代城市建设一样，当高楼宽路成为现代城市的规范之后，平遥古城和苏州园林都将"被"现代。结果只能是让我们的后人到法国去看古城，到威尼斯去看小桥流水。

总而言之，现代大学制度建设的重要性毋庸置疑，但政府在其中所应扮演的角色值得斟酌。为了避免重犯历史错误，政府在推行现代大学制度建设时似应突出一个关键词——创新。只要我们承认当今世界并未就什么是"现代大学制度"达成共识，而且我们亦无需将美国、英国或任何一种现行的大学制度奉为范本，那么容许中国的大学在制度建设方面有所创新不仅可能而且必要。

二

游走在美国、中国大陆和香港之间，不能不注意到三地之间不同的开车文化。先说中国大陆，随着近年来驾车族群急剧膨胀，开车文化在短短十多年中从无到有。对于这个文化的关注和探讨时时见诸报端，比如最近网上人人义愤填膺的"汽车撞人后路人见死不救"的问题，就成为一场全国性的对社会道德与良知的审判。唯一遗憾的是，至今没有人就开车文化下的"过马路文化"进行探讨。我的观察是，中国大陆的过马路文化可以用"摸着石子过河"来描述。想从大路口过，您不能不看红绿灯，也不能太看红绿灯。不看有被撞死的危险，太看了又永远过不了。您的策略应该是这样的：先朝路中央挪半步，这叫"试水"（testing the water）；如果车照过无误，那就停一停；如果有车见到您开始减速，就再往前挪半步。重复上述动作直至到达马路中间，此时两边车流应当大致停下，您就可以挺胸昂首地走完剩下的路程了。

这一招在香港可不行。香港是一个法治社会，所以事事讲规矩，遵纪守法成为港人生活态度的一部分。香港的开车文化最让人感叹的是，作为世界上人口密度最大的城市之一，香港的堵车现象居然并不严重。和朋友们探讨这个问题，得到的结论大致是：香港人开车遵守交通规则，不乱窜，减少了很多不必要的换道，从而道路畅通。但这样的开车文化用到过马路文化上就有问题了。我在香港的住所外面是一个大商场（shopping mall），车流早晚从不间断。从我家到商场必须经过一个商场车辆的进出口，但此处没有红绿灯。香港的过马路文化由此尽收眼底。由于港人一切照规矩办事，而且车辆进出商场没有红灯管制，所以开车人永远有优先权（right of way）。在这种情况下，您要是照搬"内地过路法"就只有自取灭亡了。结果是，开车人遵纪守法固然没错,过路人却只能望路兴叹了。

与香港人相比,美国的过路人一般很少站在路边死等绿灯。他们一有机会就会采用"内地过路法",但他们又比内地的过路人多了一份谨慎,不会太坚持"先斩后奏"。这是因为美国的开车文化里包含较多的"礼让"成分,一般开车人见到有人想过路就会主动停车。当然过路人在走到停下的车前时千万不能忘记挥手表示一下谢意,否则会被认作无礼,甚至受到鸣笛"警告"。

这些性格鲜明的过路文化,只要我们不过于推演、不坚持以偏概全,还是可以用来帮助我们思考一些问题、理解一些现象的。比如谈到所谓的"现代大学制度"问题,我们常常有点"剪不断,理还乱"式的困扰。放眼当今世界,有看似健全的制度,却产生了不太健全的大学;在看似不健全的制度下,却成长着生机勃勃的大学。假如我们能够暂时跳出"制度"的框架,从"性格"的角度来观察大学,也许能有一些意外的收获。

在美国生活多年,我感到美国的过路文化背后其实包含一个"以人为本"的理念。虽然美国多年来一直被称为"轮子上的国家"(这个称号是否该易主了?),但开车人始终认为行路人有优先权。所以他们在行人面前停车绝非制度使然,亦非个人"觉悟"很高,而是在理念上、文化上对于"人"(而不是车)及其权利的认同。从大学制度来看,这种"以人为本"的理念造就了以不同的"人"或"团体"为建校之本的大学制度。在小型文理学院里,你可以看到以学生为本的教育方式和制度;在研究型大学里,你可以看到以教授为本的研究机制和教学模式;在州立大学里,你可以看到以本州纳税人的利益为重、坚持服务社区的大学运作方式。在这里，制度不是一个一成不变的框框，更不能用来约束人的创新和发展。制度是为人服务的。具体落实到日常管理，美国人也是粗粗地画一个框框，只要不越出框框就算符合规定。比如说，你要出差，学校让你实报实销，并对某些难以界定的开销适当补助。这样出差人感到一种信任，因而也不太会乱来。偶尔也有人会投机赚些小便宜，但只能偶尔为之，做得太过分就没有了下一回。

不敢说香港的社会和大学不以人为本，但制度似乎常常有优先权。同样是出差，香港的财务处有一本厚厚的出差手册，其中用最小的字体将世界上所有主要可能去到的城市都列上，每个城市有一个出差补贴的上限。我想这张表格体现了管理者的用心良苦。大学的钱不能乱花，但"将在外，君命有所不受"的道理人人都懂。所以，有了这上限，再奢侈的旅行也不过是在这精心划定的圈子里打转。至于说这些意在为纳税人省钱的制度会导致纳税人多花多少钱来执行这个制度，显然不是管理者需要考虑的问题。每次出差回来看到秘书趴在桌上填那堆表格，我就会莫名其妙地想起美国的一句人人皆知的法律术语——无罪推定（innocent until proven guilty）。用在这里，就是先假定出差人不会违反财务规定，除非我们发现足够的证据来推翻假定。但那是美国，香港大学里的出差制度可就是反其道而行之了：制度是建立在人人会投机赚小便宜的假设之上的，因此先设定一个制度防范在前（guilty until proven innocent）。

香港的大学另一个制度为先的例证是它的公务员制度。尽管大学在学术管理方面享有充分的自主与自由，基本做到了教授治校,但大学的工资、财务、人事等制度还是由政府统一制定的,而且管理大学的政府部门人员,即教育局和大学资助委员会的行政管理人员由公务员担任。由于公务员制度实行的是通才管理,说白了,即外行领导内行,结果是,从教育局长一直到各个具体部门的主管都是从卫生、财政、医疗、食品安全等其他政府部门轮换过来的。他们花三至五年时间在大学管理方面摸着石头过河,等刚摸出点道道来,还未来得及施展,又到了轮换的时候。在这样的制度中,人是螺丝钉,制度将你拧在哪里你就在哪里发挥作用。至于你在被拧的地方能否发挥作用、能发挥怎样的作用,并不重要。重要的是不要出错、不要影响制度的运行。想想卡夫卡笔下的甲壳虫、契诃夫笔下的小公务员吧!明白知道三五年就要换岗,那么好好伺候领导,不求有功,但求无过,下次升迁便十拿九稳了。

其实以人为本也好,以制度为本也好,都会有机会成本。前者让身在其中的人感觉比较好,但以此为基础建立起来的制度对于人的素质要求也比较高。搞得不好,劣币驱逐良币的现象就会可能发生。这也就是为什么当今最好的大学在美国,最坏的也在那里。制度为本最大的好处是只要制度合适,大学的品质就会比较整齐。人在其中会有一些不便、不适,但大学的总体水平不至于走到任何一个极端。但将公务员制度放在大学的上方,其机会成本是,大学在这样的制度领导下,差不到哪里,当然也好不到哪里。由于不熟悉大学运作与其他行业的根本区别,即优秀的大学必须具有高度的学术独立与管理上的自主权,公务员即使在努力执行制度的同时希望有所作为,也常常会好心办坏事。

那么,中国大学制度的设计,是以人为本较好,还是以制度为本较好?其实,"摸着石头过河"的过路文化虽然让人有一种不确定感,亦具有一定的风险度,但在这样的制度设计(或者叫做没有设计的制度?)背后包含了一种宽容的元素,而宽容则是产生多元的必要条件。而恰恰是在这一点上,我们的"过路文化"与大学制度建设不尽接轨。回首 1950 年代以来,两次"大学制度建设"都有"好心办坏事"之嫌。本来 1952 年的院系调整意在学习苏联经验,加强大学的专业化建设,但在具体执行时,不分青红皂白,将所有综合大学都变成专业学院,便毁了一大批已经声名卓著的名牌大学。有一次和一所名牌大学的教授聊天,他是当年因为院系调整来到该学校的。时隔半个世纪,他也早已退休,但仍然对当年的"拉郎配"耿耿于怀,而他那个专业早年的辉煌直到今天都未能恢复。而 1990 年代的大学合并运动,尽管整合资源、创办世界一流大学的初衷无人质疑,但从上到下一刀切的做法"古风依然"。结果是,又一批颇具特色的学院在新的"巨无霸"大学系统中消失得无影无踪。

前车之鉴。

这就是为什么在今天重提"大学制度建设",我仍有点心有余悸。其实在大学制度的建设问题上,我们并不需要在"以人为本"或"以制度为本"之间作出选择,人或制度都有机会成本。我们需要的是一点宽容、一点创新、一点特色以及一点犯错误的余地。在这个过程中我们最不需要的就是整齐划一。正如在经济界,经济学家为是否有一个"北京模式"或"中国模式"争论不休,但中国经济的航船并未因此而放慢,更没有为了找到一个经济发展的模式而停滞。既然未来社会的人才需求是多层次、多种类、多才艺的,那么中国的大学有什么理由变成千人一面、千篇一律呢?

三

话说若干年前我应某高校领导之邀为院校战略规划作咨询。行前对学校的现状做了一点功课。上到该校网站转悠一圈后,有一件事情吸引了我的眼球:在这所文科类中等规模的大学里,光是学院就有 21 个之多,加上研究中心共 26 个学术单位。为了证明该大学的学院设置并非异类,我一鼓作气查了几十所国内高校的网站,结果证明,学院繁多实在不是这所大学独创,而是当今中国高校的一大奇观。比如说,有些过去仅仅属于学院下面的系科或专业,现在都是堂而皇之的学院:文秘学院、物流学院、证券学院、期货学院、劳动人事学院、软件学院、包装设计学院,等等,不一而足。只是为那些尚在高考战场上拼搏的孩子们稍稍设身处地考虑一下时,我不由得吓出一身冷汗。试想,这些孩子用整个"童年 + 少年"这么沉重的代价,好不容易换取一张大学录取通知书,但尚未搞清大学的门冲哪面开时就得决定如何打发余生。按照这些大学的学院设置,假如你选择进了期货学院,是否意味着你从此就甭想做证券?进了软件学院就别想再有机会鼓捣硬件?是的话,让一个未成年人作这样的决定是否过于残酷?不是的话,为什么不让他们进入财经学院或金融学院,至少将来不做期货还能做证券;进入计算机学院,将来不做软件还能做硬件？

毋庸置疑，在当今高等教育的国际化的形势下，大学间的竞争已经达到白热化的程度。为了能够将大学办出点特色并吸引优秀生源，每一所高校都想在学生就业方面做文章，因此创办一些应用性较强的新专业本来无可非议。但是，大学毕竟和职业技术学院不同，学生的专业结构再狭窄也起码得涵盖一个学科领域，而不能仅止于学会一门手艺。从这个角度考虑问题，即使我们的大学有一千条理由成立一个新的学院，学生的利益必须占据一席之地。我在纽约生活短短十多年里，亲历两拨就业大潮，潮涨潮落，感同身受，至今铭心刻骨。

第一拨是IT潮。话说20世纪90年代最后几年，互联网异军突起，电脑的商业应用"钱"景无限。一时间世人争说IT，而CS（计算机科学）反而受到很多学生的冷落。CS作为一门学科，致力于硬件和软件的研究和设计，包括了人工智能、软件工程等诸多专业领域。相比之下，IT只是计算机软件在商业和其他行业中的应用。其间区别，大学应当比谁都清楚。纽约作为美国的商业中心，公司如林，一时对电脑应用人才需求剧增。在这种情况下，学生对IT趋之若鹜，当属情有可原。但若大学盲目追踪市场需求，舍本求末，不管出于何种动机都是不可原谅的。事实上，我身边那些经不住市场诱惑的年轻朋友，有的抛弃了原来的专业改学IT，有的不顾自己的兴趣一头扎进IT，但dot-com的泡沫很快就破灭了。结果是，已经找到IT工作的人还没来得及把学费挣回来就面临失业；而正在学IT专业的人则发现他们尚未等到毕业所学的东西已经过时。

第二拨是投行潮。话说我的一位邻居是一所常青藤大学毕业的工程博士，供职于一家工程公司，收入不菲。可是近年来纽约投资银行耀眼的薪金让他再也坐不住了。他毅然辞去报酬优厚的工程职位，转身考进一所商学院专攻与投行业务有关的金融课程。老天不负有心人：在花了十几万美元的学费、抛弃了两年的收入、再搭上无数个不眠之夜之后，他终于得到著名投行贝尔斯登（Bear Stearns）的聘书。这是 2008 年初的事，离他预定开始上班的 5 月还有半年不到的时间。但是，这家美国第五大投行终于没能挺住金融海啸的袭击，在 3 月中旬轰然倒下，随之而去的还有我那位邻居的投行梦。

两个行业的起落发生在不到十年这样一个小小的时段，不能不让人深思。从 20 世纪后期开始，与电脑技术的发展与普及同步，似乎人类知识更新的速度也越来越快。大学面临的挑战是：如何能让大学生在短短四年内掌握一门学科领域，并以相对不变的专业知识来应对瞬息万变的就业市场。其实，对人类各种知识略加分析后不难发现，不同知识更新的速度并不相同。比如说，软件应用的知识应当比计算机科学的学科知识更新速度快得多，而投行的业务知识应当比财经学科或金融专业的学科知识更新速度快得多。假如开设拆迁专业是为了让相关人才在进入职场后拆得专业一点，文明一点，那么培养一个文明素养较高的建筑人才，受益的就不仅是那个亟亟就业的大学毕业生，而且还有许多其他行业及文明水准提高之后的社会。

话说回来，我在做管理咨询时挨的那顿骂，现在想来，真是活该；写出来和读者分享，更是自取其辱。在大学这种知识分子成堆的地方,最不能做的一件事就是对他人的专业领域说三道四。所谓"文人相轻""隔行如隔山"等常言所道,提醒我们自己的知识范围毕竟有限,开口评论他人领域的事多半会显得轻薄无知。比如说前面引以为例的软件学院的设置,涉及国家在计算机领域的一些战略需求,本无需他人置喙;而凭我对金融领域少得可怜的知识,更无法了解期货学院、证券学院或财经学院之间有何差别。因此,小弟在行文中若有冒犯,只能请诸位"江湖"上的大学者、大教授们多多包涵了。但是,若将大学各种"利益团体"略作排比,学生当属"弱势团体"吧?他们的利益需要有人关照,他们的声音需要有人倾听。他们的未来发展,往大处说,事关国家兴亡;往小处说,事关个人前途;往中处说,事关大学声誉。因此,看在国家、个人和大学的面子上,我在此冒天下之大不韪,向大学的管理者进谏,还望你们在大学专业设置上不要轻举妄动;起码,在创办新的学院时,三思而行。

借用鲁迅的呼吁:"救救孩子!"

四

大学制度建设本来不易,但大学学术制度的建设更是难上加难。

近来网上流行学术打假,窃以为可作两解:一是学术腐败甚嚣尘上,终于到了不打不足以平民愤的地步;或是学界内外诚信意识大大提高,任何弄虚作假都已成为过街之鼠,人人喊打。每每读到那些义正词严的打假文章,都不禁击节赞叹,为之鼓舞。

直到有一天，假终于打到自己头上来了。

话说若干年前，北美有家中文杂志约我写稿。几番推辞不成，只得从命。稿子交上后，编辑要我的简历。当时未费斟酌，一交了事。谁知杂志一出，立刻"吹皱一池春水"。原来本人当时头戴一所大学助理院长的帽子，连芝麻绿豆官都算不上。但杂志编辑错将"助理院长"印成了"代理院长"，这下可是失之毫厘、差之千里。有好心人给我电话和email指出错误，也有读者打电话到编辑部去告我欺骗。本想学习当年白区的前辈，在报上登一个"退党声明"，从此洗手不干了。但是，由于"反革命"意志不够坚定，加上当时"文兴"上来，一发不可收。于是给杂志社打了一个澄清电话后，竟然跳上贼船继续舞文弄墨。没想到的是，我的文章居然受到很多网站站主的青睐，在一个Ctrl+C和Ctrl+V之间，就被"克隆"了。当我的文章流传到网上以后，我那个以讹传讹的头衔也被继续用到新发表的文章上。结果是，尽管从来没有接到过任何网站的稿件录用通知，更没有见到过一分钱稿费，却见到若干打假英雄对我那似是而非的头衔所作的"外调"报告。面对这些报告所揭发的"真相"，网上很多正人君子表达了极度的愤慨，并对于我这种公然地欺世盗名的行为毫不留情地展开了一轮"大批判"。

其实这些大批判的观点我还是蛮认同的，因为之前我在网上看到类似的欺骗行为也会有同感。现在轮到自己了，才开始感到有点不知所措了，不知犯过类似错误的别人该算是恶意的欺骗还是无心的疏忽。比如说，每次回国都会为国内不断变化的称呼感到困扰。有一次被人叫做"程博"，愣了好半天才意识到这是程某博士的简称。在美国拿到博士多年,很少被人以博士相称,以致忘了自己还有这么一顶压在箱底多年的漂亮帽子。更让我难堪的是被叫做"程院长",简直不知如何应对。亦曾提出过抗议,但同胞们只是当我在国外待久了,连行为举止都变得老外兮兮的。谁会把"某副校长"叫成"某副校长"呢?当然是"某校长"喽!从这个角度看,美国的月亮似比中国的要圆一些。连毛孩子见了大人物都能"大卫""约翰"地随便叫,省去很多关于辈分和身分方面的烦恼。看来学术打假是山重水复,移风易俗更是任重道远。

个人受点委屈,本来不足挂齿;但事关学术大事,便不能不作一点深刻检讨了。真正的学术腐败其实比头衔称呼这样的事要难缠得多。记得以前在国内任教,系里一位中年教师发表了一篇论文,被国学大师钱仲联看到了。老先生将这位老师兼弟子叫到家里,让他到书架上取出一本厚书,翻到某某页。后者当场痛哭流涕,承认剽窃。不知钱老活到今天,是否能够和 google.com 叫阵。据我所知,网络时代的美国教授,面对学生的作弊行为,基本上是束手无策。我在哥大师范学院任教,每学期都有近 40 个学生。除了平时作业和小组报告之外,决定成绩的关键是期末论文。虽然我一再呼吁"短而精",一般学生还是起码要写满十页,最投入的学生竟交过近一百页的学期论文!这样一来,在学期结束时,我就得在一个星期之内念五百多页的论文并写出几十页的评语。有时念到学生论文,精彩之处,忍不住拍案叫绝。等回过神来,细细品味,难免生疑;但是,除非我能找到剽窃的证据,否则只能给出上上等的评分。谁愿、又有谁能在今天的网络时代,像堂吉诃德那样,捕风捉影,与想象中的风车作战呢?颇具嘲讽意味的是,今天美国大学的教授虽然都是博士,但"博"到堪称大师的寥寥无几;学有所长、能在本行业内成为"专士"就了不得了。因而,除非每个教授都带着一名行业中的福尔摩斯并肩作战,学术上的诚实与腐败从某种程度上说,已经成为个人良心上的一种选择。

本来良心上的事,到教堂里去解决就行了,但学术腐败毕竟不完全是个人的私事。2004 年 12 月 17 日的《高等教育纪事报》(The Chronicle of Higher Education)发表了一系列专题报道,公布该报对美国大学近年来的学术腐败所作的调查结果。亚拉巴马大学两位经济学家在其同行中作了一个问卷调查,结果有 40%的教授都认为他们的学术成果受到某种程度的剽窃。佐治亚大学教授郝佛(Peter Charles Hoffer)认为,剽窃就像你在厨房里见到的蟑螂,每一只背后都有一串仍躲在橱柜后面未被发现。

最不可思议的是,很多剽窃事件的主角居然是著名教授。比如说,亚利桑那大学植物生物学教授昂增(Charles J. Arntzen)身为美国科学院院士,并于 2001 年被布什总统任命为总统科学技术理事会成员。但是,他的学生科克最近发现自己两年前发表的一篇论文被昂增教授大段大段、原封不动地搬进他为一本新书撰写的一个章节中。当科克指责他的导师抄袭时,后者辩解说,因为科克在他的指导下做研究,所以作为导师,他有权引用任何学生的任何研究成果。问题是,昂增在"引用"他人成果时并未列出出处,只是在书的前面将科克包括在一长列鸣谢的名单中。

假如这个例子只涉及名分的话,那么《纪事报》列举的另一个案例则不能不让人感到切肤之痛了。哥伦比亚大学数学系研究生马生明（音译）认为他的一位教授在一篇论文中剽窃了他的研究成果,将后者告上法庭。在法庭拒绝审理此案后,学校将他从研究院除名。马生明只得在一家三明治店里找了一份工作。

令人困扰的是,学术腐败,特别是剽窃,常常并不完全是法律问题。《纪事报》记者麦克里米（Scott McLemee）在《何谓剽窃？》一文中指出,剽窃本身并不犯法,犯法的是侵犯版权。① 版权法追究对"表达出来"的思想的剽窃,但并不能追究对思想的剽窃。比如说,张三未经许可从李四书中搬来一个章节,那么他显然违反了版权法,应当依法处置。可是,如果张三对李四的章节加以改写（听起来那么熟悉:中国很多"编译"的图书大概可以归于此列）,并未挪用原作的片言只语,那么问题就变得复杂了。在这里张三至多剽窃了李四的"思想",但未剽窃后者"表达出来"的思想,即文字。假如张三没有指出这里思想的来源,那么李四仍然可以指责前者剽窃,虽然诉诸法律的胜算并不乐观;但若张三标明来源,那么李四简直拿他没有任何办法。

也许这就是为什么大多数文字上的侵权事件结果都以低调处理,甚至不了了之。道德和法律在这里并没有一条清晰的"楚河汉界"。当善良的人们在为因特网所创造的空前的、新时代的民主欢呼之余,他们似乎还没有时间静下心来,对这种民主所可能带来的负面效果进行理性的、法律的思考。《纪事报》在准备他们的专题报道时,就有好心人劝他们不要指名道姓:"你们会

---

① Scott McLemee, 2004, "What Is Plagiarism?" *The Chronicle of Higher Education*. December 17, 2004.

毁人一生的！"

上述如此之多的联想，都是由现代大学制度建设的话题所引发的。从政府的勃勃雄心到民间的文化习俗，从制度为本到人事为本，从专业设置到市场需求，从学术诚信到版权纠纷，大学的制度建设几乎每向前走一步都会产生"文化冲突"，有时真假难辨，有时公私难分，更多的时候是轻重、火候不易掌握。大学制度建设也没有时间表，更不能一把尺子量天下，因为每一个大学的文化不同，环境各异，国情有别。有鉴于此，也许最好的办法是不要对什么是"现代大学制度"作出过于严格的界定，而是将制度建设当成一个实现理想、建设一流大学的过程，一个由大学自己主导的、针对自身特点不断自我完善的过程。

访谈录之三：大学制度的精髓在于多样性

我在《世界一流大学的管理之道》一书中曾抱怨大学圈子外面的老百姓看不懂今天的大学，因为高等教育研究人员从来就没有将普罗大众当成他们的读者；我也抱怨大学的管理者们别说根本不会坐下来拜读关于高等教育的论文，连助手为他们准备的一页提要都无暇问津。我的抱怨不是无中生有，两位美国著名的学者关于高教研究的研究为我的抱怨提供了依据：①

南加州大学的凯扎（Adrianna Kezar）教授在（美国）一个全国性的问卷调查报告中指出，现有的高教研究文献在其"所能有和应该有的重要性以及实用性方面还相距甚远"②。事实上，"98%的高教研究的文章和书籍只对作者本人有用"③。著名学者乔治·凯勒（George Keller）甚至声

---

① 程星：《世界一流大学的管理之道》，北京大学出版社2011年，第193—194页。
② Kezar, 2000, "Understanding the research-to-practice gap: A national study of researchers' and practitioners' perspectives, Moving Beyond the Gap between Research and Practice in Higher Education". *New Direction for Higher Education*, No. 110. San Francisco, CA: Jossey-Bass. p. 10.
③ Ibid., p. 1.

称:"大学校长们在工作中既不参照、亦不运用高教研究的文献……如果高教研究有朝一日从地球上消失,没有人会为此感到任何遗憾。"①

这样的抱怨原是冲着我自己的同行——高等教育研究者而发,因为这个行业中的研究论文大多诘屈聱牙,让日理万机的校长院长们难以消化。但从另一个角度看,大学的管理者也有不可推卸的责任,因为他们尽管是自己专业领域中的佼佼者,但在踏入大学领导岗位后却很少将管理当成一门新的学问来做。当然了,大学领导一般都是从助理教授干起,熬到今天定是早已见怪不怪了,所以偶尔摆一下老资格、拍脑袋做一些决策,无可厚非。只是当代大学之复杂,已非蔡元培、梅贻琦时代的大学所能相比,要不克拉克·凯尔(Clark Kerr)发明的"Multiversity"(复合型大学)②一词怎能如此流行?在这种情况下,如果大学的决策者对他们这份新的工作缺乏了解,"以其昏昏,使人昭昭",后果就有点微妙了。比如说一个公司的 CEO 不懂管理,那么公司股票往下掉几个百分点大概是最糟的后果了;但假如大学的管理者不懂管理,人们一时或许根本无法见到任何后果。但见不到后果并不等于没有后果。大学的衰落就像罗马帝国的颓势,并非显现于一朝一夕之间;决策的失误,影响的是"百年树人"的大业。

可也正是这"百年"的缓冲,让我们大学的决策者少了一点

---

① George Keller, 1985, "Trees without fruit: The problem with research about higher education". *Change*, 17(1), p. 7.

② Clark Kerr, 2001, *The Uses of the University*, (5th Ed.), Harvard University Press.

紧迫感、一份责任心。放眼全球，我们不得不承认，在当今大学领导中，将管理当成一门学问来做的人，难得一见；而在管理之余还全身心地投入管理研究的大学校长，更是不可多得。

但再难得一见也有一见，再不可多得也有一得，中山大学前校长黄达人便是其中之一。

说起来我和黄校长还是以书结缘。我的《细读美国大学》一书出版后，黄校长便托人向我发出邀请，去他的学校给管理人员作个讲座。那时我人在美国，难以抽身，所以一直到2008年秋回国出差，才答应抽空去一趟广州。那天黄校长派人去机场接机，到达下榻的饭店后我刚要进房间，突然发现饭店客厅里坐着一位慈眉善目的长者。接待我的中山大学的老师介绍说："这位就是黄校长。他在饭店已经等候你多时。"我当时的感动无以言表。原来我接受黄校长邀请，只是为了自己行程方便，却没有问他的时间是否合适。黄校长因为第二天我作讲座时必须赴北京开会，所以急忙赶来要和我见一面。

至今记得和黄校长第一次见面的感受，四个字——受宠若惊。我的那本小书他不仅读了，而且我在书中提到的一些故事和理论他都熟悉到了信手拈来的地步。他告诉我，在接手中山大学校长的职位后，他一直在认真研究这样一个问题，即当代大学应当树立什么样的理念。黄校长在和我一个多小时的交谈中，对高等教育领域里古今中外的各种理论与实践如数家珍，可见他的投入。作为校长，他日理万机，却乐此不疲，对日常管理中的点点滴滴进行思考，并不断加以提炼与升华。最后，黄校长在中山大学提出一个三位一体的核心价值理念，即"大学是一个学术共同体"、"教授就是大学"和"善待学生"。而"教授就是大学"这个理念，按照黄校长的说法，就是受到我书中一个同名章节的启发。

此后又在不同的场合与黄校长见过几次面，相谈甚欢。每次在一起，话题都是在高等教育的理论和实践里打转，很少涉及"人间烟火"。直到最近才得知黄校长已经从校长位置上退下，可他对于高等教育的关心与研究有增无减。一天在国家教育行政学院讲课，和他巧遇。黄校长告诉我，自从退下后，他终于能够坐下来将自己多年研究大学管理的心得加以整理。《大学的观念与实践》就是他自1998年调任中山大学副校长至2010年12月间所发表的各类讲话、文章的结集，集中体现了他作为一个大学校长的教育理念。但完成此书后，他来了一个"华丽转身"，利用自己多年积累的人脉，对20多位国内著名大学的书记、校长进行访谈，推出了《大学的声音》；对20位高职院校的校长进行访谈，推出了《高职的前程》。此时他正在酝酿他的第三部访谈录，[①] 计划访问十几位在国外大学里担任过管理工作的华人。这时碰到他，可算被他"逮个正着"！我当然满口答应做他的访问对象。这对于我来说，不仅是一种荣誉，更因为和黄校长交往多年，我深知这样的学习机会是多么难得！

黄达人：程校长，我们认识已久了。我在很多报告里都引用过你《细读美国大学》一书中的例子，无形中帮你做了不少宣传。当然，这是玩笑话。实际上，你对美国的高等教育有着非常深刻的认识；同时，你是从中国出去，接受过中国的教育，又在国

---

① 黄达人等：《大学的治理》，商务印书馆2013年版。

外接受教育，然后一直在美国的高等教育圈里工作，现在又到城大来工作。因此，我特别想找像你这样的人，既了解中国的情况，又了解国外的情况。担任过美国大学高层管理职位，但又能用汉语交流。我们今天访谈的主题是美国的高校管理制度及其对中国的借鉴意义。

程星：谢谢黄校长。其实，在美国的大学里，有很多华人做得很不错，管科研的副校长特别多，因为华人做研究做得好。现在，在美国的大学，如果你想得到提拔，首先得带着研究经费进来，然后帮助学校提高科研水平。所以，这条路上优秀的华人教授和领导比较多。而我的专业背景是高等教育研究，再加上多年从事与学生有关的工作，所以正好和我那些做科研管理的朋友们形成互补。

黄达人：等一下也想请你着重谈谈学生方面的一些体会。

程星：我现在回国的机会比较多，有时候也有人问我对内地高等教育的看法。我读了你的《大学的声音》，特别赞成你说的，美国的做法并不都好，所以很少说"外国是怎么做的，你们也该怎么做"这类的话。

黄达人：所以，无论我访问"985"大学的校长、书记还是境外大学的领导人，主要的目的就是把这些人怎么想的、怎么做的，忠实地记录下来。不是我在写书，而是这些受访者在讲故事，我帮他们整理而已。至于读者怎么看、怎么做，他们会有自己的考虑。

程星：我是做高等教育研究出身，曾经做了二十多年的统计数据。但是一旦要写东西，我却不喜欢写那些很学究的东西。所以，我觉得你谈到的也是我梦想中的一种研究方式，就是有机会的话，和这些人谈一谈，把他们的故事写出来。其实，教育研究这种东西本来就够枯燥的，如果你再写些很枯燥的东西，真不知道能给谁看。这也是我写《细读美国大学》的初衷。

黄达人：国内关于高等教育的书很多是从理论到理论，比较难吸引读者的兴趣。

程星：一方面理论与实践脱节；另一方面，理论研究也不够深刻。不是说书要写得多么好，但是起码读者们要愿意看。这大概比我写一百篇学术论文要有意思得多。所以，我真的喜欢你那本书的风格。

没有统一的制度才是最好的制度

黄达人：来之前给你发了一个访问提纲，是我所关心的现代大学制度的有关问题，比如说，退出机制、财务管理，等等。对你，我希望能够先从现代大学制度这个宏大的问题开始谈。你怎么看待现代大学制度，因为来之前我也做了功课，看到你在这方面有很多思考。

程星：你知道，我在中国、美国都念过书。我觉得两国教育方式最大的区别就是，中国首先讲理论体系。到了美国以后，我发现在人文科学、社会科学甚至经济学的课程上，老师最开始都没有讲理论框架，而是先跟你讲具体的内容；讲完之后，那就是你的任务了，要靠你自己去总结理论框架。这和中国的教学恰恰相反。所以,有时候我看中国人写的书和美国人写的书之间的区别,觉得特别有意思。美国人先写故事,然后再看能得到多少理论;中国人先写理论,之后即使要写故事,也是用于填补、证明他的理论。我觉得这是两种不同的方式。

内地现在也有很多人讨论教育问题,有趣的是,大家最感兴趣的是建立什么样的制度和理论体系,称之为"现代大学制度建设"。在美国,连国立大学都没有,还讲什么制度?没有制度!它首先考虑的不是大的制度问题,而是具体的管理程序和方法。

黄达人: 我念过你在《大学》杂志上发表的《一家之言:也说现代大学制度建设》一文,感到你对于美国现代大学制度建设比较熟悉。能不能展开阐述一下?

程星: 其实,我说美国大学没有制度,并不是说他们的大学管理真的是由学校自说自话、随心所欲。学术独立说的还真不是这么一回事。有时我想,美国大学能够有今天的成就,也许是歪打正着。美国宪法第十修正案中规定,"宪法未授予合众国、也未禁止各州行使的权力,由各州各自保留,或由人民保留。"正因为宪法对教育问题只字未提,那么大学的管理,从经费一直到制度,一切权力也只好由各州自行定夺了。这样一来无形之中造成了一个大学制度建设上百花齐放、百家争鸣的局面。

黄达人: 那么在你看来,美国大学虽然在国家层面上没有一个统一的制度,但至少在州的层面上还是有各自完整的制度的。

程星: 可以这么说。比如加州大学20世纪五六十年代在克拉克·克尔总校长的领导下,制定了著名的《加州高等教育总体规划》(*California Master Plan for Higher Education*, 1960),建立了一个金字塔形的三层大学系统,即加州大学系统,包括九所研究型大学,可授予博士和专业学位(1990年代应州居民的要求又增加一所,现有共十所);加州州立大学系统,包括23所以本科为主、可授予硕士学位的大学;以及加州社区学院系统,包括112所大学专科,兼为本州居民特别是成人提供接受高等教育的机会。此后许多其他州都仿效加州的系统建设其公立大学的制度,但由于各州的经济、政治和社会环境不同,并没有任何州简单地照搬加州的系统。从这个意义上说,美国公立大学的制度建设是既有承袭、又有创新。

至于私立大学,由于不受政府的制约,更是形成了各自的风格和特点。比如美国有那么多的小型文理学院,以教学为主、以学生为中心,个个办得有声有色,却很少听说哪个想模仿哈佛,通过合并成为巨型的研究型大学。这些文理学院在几百年的摸索中也形成了性格鲜明的大学制度。你拿今天人们公认的优秀大学所必备的任何标准来衡量这些学校,他们都不会比别人逊色。他们的校友得到诺贝尔奖的不少,而他们所提供的博雅教育更是为学生成为未来社会的领袖人物奠定了扎实的学术与人格基础。

黄达人:所以美国大学不是不重视大学制度建设,只是从来也不想建立一个统一的大学制度。

程星:是的。没有统一的制度并不等于不要制度。美国学界从300多年前哈佛大学开张至今,从来没有停止过对制度建设的探索。而最近这半个多世纪以来随着高等教育研究作为一个学科逐渐成熟,美国的学者们对大学的制度建设作了很多研究与探索。在过去的二三十年间美国的每一所大学都建立了专门的院校研究部门来收集数据并加以分析,试图对大学的日常管理和制度建设提供科学依据。只是美国的大学管理人员一般不愿意将自己的学校纳入什么现成的体系或照搬任何成功的经验,所以他们尽管心目中都有成为一流大学的梦想或期望,但他们并不觉得有了某些优秀大学的特征就能自动地形成良好的大学制度。从这个意义上说,美国一流大学的制度的确具有一些不可复制性。套用一句名家名言并略加歪曲:"平庸的大学都是一样的,而优秀的大学则各有各的优秀。"

现代大学制度的建设就是大学特色的重塑过程

黄达人: 在你看来,其实很难给现代大学制度下一个定义。那你又是如何看待内地的现代大学制度建设的?

程星: 在中国这么大个国家,有必要建立一个统一的大学制度,实现整齐划一吗?这样做能产生世界一流大学吗?我有再丰富的想象力也没法想象。我知道世界上很多国家都有过这样的想法,做过这样的尝试。结果如何呢?失败的居多。关于这一点,你看看欧洲大学的兴衰就可以得出结论,包括德国、法国的大学,当年都是举世瞩目的,但现在却衰落得很。原因很简单,国家把权力给抓回去了。

我为什么对建立现代大学制度这件事情特别关注呢?因为

中国有过深刻的教训。20世纪50年代初的院系调整以及90年代的大学合并，都是在建立现代大学制度的旗帜下进行的。这两个"制度建设"运动有一个共同之处，就是将某一种大学制度奉为圭臬，然后自上而下推向全国。尽管每一种大学制度的推行都不乏成功的例证，但在高等教育领域搞整齐划一的结果，是大批特色高校的消失和高校特色的淡化。更为严重的是，由于大学制度的趋同化，很多高校不得不在一些极为狭窄的平台上竞争，比如科研经费、学科齐全等，使得大学原本具有的优势反而无法发挥。就像现代城市建设一样，当高楼宽路成为现代城市的规范之后，平遥古城和苏州园林都将"被"现代。结果，我们的后人只能到法国去看古城，到威尼斯去看小桥流水。

有一个说法，最好的大学和最差的大学都在美国。最差的大学在美国可以理解，因为没有统一的制度要求，难免会有鱼龙混杂。这大概就是不强求统一所要付出的代价。但美国的好大学是真的有特点。学生上耶鲁是冲着耶鲁的文化和特色去的，上哥伦比亚大学也是冲着哥大的文化和特色去的，不是盲目的。比较而言，内地和香港的学生更讲究名牌效应。中学先对考生和大学进行排序，成绩最好的上排名最高的学校，成绩稍次一点的上排名稍次的学校，等等。有时我在想，这是否也和我们的大学缺少特色有关？因为选择A校和B校之间唯一的差别是排名。

黄达人：现在有一个现象，就是内地的考生愿意到境外包括香港、美国上学。我想，香港城大的排名可能还不如北大、清华，那学生为什么愿意到你们那里去？

程星：其实，大学的声誉是靠特色树立起来的，并不是靠排名,因为我们学校的的确确有一些特色。我现在到内地去,就跟学生讲,我们香港城市大学的每一个教授都是全球公开招聘来的。我有时候会用自己做例子。我到香港之前,不认识城大的任何一个人。之前我除了来香港玩过以外,对香港也没什么了解,也不认识任何人。直到现在,我连广州话都不懂。那我为什么会来呢?因为它在全球登了广告,我觉得这个工作挺好的,就申请了,然后他们也决定要我,就这么简单。光凭这一点,我敢说我们的教授是一流的。我们学校有一个教授,是内地来的,但是在国外待了很多年。我就问他:"你老老实实地跟我说,你感觉城大和××大学(内地的一所名牌)的教授在研究实力上面,两者之间的差别在哪儿?"他说:"××是很牛,各方面都很牛,但是他们的招聘方式并不能吸引现在世界上最前沿的人。而香港的制度因为公开、公平,再加上研究方面有自己的特色,所以能够把当今学术领域中最活跃的那帮人吸引过来。"

黄达人:你的这个观点很好,就是大学吸引人其实在于它研究方面的特色以及公开的招聘方式。

程星:关于特色,我再说几句。上个星期,我去了都柏林三一学院(Trinity College Dublin)。它是欧洲最古老的学院之一,有四百多年历史。特别有意思的是,一直到今天,它还保持着当年的传统:他们经过挑选的最优秀的学生每天晚上都会穿着黑袍和他们的 fellow,即终身教授一起吃晚饭,非常正式。在今天这个时代,坚持这个传统多不容易!现在哪个大学能容得了这个东西?给一小撮所谓的优秀学生特殊待遇,还让穿黑袍,既不平等也不自由。但都柏林三一学院就是坚持这个传统。大学就应该这样，要有自己的特点。要是按照现代大学制度去规定，什么事情能做，什么事情不能做，那么这样的传统也就消失了。大学有自己的传统和特色，你让它自己去发展，有什么不好呢？现在我们的大学有特色吗？我相信不多。

黄达人： 工科背景比较强的学校跟综合性大学还是可以区分的，这个你可以感觉得到，学校的文化是不一样的。我对合校倒还没有像你这样抵制，因为我自己也有参与。尤其是我自己的母校——浙大的合并基本上还是成功的。它做了件很好的事情，就是把校区集中在一起。我认为这就为后面的成功创造了很好的条件。

像我们中山大学，合校也是好的，但是它的校区没有连在一起，在管理上还是有很多困难。在合校的过程中，有一个优势，就是我们的医科——中山医科大学原来就是中大分出去的一部分，和老中大有渊源。合校以后，中山医的教授在外面骂中大的，我敢说没有。原来中山医内部的矛盾可能还保留着，但是合校带来的矛盾在外面反映不强烈。这是我们学校的情况。但我也知道有些学校合校以后，矛盾还是比较激烈的。

程星： 其实我对合校这件事情本身并不反对，而且我觉得合校的一个动机，就是理顺管理体制、整合资源这一点，我不但不反对，而且还很支持。我反对的是从上往下压下来。一旦现代大学制度最后能成为一个模式，原来有特色的学校就有可能一下子都没有了，再次进入千校一面的局面。

现代大学制度建设的重要性毋庸置疑，但政府所应扮演的角色值得斟酌。为了避免重犯历史的错误，政府在推行现代大学制度建设时，应该突出一个关键词：创新。只要我们承认当今世界并未就什么是"现代大学制度"达成共识，而且我们亦无需将俄罗斯、美国、英国或任何一种现行的大学制度奉为范本，那么，现代大学制度的建设过程就是大学特色的重塑过程。

大学该如何使用资源

程星：另外，关于制度，我觉得你开头说到的财务制度、人事制度，既是制度，但实际上又不是制度。在英文中，它叫procedures，意思是程序性的规则。我认为，建立现代大学制度，确定在不同情况下的工作程序，其实比空泛地提建立制度要来得实在。

黄达人：所以，你认为程序是很重要的。现在很多大学也在强调精细化管理。

程星：是的，在我看来程序特别重要。香港的制度非常严谨，虽然开始会让人不习惯，但严格按照程序办事确实能铲除产生腐败的土壤。当然，程序严格到什么程度，把握好还真不容易，但有比没有要好。

因为程序严谨，所以香港的"文山会海"非常厉害，特别是文山。为什么呢？正如你们所知，20世纪70年代之前的香港很腐败，后来因此成立了廉政公署。可能是因为矫枉过正，现在香港所有的事情都一定要有一个批文，有老板的签字。这意味着今后发生什么事情的话，都以这个为证，所以我每天都要签很多的文件。因为有这么多的文件需要处理,所以香港的秘书特别忙,而且非常专业化。

专业到什么程度呢?比方说,我到外面出差一个星期,他们能够把我的行程安排到每一个小时,就是哪一天哪一时段干什么,从哪一个火车站出发,到哪一个火车站下来,下火车后坐哪一班车,包括下榻的饭店,他都会给我安排,非常专业。但是这种专业化的背后,实际上需要一大帮文秘人员做很多工作。这个有好处也有坏处。好处就是他把事情做得非常专业,没有漏洞。比如说老板要来卡我,说我出差花钱太多,我就可以拿出那个安排方案说,这是你当时批过的。因为我在出差前写过申请,做了预算,老板签字同意后我才去买票、出差;回来以后,票据必须和当时做的预算相符,再送给老板批一次。所以,实际上,一次出差要批三次:第一次是报批,第二次是预算,第三次是实际报销。好处就是我们工作非常规范,坏处就是文件多得一塌糊涂。

这里,我想讲一个有趣的故事。那时,我刚来香港不久,他们就让我到上海去建一个办公室。于是,我在上海招聘了两个人。其中,有一个人问我:"你要了我以后,我大概什么时候可以上班?"我跟他说,最迟7月1号。他说:"那我6月份就把工作辞了,然后来这里工作。"回来以后,香港的批文走来走去,各种手续,一直办到了7月10号都还没办完。我就感觉特别愧疚。

黄达人:感觉对不起他了。

程星:人家把工作都辞掉了。当时,我正好请了个假回苏州看我父母。因为回苏州要经过上海,我就决定在上海停一天,请他们吃个午饭，安慰一下。接下来，有意思的事情发生了。我去上海之前跟他们约的是14号吃饭；但就在12号那天，批文终于下来了。所以，他们12号就成为我们学校的雇员了。那天吃饭才花了290多块钱。我平时请人吃饭经常自己掏钱，有时甚至包括学校的客人，因为香港的规矩大，太麻烦。但那次是我在自己的假期中处理公事，所以秘书提出要为我报这两百多块钱，我就同意了。但秘书忙了三个月，还是没把这件事情办妥。

黄达人：你不能请自己的雇员吃饭。

程星：没错，不能请自己的雇员吃饭。但是，我在约他们的时候，他们还不是我的雇员；在我请他们吃饭的时候，他们刚成为我的雇员两天。我就跟秘书讲，下次碰到这种事情你就告诉我一下，这次就算了吧。秘书说："不行，这是我的工作。我一定要把我的事情做好。"她一个报告打上去被财务处打回来，再加上另一个报告，前后写了好几个报告，让校长批。最后大概花了四个月，这两百多块钱才报了。这件事特别能够反映香港职场中人们对于程序的认真和坚持。当然凡事都有另一面，我们的时间很宝贵，也有很多更重要的事情要做。在这样的事情上是否值得这么较真，各人会有自己的看法。

其实美国人也很认真，只是他们在同样的事情上会预先给你画个框框，让你在这个范围内随便跳，但是千万别跳出框外去。只要在框框里面，随你怎么干，不需要先批文件。比如说出差，你到什么地方，搭什么车，随便你；回来以后，你实报实销，填完就结束了。美国人有没有违规的呢？有，但是这样的事情不能多做,你做过两次以后,第三次人家就看出来了,你也别想在那儿再待下去。和香港相比,美国是假设你会守规矩,而香港则假设你不守规矩;美国是无罪推定,而香港是有罪推定。有时候我就想,香港是一个极端,内地又是另外一个极端。我觉得内地的自由度太大了。

黄达人:内地对人是没有假设。

程星:讲到这里,我们始终没有离开大学资源在使用方面的制度或程序问题,但这背后还有一个更为基本的问题,即资源的分配问题。这个问题解决不好,管理程序再严格也没有用。去年,我访问了内地的一所大学,感触挺深的。那所大学在内地算中等偏上,但也不是顶尖的。去了以后,他们就带我参观工学院的实验室设备。跟我同行的城大教授事后悄悄评价说:一流的设备、三流的人。你看我们城大这么小的地方,光是美国的 IEEE fellow 就有十几个!那个学校一个都没有。但是,他们用的设备远远超过我们。

黄达人:其实这套设备并不能充分发挥作用。

程星:后来聊天时他们告诉我:"我们现在有的是钱,就是花不了。"我说:"那太容易了!你去聘几个名教授,弄几个 IEEE fellow 啊。"对方说:"这就是我们无奈的地方:有这么多钱,如果不花,领导会觉得我们没干事儿,但是这钱又不能花到人身上。"所以,他们就拼命买设备,以为有了设备后,起码看上去不会比人家差。在香港,正好是相反的。我们尽管没有那个设备,但是我们会想尽办法先把好的人才弄来。我们相信人来了以后,事情就好办。香港现在为什么能够做到每个教授都公开全球招聘呢？因为大学能够有一定的自主权，可以将足够的钱放到人力资源上去，并制定了严格的招聘程序来保证其公正性。我相信，凭借那个学校的资源，完全可以支付得了我们现有的教授工资。

黄达人：我个人觉得我们国家在财政资源分配上还是有些问题的。比方说，教育部的经费除了生均拨款以前的多数经费以专项的形式，像"985"、"211"、"2011"，从财政部获得拨款，然后由教育部的相应主管司局再组织学校申报再分配，最后是以专项的形式下达到学校。一方面，我对教育部为争取教育经费作出的努力而表示理解；另一方面，如果大学能够统筹使用的话，这些资源的使用效率会更高。

程星：还有一点，从学院层面来讲，亚洲大学的院长不太关心募捐。只有美国是特例，因为美国大学院长的权力来源在于他手中能掌握多少钱。

解聘终身教授是一个世界难题

黄达人：你刚才讲到人事制度，首先要以国际化的标准来引进人才。然后，你谈到一个事实，越优秀的人，越是会流动。就是你不希望走的他走了，你希望走的他走不了。这件事情，在哥伦比亚大学是怎么处理的？城大又是怎么处理的？

程星：在纽约，常常有一些内地大学来举办所谓的招聘会。我对招聘会深恶痛绝，为什么呢？人力、财力上的浪费暂且不说，招聘会背后的逻辑是什么呢？需要人才这点没错，但是不能说不管是什么样的人才,只要是海外的就要,这一点是错到底了。因为每一个大学都有自己的特点,从来都有自己的特殊需求。我觉得一个管理得很好的大学,应该是一个萝卜一个坑儿,一个人都不应该多,一个人也不应该少的。但是,现在弄一个招聘会,往那儿一放,是哈佛毕业的我都要。这样的招聘会只能说明你根本不懂你这个大学需要什么样的人才。

黄达人:但是现在基本上还停留在这个水平。这其实是对现代大学制度的一个讽刺。我们也再三强调学校一定要按需设岗,不是像农民工那样。

程星:你说的这个比喻太形象了,农民工就是早上站在桥头上,在那儿等,他卖的是力气,谁气力大谁上;但是大学需要的是头脑。所以,香港的大学就做到了这一点。每一个位置,只要需要,就公开招聘,而且是在全世界范围搜寻。一个人既然递上了申请,那他一定已经把语言问题、生活问题等都想清楚了,而且大致的工资水平你都已经告诉他,所以就不存在高就或者低就的问题,对吧?这是很自然的。你必须做到这一点,并从制度上把它确定下来。其实,"制度"这个词有点误导性,应该称之为程序。把招聘程序作为一个制度定下来以后,你的人才质量就有保证了。

黄达人:你能不能再跟我们说说,对于不合格的教授,以什么形式来剔除他?我想每个学校都会有的。

程星:这大概是做校长最为头疼的一件事了,特别是拿了终身(tenure)的。

黄达人：拿终身的更糟糕。那么，从你已知的这些案例来说，有什么办法可以去解决？

程星：应该说是没有办法的。就我所接触到的世界上的大学，从一流到三流的，这都是很无奈的一件事情。比如说像哥伦比亚大学这种学校，它进来的门槛超高，所以人员不至于太差，起码没有太平庸的人待在那儿。但是，如果真的拿到了 tenure，又太平庸的话，它确实也没有什么办法。有时候就要耍一点小手段，比如说给别人调工资的时候不给你调，把你从一个大办公室调到一个小办公室。

黄达人：这也是个办法，就是让人感觉不舒服。

程星：这叫给你暗示，咱们中国叫"穿小鞋"。小鞋越穿越小，今年小一点，明年更小一点，给你一个个暗示，告诉你该走了。但问题是，越是这样的人越不走。所以，这是一个没有办法的事情。美国一般大学碰到这样的教授，就只能听之任之了。只要他准时在课堂上出现，即使多少年不发表文章，你也拿他没办法。现在，美国有一部分学校开始做另外一件事情，叫 post-tenure review，即对拿到终身教职的教授进行考核，大概每隔几年就考核一次。

黄达人：如果不合格，把他的 tenure 取消？

程星：也不是取消，就是给你一堆很糟糕的评语，让你自己觉得不舒服。但是，这也看对什么人，假如他不在乎，你也没有办法。

所以，现在有很多学校是从制度上开始减少 tenure 的名额。

他们虽然没有正式宣布取消 tenure，但通过大量聘用非终身制（non-tenure track）的兼职教授（adjunct professor）来担当日常教学工作。甚至有一些相当好的学校，其兼职教授的比例超出一半。这说明什么问题？这些学校就觉得，要教学的工作可以请一些临时工来做；我什么时候想让你走，你就得走；而且雇你的时候，就讲好了不是 tenure 的位置。所以美国现在招人，简单明了，是 tenure track，还是 non-tenure track，写得非常清楚。如果你是 non-tenure track 进来的，别动其他脑筋，教好书就行。这样就避免了今后的纠纷。

黄达人：都说清楚的。

程星：这是一种手段。还有一种就是把 tenure 的比例降低或者调整。有一些系有定编，比如说有十个人，我就给你十个 tenure track 的位置。然后比如说，你这个系今年才两千个学生，十个人就够了；明年变成 2 万个学生也没事，剩下的老师去外面找，能教就行了。

黄达人：就是 tenure 的名额不是随着学生的增加而增加的。

程星：为此美国有很多相关的讨论，就是说 tenure 制度要不要取消。争论的焦点，是因为美国 tenure 制度的起因是保护学术自由，但是现在很多人提出，说目前美国并不存在学术不自由的情况。

黄达人：它的立意是保护学术自由，其实学术界并没有这个问题。

程星：现在，在美国，基本不会因为你胡说八道而把你开除的,除非你在学校里行为不轨;但这个要从法律上解决,而不是从学校制度上,两件事情互不相干。所以,很多人认为,保护学术自由也不过是一个维持 tenure 的借口,本身不是一个特别有力的论据。好像为了学术自由才设立的 tenure 制度,已经过时。我想这大概是一个全球性的难题吧。在大学没有 tenure 制度,也有问题。因为人的忠诚度会降低。一个大学如果没有自己稳定的教授队伍,教授没有忠诚度,只是在这儿混饭吃的话,大学也确实成不了气候。我觉得这是一个很矛盾的问题。

哥大的前教务长 Jonathan Cole 写了一本书,叫 *The Great American University*。里面就引用了一个有趣的现象。就是说,在任何一个学术领域里,大概有 10% 到 15% 的学者或科学家会产生 50% 以上的研究成果。对于那个关于蜂巢的筑成是由所有的蜜蜂共同贡献的比喻,Cole 教授完全不同意。他认为,其实绝大多数的教授尽管发表文章,却对学科没有贡献。[①] 这个规律说明了一个什么道理呢?如果你知道一个大学中,最后也只有 15% 的教师能够在研究上有所成就,那为什么不先把这 85% 处理掉呢? Cole 说这是行不通的。因为人的创造性,不知道什么时候会冒出来,很多人就是中国人所说的"大器晚成"。所以,按照这个道理来说,大学既要为了这 15% 努力,也要把这 85% 留着,因为你没有办法辨别谁最终成为 15% 之中的,谁是 85% 之中的。

黄达人: 我自己也看到,现在学校评估标准当中的 80% 量

---

① J. Cole, 2009, *The Great American University*, New York: Public Affairs, pp. 177-179.

化指标，大概是由 20% 的人完成的。按照 Cole 这个理论，心里也就放宽了，对吧？所要做的就是把进人的门槛做高了。

程星：后来我在想，所谓人事制度，大致是这样的：如果你把程序建立好了，那就保证了招聘过程的公正性。你也知道，在招进来一些人的同时，也把另一些天才关在门外了。这个事情已经发生了，只不过你不知道，不知者无罪嘛。在理念上、良心上也没有问题。招进来以后，你能做的就是把心放宽些，给进来的人多一些发展的机会。但是，这个事情和现代大学所谓的问责之间，其实存在着矛盾，因为问责制没法容忍大学养一批没有创造力的人。所以，这两者怎么调和，其实没有很好的办法。

我相信，即使你到哈佛、哥伦比亚，也有很多"麻麻嗲"（广东话，马马虎虎、平庸的意思）的人。他们走出去头上还是有光环的，只是咱们知道他在学校里面真不怎么的。但是，如果你把心放宽些，这也无所谓啦！对吧？问题就是在招聘的时候，要努力地将这未来的 20% 招进你的教授行列中。

黄达人：从这个角度去理解还是有意思的。当你没有本事把他弄出去的时候，就涉及心态调整的问题；而且你说这是个世界性的难题，其实没有哪个国家的哪个学校做得更好。

学生工作与学生事务

黄达人：你以前的文章中讲到过，校长跟学生接触的时间是零，教授跟学生接触的时间是每周 6 小时；老师——用我们现在的话来说是学生辅导员，跟学生接触的时间最多。这一部分人其实也很重要。在学生整个成长过程中,很多事情都是辅导员做的。

程星:内地大学这么多年以来,各方面的变化都比较大,但有一个地方变化不大,那就是学生的管理。意识形态化本身不是问题,每一个国家的大学都带有他们自己的意识形态色彩。问题是我们的意识形态往往偏爱管束学生;一管束学生,问题就出来了。为什么呢?大学是教育、培养人的地方,而不是管人的地方。我们很多大学走偏了,甚至连部门名称都叫做"学生工作管理部门"。

美国的大学都叫学生事务,中国叫学生工作,有什么区别呢?学生工作是来管学生的,学生事务是为学生服务的。我在想,今后内地的大学要再往前走,就要把管理的角色逐渐淡化,然后逐渐增加服务的角色。因为单从经济学的角度来看,以前你可以对学生说,是国家拿出钱来培养你,所以它有权利告诉你要干什么;但是现在,学生付了钱以后,他就是顾客了,他有权利要求学校为他服务,这是天经地义的事情。中国进入商品化、市场化的社会以后,你不能让学生付了钱,不但得不到服务,还要受你管束。本来想拿2000块钱去买一个冰箱,不但冰箱没买到,还被卖冰箱的人骂一顿。在市场上,这种事情已经不可能发生了。同理,为什么我到大学上学,付了学费,不但没有得到我想要的东西,还要你来管我呢?这在道理上说不通。从这个角度来讲,我觉得如果要抓好"学生事务",今后可能需要角色的转换。

关于角色的转换,可以引进一些市场规则。我到内地一些学校去访问,他们的学生就跟我说:"很忙呀!过两个月是学生歌咏比赛呀,过两天是演讲比赛……"我就问他比赛是谁组织的,他说是团委组织的。美国的大学也有比赛,但是没有人会跟你说是学校组织的。为什么呢?美国大学的模式是这样的:除了在学费之外,学校还会另外要你缴纳学生活动经费,每个学生都得交。学校收到这个经费以后,就由学生事务部门重新分配。在重新分配的过程中,它的服务功能就表现出来了。比如说,作为一般学生,我只想交学费,但你非要我同时交上学生活动费,不交的话就不能注册,那我只好交了。但是交完以后,我就有权说话了。你拿了我的钱干吗去了?学生有一种问责的意识。交钱的好处在哪里呢?交了钱以后,学生就有了话语权;有话语权以后,学校的角色也就变了。学校在管教你之前就要想想,这钱是你交的,不是我给的;你交了钱,我做事情时就得尊重你是怎么想的,对吧?

刚才,你还提到辅导员的作用。内地有些误解,说好像只有内地有学生辅导员,其实不是的。在美国,越好的学校,学生辅导员越多。哥伦比亚大学两个本科生院的学生加起来一共才5500人,但是管理学生事务的就有200人。这些是学校聘的全职人员,跟我们学生辅导员的工作差不多。当然,哥大是一个极端的例子,因为它是私立的,公立大学的学生辅导员要少得多。实际上,我想说的是学生辅导员到处都有,但是功能完全不一样。在美国,他们的功能究竟是什么呢?同样是歌咏比赛,学生会或者什么社团主办,都需要经费支持。这时学生就到学生事务处,跟辅导员说他们要办一个歌咏比赛,需要多少钱,你把我交的学生活动费给我用。那学校辅导员的工作是什么呢?他会问,"你想要做什么事情？想怎么做？大概有多少人参加？"等等，并帮学生出主意，或者是一起探讨组织和经费问题。他是充当这么一个角色的，起到一个帮助学生的作用。

黄达人：就是说，活动的发起人不是学生辅导员，而是学生？

程星：是的，是学生。这样做有什么好处呢？几个方面。第一，它不是学校提出来的，学校没有强加给学生，也就少了一些意识形态色彩；学生对这个活动就有了认同感。第二，这个活动原来计划有3000人参加，可最后只来了三个学生，这是学生自己的失败，而不是校方的失败。但是，在这个过程当中，如果学生准备了一个3000人都可以参加的学生活动，最后只来了三个，他们是不是要从失败中总结经验？在总结的过程中，他们提高了办事能力。这才是学生活动的真正意义所在，是对他们的培养。

黄达人：学生活动的主要目的不只是为了让他们拥有丰富的课外生活，而且是对他们能力的培养。这个可能是我们的学生缺乏创造力的一个重要原因，因为他们不会去组织一个什么东西。创造力是一种文化，但学生没有接受这个文化培养的机会。

程星：所以，我们辅导员并没有承担这种帮助学生成长的责任，只是做了"家长管孩子"这一件事。

黄达人：我们那些辅导员还有一个共性问题，就是以后他们朝什么方向发展，可能会感到迷茫。教授可以做一辈子，但是辅导员可不可以做一辈子呢？

程星：但实际上辅导员是可以向一个职业化的方向发展的。

黄达人：你的观点是可以走职业化的路，跟年龄没关系。

程星：没有太大关系。你想，如果一个50岁的辅导员，自己做了妈妈或爸爸以后，他对孩子的关怀也不会差的，对吧？

黄达人：一路这么做下来，他也不会跟学生分开了。

程星：但是工资级别要提升。

黄达人：我记得，西安交大就在往这方面尝试，尽量把辅导员往职业化发展。有些辅导员尽管已经三十几岁、四十几岁，但他们做得还算开心。

大学校长的职业化

黄达人：刚才说到辅导员的职业化，其实，现在社会上的一个热点是大学校长的职业化。我自己的理解，一是大学校长是要走职业化的道路，他要明确，他的岗位就是校长，不分主次；二是对大学校长的管理要职业化，就是不要把大学校长跟一般的官员同等对待，从政府的角度把校长与政府官员分开。也想听听你的观点。

程星：美国大学的校长倒真是有职业安全保障。就是说，他任命你做校长的时候，同时也会任命你做某一个系的教授。其实院长也是这样的。比如你先去竞聘院长，聘上了以后，他会聘你为某系教授；万一做了一段时间后，你不喜欢或者人家不喜欢你了，你退下去后，自然而然就落到那个系。

黄达人：就是至少学校有一个教职留给你。那对他有没有工作量上的考核？按照教授的标准。

程星：没有。只不过是为你提供一个地方，让你有地方可去。其实，这种事情经常发生。在美国，常常有校长做了一两年后，就觉得不合适，他自己会走或者人家赶他走，然后他就落到那个系里去；到了系里后，起码，他们不用担心没有饭碗。

黄达人：规矩就是这样？聘你做校长，同时聘你做某一个学院的教授。

程星：通常都会这样做。我觉得这是一个比较理想的解决办法。我们应该容许校长失败嘛，因为有的人就是不合适。但如果没有这个机制的话，他也害怕万一退出工作以后，生活没有保障。

有时，我也会跟内地一些做校长、院长的朋友聊天。据我所知，有些人非常恋栈，不愿意下来，其中一个原因就是他掌握着学术资源。我觉得从现代大学的观念上来说，这是一个致命性的问题，是不公平竞争。

黄达人：所以，能不能这么说，不管是校长、副校长，只要是做校领导的，就不应该去竞争科研项目。

程星：我觉得这是不公平竞争，把一般的教授放在了一个不利的地位。

黄达人：这样一来，实际上是把资源都向有头衔的人集中。我认为那才是行政化，好处向有行政级别、行政职务的人倾斜。"去行政化"可能先要从这里着手，而不是简单地说去掉大学级别之类。

程星：美国的大学也有级别。比如哈佛大学的校长和一个社区学院的院长，你说谁的级别高？但是，它这个级别不是用行政级别来表达的，而是由这个学校本身的地位以及他个人的声望来决定的。

我到香港以后，发现了一个很有意思的现象，即香港的大学校长是非行政化的，没有那个行政级别。但是，你知道按照中国的文化习惯，所有事情都要排位置。比如说，有一次报纸上登了一个排行榜，城市大学在某个项目中名列中文大学之前。报纸报道说："香港中文大学排到了第四十名，城市大学居然也到了第三十名。"在那家报纸固有的观念中，城大一定是排在中大后面的；即使城大排到了中大前面，人们也不习惯。当然，我觉得也不应该责怪老百姓。他们就是有这种心理，这是没有办法的。但是起码在制度上，我们可以先把因为级别带来的利益拿掉，这样你才能回过头来看心理、文化上的问题。这又是另外一个层次上的讨论了。

第八章

学生发展的硬道理

一

那天从香港飞往武汉参加一个会议。启程时一切顺利,一个多小时后就飞达武汉上空了。可是不知何故飞机老是在天上盘旋,迟迟不肯降落。过了20多分钟,飞机似乎又开始了新的航程。这时广播里传来机长的声音,告知乘客目前正在转往郑州途中。因为武汉突降暴雨,飞机必须去郑州躲雨。

郑州机场服务台前挤满焦急的顾客,都在打听何时能够回到武汉。只见那位空服人员身陷重围却临危不惧,镇定的脸上还带着一丝微笑。她一遍又一遍地重复着几乎同样的答复,并不时地回转身去,指着黑板上五个正在等待的航班号,说:"又不是您一个人在这里等,我这儿有五架飞机都在等。天好了我们自然会飞。"句句实话,而且礼貌周全。可我不知怎么的,还是从她那漂亮的脸上读到一丝不耐烦。

今天,对于常坐飞机旅行的人来说,这样的经历既不惊险,又不罕见，而且国内国际、国航外航都一样。但是，曾几何时，坐飞机还是一项无与伦比的奢侈。在国内，您得是某个级别以上的人才有这个特权；在国外，飞机旅行常和大红地毯、漂亮空姐、红酒美食等享受连在一起。假如碰上诸如晚点、航班取消等意外的话，航空公司会想尽各种办法来表达他们的歉意。至今记得那次因为机械故障引起的航班延误，我当场收到航空公司开出的一张800美元支票。嘴里还在抱怨，心里早就乐滋滋的了。

航空业今非昔比，原因何在？罪魁祸首就是两个字——普及。凡事稀为贵，享用的人多了，必然掉价。这一点航空业和高教界可谓惺惺相惜，中国和美国的大学只有先后区别。

在过去的半个多世纪，世界上许多国家的高等教育经历了一个由精英模式向大众模式的转化过程。美国的大学从二战以后就开始出现"大跃进"的迹象，大批退伍老兵在国会通过的GI法案资助下进入大学，而60年代的民权运动又进一步唤醒了少数族裔争取高等教育的意识。光是本科学生总数，就从1970年的740万到2000年的1320万再到2010年1810万，40年中几乎翻了2.5倍。[1] 1978年，中国的高等教育毛入学率只有1.55%，1988年达到3.7%，1998年升至9.76%。1999年大学开始扩招，高等教育毛入学率快速上升，从2002年的15%到2007年的23%只用了短短五年。2011年，毛入学率达到26.9%，中国的高等教育正式进入大众化阶段。[2]

---

[1] "National Center for Education Statistics（2012）". *The Condition of Education*, p. 34.

[2] 参见教育部：《2011年全国教育事业发展统计公报》，见 http://www.moe.edu.cn/publicfiles/business/htmlfiles/moe/moe_633/201208/141305.html。

大学在短短几十年中经历如此急剧的扩张,且不说其传统的精英教育模式已经难以为继,就是政府财政资助的公立大学系统亦早已不堪重负。美国大学在过去半个世纪许多方面是先行者,其发展历程为世界高等教育的未来提供了宝贵的经验与教训。总结一下,下列三个结论大概无人能够回避:其一,学生人数的增加和政府财政的投入成反比;其二,学费在大学财政中所占比重呈上升趋势;其三,当学生及其家长的付出达到一定程度,他们与大学之间的关系必将发生质的变化。就中国高等教育而言,大众化与市场化尽管还未达到美国的程度,见多识广的国人却也早已不作"狼来了"般的惊讶状。中美于此的区别在程度,不在性质。高教全球化,寰球同此凉热。

在这样的形势下重提以学生为中心的大学教育,一个本来非常庄严的话题变得有点滑稽。也许,这只是关于大学的都市传奇(urban legend),今天更多的人宁可相信这样的大学从来就没有存在过。在这个传奇的大学里,每一个学生都是无可争辩的中心,教授除了"授业、传道、解惑"而外心无旁骛。这个传奇最为人称道的范本是英式的住宿学院,连后来居上的美国常青藤都以此作为"学生为中心"的典范仿效至今,尽管美国人早就私下承认他们没有一所真正意义上的住宿学院。自从约翰·霍普金斯大学的吉尔曼(Daniel Coit Gilman)校长从德国将"研究型大学"的概念进口到美国并发扬光大,当代大学生其实已经不那么容易在他们的校园或餐厅里见到仰慕的教授了,连在未名湖畔迎面碰上正在散步的大师都成了早已绝响的佳话。

在市场的压力下重提以学生为中心,对于当代大学来说,应当不是一个轻松的话题，更不是对过往概念的简单回归。其实，对于大学这种深刻的、根本性的变化，越是接近、熟悉大学的人们越感到难以适应。稍稍回顾一下近年来人们对于大学的发难，几乎所有的评论者都不约而同地祭起蔡元培和梅贻琦这两面大旗，用他们的大学理念来对照、批判当今大学的种种不尽如人意的现象。比如说，将梅贻琦的名言"大学者，非谓有大楼之谓也，有大师之谓也"输入百度，我得到28.3万多个相关链接；而蔡元培的"教育者，养成人格之事业也"或"大学者，研究高深学问者也"之类的论述，更是所有评点大学的人必备的武器。这类论述的共同点是"今不如昔"，在将蔡元培时代的大学当成"过去的美好时光"（good old days）加以歌颂的同时，批评当代大学的商业化、市场化倾向。问题是，大师、学问、人格培养等，这些传统的大学理念与今天已经接近或进入大众化时代的大学并不相悖，只是在面对现实问题时，美好的理念缺乏切实可行的实践方案。

比如说，在精英教育时代，进入大学学习对于学生来说是一种特权，一种荣幸。因此，教授研究学问的心得体会可以随时与学生分享，学生也不会因为教授的教学方法或效果不尽如人意而进行投诉。然而，这种教与学的关系在今天的大学还有可能存在吗？即使是部分地存在，我们也会面临许多以前没有想过或者想过却没有想好的问题：什么样的教授才是好教授？大学要有名师，但名师必然出高徒吗？教授上课与教学效果之间有没有必然联系？"言教身传"在现代大型大学中还是否可能？如何安排与评估学生的"非学术"生活？如何处理学习内容、专业特长和未来职业之间的关系？大学究竟如何影响学生的成长与发展？

这些貌似简单、合理的问题背后都有潜台词，每一个问号都指向某种结果：学生学习的结果，或是大学对"利益相关者"的交代。大学的过程本身似乎不再那么令人向往，而只有它的某种"结果"才值得我们关注。不得不承认，对于当代大学这样的拷问，与"市场"的逻辑基本相符：政府、纳税人、校友、学生、家长或社会上任何个人或团体，只要在高等教育上有所付出，就有权利要求见到"结果"。但让人纠结的是，大学如何界定并呈现其"成果"？克林顿时期美国教育部长理查·赖利的话令人沮丧："我们（的大学）正在培养的学生必须能够进入那些目前尚不存在的职业，运用目前尚未发明的技术手段去解决那些我们至今尚不认为是问题的问题。"[1] 难道大学的结果必须无中生有？

然而，正是这段让人摸不着头脑的话，透出大学未来发展的玄机。试想，如果学生就业是大学的"成果"，那么未来的职业在学生就学时尚不存在；如果掌握某种技术是学生学习的"成果"，那么这种技术在学时尚未发明。退一万步，"利益相关者"要求他们资助的大学生毕业后至少能解决一些问题，不算过分吧？但若教授连学生毕业后将面临什么样的问题都无法知道，教学从何谈起？

也许，我们航空业的难兄难弟对付他们的困境时的经验值得我们借鉴。航空业的问题，有的有解，有的无解。比如说，刮风下雨导致误点、航班取消——这个问题无解；但提高透明度、有问题及时通知旅客却是经过努力可以办到的。服务对象从少数

---

[1] A. Delbanco, 2012, *College*. Princeton University Press, p. 25.

精英贵族变为普罗大众——这个问题不但无解，为了赢利航空公司还要努力增加客源；但提高服务素质、改善经济舱的舒适程度等却是可以做到的。同理，大学的问题也有两类：有解的和无解的。赖利以其敏锐的洞察力，指出了当今大学"无解"的问题：无法为学生作职业预备，无法预见并传授对未来职业生涯有用的技术，甚至连未来社会有什么难题需要解决这样的大方向都无法帮助学生确定。

而无解的问题可以成为有解问题的指引。

大学不作职业预备，但可以作人生规划；不纠缠于现有的技术手段，但可以传授开发新技术的方法；不能确认尚未发生的问题，但可以培养学生思考和解决问题的能力。总之，我们老祖宗的智慧至今没有过时——授之以鱼不如授之以渔。而很多这类以学生成长为目的的项目并不非要通过增加教授来实现，正如航空旅行的普及带来的问题并不仅仅是通过增加航班能够解决的。关键在于提高服务水平。

想清这个道理对大众化、市场化形势下的大学管理意义重大。在精英教育时代我们很少将学生服务当作大学教育的一个必要的组成部分。一谈到教学及其成果就去拷问教授、拷问教学大纲、拷问教学方法；而大学课堂之外的所有机构，包括学生事务，却时时面临边缘化的危险，因为他们和大学教育没有直接的关系。转变一下思路，我们突然发现，学校在扩招，学生在增加，而教授的人数及其学术水平却无法也无需跟着日新月异。我们完全可以通过提高学生服务的水平来提高学习效果、帮助学生成长。中国古人讲究所谓的"纲举目张"。这个"纲"在今天的大学里除了学术自由、教授治校等我们已经非常熟悉的原则之外,还需加上一个我们至今尚未给予充分注意的原则:学生发展才是硬道理。

从这个角度看大学管理,市场化和大众化实在没有我们当初想象的那么糟糕。只是精英时代的大学管理思路需要改变,管理手段需要更新。

二

我对面坐的是国内某省教育厅的副厅长,他的两边是六位来自该省六所重点大学的学生事务主管。副厅长介绍了他们此行的目的:希望通过参观访问香港的大学,学习境外大学学生事务管理的先进经验。一番寒暄之后,我将学校和学生事务的大致情况给客人作了介绍,然后留下十多分钟时间请客人发问、讨论或提出意见。

一片沉默。

无奈,我只得有一搭、没一搭地找话说,希望至少有人会接上话题,有些互动。

还是一片沉默。

我开始有点狼狈了。只得转向副厅长:"那么您觉得香港的大学管理和国内是否有所不同呢?"纯属废话,我心里对自己说,"其实我也没有在大学负责过学生工作,所以还是请我们的处长们谈谈吧。"

还是一片沉默。

我办公室的同事看出我的尴尬，便站起来说："真对不起，今天安排的时间太少了。我们还要参观校园，所以讨论就到此为止吧。下面请程校长给客人赠送礼物。"

所有的人都松了一口气。真想把礼物赠给我这位机灵的同事！

作为大学的外事主管，我常常接待国内大学代表团，特别由大学校长或副校长带队的各种参观访问团。假如是二三十人的大团，我会作一个报告，将所有的时间都占了，至少不用担心冷场；但这种面对面的小团队却让人头疼。会碰上什么场面，你从来无法预料。当然，软钉子碰多了，也会引发一些联想。

想当年大学毕业留校，我除了当助教外，也兼职做了几年学生工作。要不是后来出国念书，今天的我也许就会坐在桌子对面，成为某大学的学生事务主管。回想自己在国内的大学教育，学术能力主要来自老师和课堂，而处世、为人、办事、说话等非学术的才能主要在课外生活中形成。再细分的话，课外生活大致有两部分，一是个人的社交活动，二是学校组织的活动，两者都离不开学校的大环境、大氛围。从这个角度来看大学，学生活动作为大学教育的一部分，其重要性不言而喻。

但大学的学生活动和学术活动有一个根本的区别。学术活动通过教学在课堂里进行。大学教授个个学有专长，教一门课之前大致知道自己要传授什么知识或技能、达到什么结果。从这个意义上说，学生在大学期间学术上的收获虽然不容易评估，但通过考核、论文等方式还是可以大致了解他们的学术水平。而学生活动就不同了。学生活动通常在课外发生，而"课外"这两个字已经将它的重要性先降了一级。再加上学生活动的可选性极大，比如宿舍生活、社团活动，有或没有与能否从大学毕业似乎关系不大。新学年伊始是学生辅导员或学生事务管理人员最忙的时候：迎新活动、学生社团、开学典礼、宿舍管理，等等，一件都不能少。但这些活动意义何在，我们一般懒得深究。用"只顾耕耘，不问收获"来描述其他行业多少含有褒扬之意，但用来形容学生事务管理，多少有点让人尴尬。

令人尴尬的不是学生活动的效果不尽如人意，而是常常太如人意。很多学生在大学期间参与学校活动的方式和程度往往会影响到他们今后在社会上和职场上的表现。以我在工作中所碰到的冷场为例，尽管可以找出许多不同的原因，包括带队的副厅长本身对下属的作风，甚至一些偶然的因素，如天气或者身体原因。但对国内大学学生事务主管的经历和背景略作考察便不难发现，大多数的学生事务主管来自大学时代的学生干部，而从他们在社交场合以至后来职场的表现中我们其实不难看到其学生时代的影子。尽管这样的说法不免以偏概全，但有些规律性的东西不容我们回避。

前不久中国人民大学副教授陈伟在其博客上发表文章《学生会，大学最阴暗的一角》[1]，在网友中掀起轩然大波。陈老师对学生会的指责是否公正全面可以商榷，但回应者提出的与此相关的各种怪现象却让人感到触目惊心。比如说，有网友这样描述某大学学生会的官场文化：[2]

---

[1] 参见 http://blog.sina.com.cn/s/blog_4acafcd70100t4uw.html?tj=1。
[2] 《学生干部成大学特权阶层　混学生会如混官场》，Sina 全球新闻，见 http://dailynews.sina.com/bg/chn/chnlocal/phoenixtv/20111103/19302890596.html。

学生会的办公室布置得和开人大、政协会议的主会场一样,台上以红旗为背景,中间放置本校学生会会旗、会徽。主席台上两排座位,每次开会都会放置席卡,团委老师坐中间,左右是主席,主席团、部长、副部长依次递减,台下为普通学生干部。

　　……

　　部分高校学生干部也慢慢地沾染上一些习气:把学生干部的服务职能当做权力,把老师、辅导员视为上司,把同学、社团干事当做自己的下级,进而把社会上的一套吃喝玩乐的作风、做派、心态带入到大学校园,带入到学生干部中。

这样看来,我在接待国内大学代表团时所遭遇的尴尬也许正是现行大学学生活动设计的一个必然结果。追根溯源,我们可以发现这样一个简单的轮回图:

$$官场文化$$
$$\Downarrow \quad \Uparrow$$
$$大学学生活动 \Rightarrow 大学毕业生$$

而官场文化的特点,一言以蔽之:唯上是从,等级森严。这种文化强调的是服从、听话。当领导在场时,你是随从,只有听话的份儿,没有说话的份儿;当随从在场的时候,你是领导,别人则必须听你说话。学生干部当久了,耳濡目染,习惯成自然,并将这样的行为方式带到职场。只要领导在场,说话的机能就自动关闭。有时碰上一些另类的领导,临时要求随从打开关闭的机能,便难以奏效,因为平时缺乏应急训练。

　　从这个角度看学生活动,说"种瓜得瓜,种豆得豆",还真不过分。比如说，我去国外大学念研究生时，已经历国内大学文化。初来乍到，每年都被美国大学校园里煞有介事、热闹非凡的学生政府（student government）选举"秀"搞得目不暇接。先是"政府"二字就让人惊悚，接着像雨后春笋般冒出的"党派"给选举平添一种乱象，而"党派"间相互攻讦则有时让人反感不已，有时让人忍俊不禁。直到后来在美国定居，置身于真正的选举之中，我才慢慢体味出校园选举背后所包含的意义。丘吉尔说过，民主制度不是完美的制度，但它是人类迄今所能找到的最不坏的制度，它能限制最坏的结果发生。我的体会是，选举是让人们对民主既恨又爱的原因之一，因为选举是通过一种"无序"的方式来寻求最终的"有序"，而人类对于"无序"的容忍有限。学生政府的选举其实就是给大学生玩的一种游戏，或一种练兵。学生政府的选举再乱也有限，不出校园，不会出人命，不至于引起社会动荡。大学四年，不管你是否参与选举，耳濡目染，你见识了"乱象"，学会了游戏规则。等日后进入社会，真正选举时，你早已阅尽"人间沧桑"，多了成熟，少了冲动。美国的选举，激烈，却不动荡，也许"游戏说"是一个解释。

从选举说开去，大学的学生活动作为游戏，实在是大学生进入职场与社会前的一场预演。从这个意义上说，学生的学术训练来自教室，人格形成则得益于课外活动。前者与一个国家经济与社会的发展休戚相关，后者则对其政治、文化和精神生活产生深远影响。近年来随着全球化与国际化逐渐渗入当代社会的各个领域，大学已经无法回避这样一个严峻的课题：如何帮助学生顺利地进入未来国际化的职场？从课程与教学的角度我们可以看到很多改革的举措，包括加强学生外语能力的训练，在通识课程中加入世界历史文化等方面的内容,鼓励学生到国外旅行或参与交换活动,等等。但训练一个具有国际知识的专业人才容易,培养他的国际视野并使他能在多元文化的环境中生存、发展直至成功却远非易事。常常在国际机场的候机厅内听到音频高出八度以上的普通话,也曾为金发碧眼的远方来客在中国受到远高于国人的待遇而感到愤愤不平。既不能简单地归结为政策失误,更不能动辄怪罪国人素质低下。宽容一点,我们可以将这样的现象看作管理者在国际化的环境中把握不了对内与对外的分寸或尺度的结果。假如我们可以这样推断,今天社会各行各业的决策人都是我们过去三十年大学教育的"产品",那么这些"产品"所欠缺的也许是一个小到在大学教育的全局中几乎可以忽略的小

加拿大麦吉尔大学不同肤色的毕业生身着礼服参加毕业典礼

节——和外国人打交道的机会。

而对于国内一般大学来说,校园里其实不缺来自五洲四洋的同学;缺的是和来自不同国家、民族的学生交往、游戏的机会。当我们组织的课外活动只用汉语,当外国留学生公寓还是远离一般学生宿舍,当外国学生只能在"国际学院"选课,我们所有在"国际化"的名义下所作的努力都只是缘木求鱼。我们的大学应该为未来国际化职场上的专业人才提供一个自然、真实,尽管是模拟的"国际化"的校园;在这个校园环境里我们的学生能够走近外国同学,了解其文化、习俗与思维方式,并进行非功利的、不含政治或经济动机的社交。试想,有过这样"游戏"经历的大学毕业生将来主管社会或企业的一方天地,何愁不能把握对外交往的尺度?

常有人自命潇洒,视人生若游戏。究竟有多少人能自始至终坚持游戏人生,我存疑,因为要嘴皮总比身体力行要难。但将游戏当成人生,或人生的预演,却是一件严肃得不能再严肃的事,而且要真正做到代价不菲。视游戏为人生的人,对人生深思熟虑、悉心规划、实战演习,为的是认认真真地走过全程。这样看来,天天将学生发展挂在嘴边的大学,实在没有任何理由轻视学生活动,因为这是学生成长中必不可少的游戏和演习。至于如何摆正学术活动与学生活动之间的关系,我的建议是:学术活动可以举重若轻,学生活动却必须举轻若重。

三

学生活动的轻重,其实不好把握。大学管理千头万绪,稍有疏忽,就成了"没轻没重"——这是我们南方人用来骂那些毛手毛脚、初出茅庐的年轻人做事不稳重的常用语。而学生事务管理人员在大学里尽管苦劳不小,但功劳却往往不大。究其原因,大致有二:一是学生事务作为一个专门行业,经验有余、理论不足;二是学生事务作为一个管理部门,即兴有余、规划不足。结果是,学生成功了,先感谢他们的教授;学生出事了,警察、媒体、家长、校方等"各方神圣"都会不约而同地聚焦到学生事务管理部门。这一点上,陈伟教授慧眼如炬,直指大学学生事务之时弊及其后果。但是,他提出的大问题下面有太多的子问题,搅在一起,基本无解。无解的问题,若只关乎理论,继续探讨就是了;但学生事务却是一个实际得不能再实际的领域。事关学生成长与发展,求解比一味地批评更加重要。"倒着向前走",就是我对这道难题的试解。

比如在学生管理方面,我们有很多习惯性的动作。开学伊始,我们为迎新忙得四脚朝天;学生搞社团活动,"皇帝"(学生)不急却急死了"太监"(大学管理者);宿舍生活,我们既当爹又当娘;食堂伙食,众口再难调我们也要去调。然而有趣的是,尽管我们的大学的管理者为手头堆积如山的工作忙得焦头烂额,却很少有人停下手来,静静地想一想:"我这是在干吗呢?我做这件事到底要达到一个什么目的呢?"假如您能稍微停一停、想一想,您一定会大吃一惊:原来我们忙着的很多事情居然毫无意义!或者说,有些事情,即使非做不可,您不参与,学生也会搞定,而且比您搞得更好。

有时,学生事务就是这么一个"意义"奇缺的领域。

颇具嘲讽意味的是,我们一方面"习惯成自然"式地管理学生事务,并不深究每一件事背后的意义;另一方面却给学生成长定了许多高不可攀的目标和期待,如公民意识、团队精神、领导能力、知恩图报、国际视野,等等。人们不禁要问:大学的所做和所求之间究竟是否有任何必然联系?

很多学生事务研究报告不无难堪地承认:有的有,有的没有。

图一是大学学生事务的一个简单流程。左边一列是我们的日常工作或所做的"功课";右边一列是我们对学生成长的各种期待;理论上讲,中间一栏是大学的一些管理机构,它们组织、管理或操作左边所列的各项活动,来达到右边所列的各种目标。

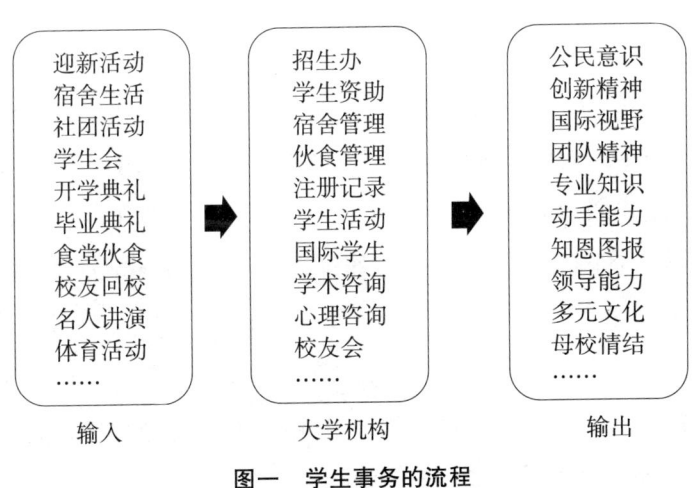

图一 学生事务的流程

这个流程的问题在于,连接两边的管理机构只是两个粗粗的大箭头,却没有一一对应地将管理部门的日常功课与大学生成长的目标加以连接。其结果是,为应付左边的活动我们忙得马不停蹄,却不知"意义"何在;右边的目标意义崇高,却流于抽象,缺乏操作性。

解决这个问题的方法之一是将图一中箭头的指向倒过来。我们先从输出端开始,确认想要达到的目的、得到的结果;然后将我们的所想所求在中间一列的大学机构中——落实;最后再通过各部门的工作规划来重新检视那些"习惯成自然"的日常事务,保持有意义的,删除无意义的。可以这么说,学生事务规划的过程就是一个寻求"意义"的过程,从需要什么样的结果,到设置相应的机构,最后考虑在输入端放些什么。有效的学生事务管理就是合理安排时间与资源,把精力集中在想要实现的结果上。

这样一个"倒着向前走"的模式,可以帮助我们解决在大学学生活动的组织上所面临的困境。我在前面提到接待教育厅副厅长的故事以及陈伟教授的批评,反映了当今大学教育两种可能的缺陷:一是我们的教育对学生在外事场合与人沟通能力的培养不够,二是我们的引导不当让学生在不自觉中沾上唯上是从的官场习气。不管哪种可能的缺陷在作怪,大学输出如此"产品"都不符合全球化时代对于具有国际视野、沟通能力和民主精神的人才的需求。

因此,假如我们将培养学生的国际视野或沟通能力作为学生事务的目的之一,那么我们可以先对"国际视野"的内容作出一些界定,如:帮助学生了解、熟悉他们即将进入的以多元化为主要特征的现实社会,帮助学生学习在多元化的职场生存发展的技能,等等,而这些目的的实现取决于我们是否能在校园里营造多元化的模拟社会和职场,并为学生在校期间创造机会去学习、演练这样的技能。比如说，我们的团委和学生会是否可以放手让学生自己组织活动，而不是越俎代庖组织好活动后逼着他们参加；我们也可以通过本地生和国际生之间的交往与融合来实现。从这个角度检视大学学生事务机构的设立，不难发现，学生事务办公室应该将其对学生活动的组织功能转换成辅导功能；宿舍管理部门应当检讨将国际生和本地生宿舍分开的做法，通过宿舍活动促进本地生与外国留学生的交往。而图一中间一栏大学管理机构的改革必然会导致左边所列的各项活动相应的调整。

"倒着向前走"的模式还可以帮助我们重新检视大学的校友工作。近年来随着大学资助结构的改变，政府投入的逐步减少几乎成为世界各国大学共同面对的挑战。因此，校友关系及其捐赠成为当代大学不容忽视一个重要领域。但是，学生毕业后是否捐助母校其实和他们是否富有之间并不存在必然的正相关关系。富有的校友对母校一毛不拔、不太富有的校友却有求必应，这样的实例屡见不鲜。很多大学通过调查发现，忠诚的校友不一定富有，但他们却一定是那些在校期间感受到母校关爱的学生。从这个角度看问题，大学可以将校友捐赠作为目的，但达到这个目的的手段却不是学校的发展部门能左右的。学生事务的管理直接影响到毕业生对于母校的忠诚和捐赠。

这点道理哥伦比亚大学花了很长时间才悟出，而且是在付出高昂代价之后。[1] 哥大以前是曼哈顿最大的地主之一，富可敌国，

---

[1] R. A. McCaughey, 2003, *Stand, Columbia: A History of Columbia University in the City of New York, 1754–2004*. New York: Columbia University Press.

多年来一直不愿意向校友募捐,也未将学校的发展和校友的贡献放在一起加以考虑。学校对学生宿舍生活不感兴趣,校园里餐饮与社交设施欠缺,学生在校生活除了上课、学习之外乏善可陈。结果是,本科生在完成学业后对校园没有感情,校友和母校之间的关系若即若离,历届学生回馈母校的比例在常青藤大学中叨陪末座。

直到1990年代哥大才开始转变思路。当他们将培养"知恩图报"的校友作为本科教育的目标之一,并以此倒推,重新设计实现这一目标的大学机构。在这个过程中,学校认识到,学生在大学的经验,直接决定了他将来对母校的贡献。"知恩图报"不是天生的,而是学校悉心教育的结果。因此,哥大开始把大学的筹资战略、学生的就学经验、情感体验以及未来校友的忠诚这几件事情放到一起去做,把回馈母校当作一种文化来培养。以此为目标,哥大设计了一个跨度为14年的学生事务管理模式(图二),包括本科四年学习和毕业后十年工作。这样,学生事务就不再是一个可有可无的管理单位,而是一个担负着和学校其他部门一起营造大学生本科经验的重任的必不可少的管理单位。每年录取完毕,学校的招生办、校友会、本科生院、学生事务办公室等各个部门一起组织迎新。进校以后学生在与教授和同学的交往中形成学术经验,与室友交往中形成宿舍经验,参与学生社团活动形成组织领导经验,与职场中的校友交往得到职业方面的经验和指导。毕业以后,校友会成为毕业生与母校联系的纽带,帮助他们在职场上发展、成功;而毕业生则通过校友会以各种方式回馈母校——有钱出钱,有力出力。

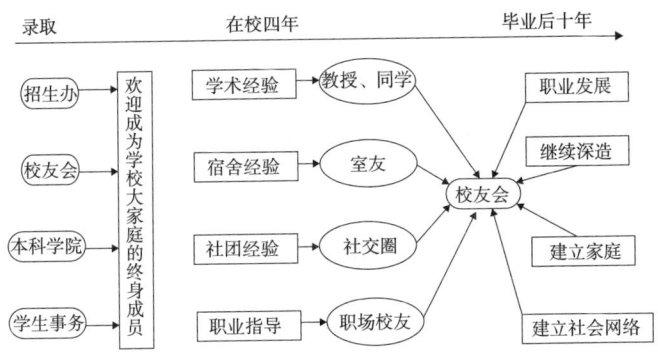

图二　从学生到校友：大学社区的演变

在短短不到 20 年的时间里，哥大在美国大学的排名已经从第十名以外跃升至 2010 年的第四名。这个成就之所以值得一提是因为《美国新闻与世界报道》的排名主要看本科教育，而哥大的提升学生事务的管理水平自然功不可没。在这里，学生事务不再是可有可无的课外活动，而是直接关系到大学的发展和声誉。

"倒着向前走"模式的一个关键词是规划。大学发展战略必须是一个综合性的长远发展规划，而学生事务规划则是这个发展战略中的一个重要组成部分。做规划并不难，难的是真正地改变思路，设计出以实现学生发展为目的的切实可行的路线图。以图书馆为例，以前我们以为图书馆是看书借书的地方，其实不然，今天的图书馆是学生的社交重地、小组作业（group projects）的必备场所；而社交和小组作业所培养的是学生的团队精神、领导才能。从这样的目的出发设计图书馆的功能，我们便不得不改变以前图书馆的一些功能，并相应增添新的功能。曾经有一位国内名牌大学的校长看了香港城市大学的图书馆以后说："我没有想到，香港这么小的地方，居然可以把图书馆办成这样。我们是国内一流的大学，但我们的图书馆直到今天借书都不方便，别说在图书馆里讨论问题、结交合作伙伴了。"按照香港城市大学的思路来设计图书馆的功能，学术事务和学生事务之间的鸿沟就消失了。唯有学生的发展才是大学需要关注的中心。

第九章
"十年磨一剑"的故事

一

以学生为中心的教育理念的兴起,尽管可以上溯到19世纪后期开始的进步主义教育思潮①或纳入建构主义的理论框架②,但这个观念在高等教育领域受到重视并得以实施,始于精英教育的衰微和大众化、市场化教育的滥觞。

传统的教学法将学习当做一个学生被动接受的过程,并将课程做成一个预设的教案向学生传递。在这个过程中,教师是学生取得知识的主要来源;前者只要将知识通过授课转移到后者那里,就能宣告教学过程的完成。在高等教育得以普及之前,这样的知识传授模式显然无可厚非。在精英型的学生群体中学习者

---

① 丁笑炯:《关于以学生为中心的教学理论与实践的反思——来自西方的经验》,《全球教育展望》2005年第11期,见 http://www.etc.edu.cn/articledigest36/guanyuyi.htm。
② 任友群:《以学习者为中心的建构主义学习环境的建构》,《教育科学》2002年第4期。

之间的差异相对较小，因而教师在设计教学项目时几乎可以不考虑学生的学术背景、学习方法与接受能力，更无需顾及学生在专业兴趣与职业取向方面的特殊要求。加上在精英教育时代，不管是在由政府投资的公立大学或是由基金会支持的私立大学，进入大学学习对于学生来说是一种特权，一种荣幸，他们完全没有"顾客"的感觉或"消费"的概念。由于教学的主动权掌握在教授手中，他们可以在学术自由的保护伞下任意驰骋，学术大师可以在研究学问之余随时与学生分享他们的研究心得，滥竽充数的教授即使教学效果不尽如人意也不必担心有人抱怨以至投诉。

如前所述，过去的半个多世纪世界上许多国家的高等教育都经历了一个由精英模式向大众模式的转变过程。高等教育的大众化彻底颠覆了大学师生之间传统的主从关系，而学生权利意识的觉醒更是将原本属于市场的消费主义引进校园。[①] 教师想教什么与学生想学什么的分歧开始显现，学生对于大学教育的期望值也随着学费价格的飙升而见涨。在为大学教育付出高昂学费之后，整个社会的关注点开始集中到学生的学习成效上。"老师讲、学生听"这样传统的教学方法或过程受到质疑，而国外"以学生为中心"（Student-Centered Learning, SCL）的教学理念开始受到关注。其实，东亚在经济起飞的过程中都痛感其文化中创造性元素的缺失，因而产生了从根本上改造其教育体制的迫切愿望。但中国、韩国、日本、新加坡等国家深受儒家传统影响，学生往往置集体的意愿于个人之上。与西方学生相比，他们在教育过程中更

[①] 程星：《国际化、市场化的大学及其质量评估：一个不对称信息的视角》，《高等工程教育研究》2012 年第 6 期。

多地表现出沉默、顺从和被动的倾向,而这种集体无意识行为在教学中的体现就是学生参与程度和意愿都远达不到西方大学的水平。

在这样的大背景下,学界试图通过改变传统的教学法,鼓励学生参与学习过程,以提高学习效果。事实上,创新教学、小组学习、带着问题学习、学生自我规范的学习等 SCL 的具体方法[①]的运用在西方大学已经实施多年,成功的案例亦不难仿效。在中国,启发式教学或调动学生学习积极性的各种举措亦已倡导多年。特别是改革开放 30 多年来,很多大学教授是"海归"或曾去海外进修,他们对西方大学以学生为中心的课程设计与教学方法,以及学生参与课堂教学的态度和学习的过程并不陌生。但是,作为教学方法,SCL 在国内大学的推行效果似乎并不理想,参与式、互动式教学至今未成为我们课堂的主流。相反,随着大学扩招和市场化,今天的学校规模越来越大,学生人数越来越多,结果是学生不仅成不了中心,还大有被边缘化的危险。面对如此现实,如果继续将 SCL 仅当做一种教学方法来讨论,我们的大学恐怕只会离学生这个中心越来越远。

二

2010 年"教育国际"与"欧洲学生联盟"两个组织在其共同支持的一个研究报告中跳出教学法的狭隘定义,对 SCL 作了一个

[①] A. Attard, 2010, *Student Centered Learning: An Insight into Theory and Practice.* Bucharest: Education International & European Student Union.

较为广义的界定:"SCL 允许学生选择适合自己的学习途径,他们必须通过积极参与教育过程以求学有所获。"① 这里所说的参与已经不是简单地参与课堂讨论或与其他师生互动。这是学生对于自己学习目的和专业方向的思考与界定,是他们为达到自己所选择的大学教育目标而绘制的路线图,也是他们在获得选择的自由之后所必须承担的责任。

至少在美国,大学对于这个宽泛的界定并不陌生;学生参与教育的过程从他们踏进校门的那一刻就开始了,那就是学生与大学之间通过学术咨询(academic advising)展开并持续其整个大学生涯的互动。美国全国学术咨询协会对大学的学术咨询做了以下阐释:"以实现高等教育的教学使命为目的的学术咨询,是涉及课程、教学法以及学生学习成果等一系列经过精心设计的互动。学术咨询在学生志向、能力和生活经历的框架内对学生的教育经验进行综合与分析,帮助学生将学习延伸到校园和大学生涯以外的时空。"② 我念博士时的老师克里默教授对一般大学的学术咨询从目的到内容作了如下总结:学术咨询的目的是学生学习与个人发展;这与其他方式的教学完全等同,包括课内与课外。就咨询的方法而言,用的是启发式和互动式。咨询实施的情境是在学校现有的教学与政策环境下帮助学生实现其潜能与目标。咨询的重点是全人发展。咨询的内容应根据学生特点进行学术

---

① A. Attard, 2010, *Student Centered Learning: An Insight into Theory and Practice*. Bucharest: Education International & European Student Union, p. 9.

② National Academic Advising Association, 2006, "NACADA concept of academic advising," URL: http://www.nacada.ksu.edu/Resources/Clearinghouse/View-Articles/Concept-of-Academic-Advising-a598.aspx.

指导与生涯规划。[①]

学术咨询和我们所熟悉的大学辅导员制度有着本质的区别。网上有人对中国的学生辅导所做的总结[②]，可以与美式的学术咨询进行对照。辅导员是学生思想政治工作的骨干力量，专职从事学生思想教育和行为管理工作。辅导员的工作职责包括：(1) 对学生进行思想政治教育和日常行为管理；(2) 抓苗头、抓倾向、抓规律、抓骨干、抓后进；(3) 关心爱护学生，经常深入学生宿舍、教室、食堂、晚自习等；(4) 积极组织学生参加校、系、部（处）组织的各项工作和活动。

由此可见，学术咨询和学生辅导两者都是大学对学生进行指导或咨询的重要机制，但其目的与功能却大相径庭。学术咨询重在学生的"发展"，而学生辅导则重在校方的"管理"；前者的主动权在于学生，而后者则在校方；前者要求学生参与自己的教育过程，而后者则假定只有校方才知道如何帮助学生成长。

学术咨询之所以在美国大学占有如此重要的地位，得益于美国大学开放式的课程与专业设计。一般学生进入美国大学时并不直接进入系科或专业，而是在大学的第一年甚至第二年接受通识教育或修读核心课程。于是，大学时光的前一半就成为学生在学术的天空自由翱翔的时间。这样的自由对于刚从家长和中学老师的呵护下解放出来的大学新生来说是福也是愁，有兴奋却更

[①] D. G. Creamer, 2000, "Use of theory in academic advising," in Gordon, V. N. Habley, W. R. & Associates (ed.), *Academic Advising: A Comprehensive Handbook*. San Francisco: Jossey-Bass, pp. 19–20.

[②] 百度知道（2006）："大学辅导员工作职责"，见 http://zhidao.baidu.com/question/7677248。

多的是困惑。英式传统的住宿学院里师生同吃同住的情形已不多见，而整天为研究经费和出版奔波的教授们纵然爱生如子也分身无术了。这时，学术咨询就成为学生与教授，与系科、学院之间必不可少的桥梁。

我们知道教授及其科研事关重大，一味地要求他们将时间分给学生可能只是缘木求鱼。而通过增加职业导师、加强学术咨询来帮助学生排忧解难，既能为教授分担辅导任务，又能为学生提供一些学术大师未必胜任的非学术方面的咨询，何乐而不为呢？再如当今学生关注职业发展，而浸淫学术的教授们未必对就业市场有所了解，何谈为学生提供指导？因此，将大学的一部分资源投入职业指导当是明智的选择。面对全球化的就业市场，大学通过发展学生交换计划为其创造机会留学国外，更是当今很多大学国际化策略的一个重要部分。而这些举措都不需要占用更多的教授资源，唯一需要的是以学生为中心的考量以及与此相适应的资源再分配。

其实，尽管学术咨询在美国大学实施多年，但大学生的校园生活毕竟不是单元或平面的，它涉及太多的方面与内容。为此，一般美国大学的咨询机构种类繁多，让人眼花缭乱。比如说，美国大学常见的一些咨询包括：教授导师（所属机构：学院、学系）、系科/专业协调员（所属机构：学系、专业）、专职（非教授）导师（所属机构：学生/学术事务处）、新生导师（所属机构：学生事务处）、学生事务/活动导师（所属机构：学生事务处）、宿舍导师（所属机构：宿舍管理部门/学生事务处）、就业/实习导师（所属机构：就业指导中心）、心理咨询师（所属机构：心理咨询中心）、同学导师（peer advisor）（所属机构：学术事务处），等等。问题是，正处于青春期的大学生进入一个开放式的大学环境后，他们面临的各种困惑大多无法分门别类，更不用说对症求医。于是乎，大学围绕学生成长设计的咨询系统有时反而成为他们健康成长的障碍，就像多功能遥控器的设计，本意是为顾客提供方便，结果由于功能过于复杂，难以操作，反而给顾客造成不便。因此，以学生为中心的讨论之于今天的美国大学，早已从理论的层面转向实践的层面，而学术咨询机制的设计与改造则是许多大学管理者不得不面对的棘手课题。

总而言之，大众化和市场化已经彻底改变了当代大学与学生之间传统的教与学的关系。假如说"以学生为中心"的诉求在过去还仅是一个与教学法有关的理念，那么在今天也许更多的是作为"顾客"的学生对于如何充分利用大学时光、如何提高学习效果以至如何规划未来职业生涯的呼唤。这是当今大学教育中一个挥之不去的主题，也是与教学、教辅和行政三大群体都密切相关的一个结构性的管理课题。

关于以学生为中心的研究和讨论早已汗牛充栋，因此再添一篇可有可无的文字实在意义不大。但是，我在哥伦比亚大学工作的十多年中从头到尾地参与了该校学术咨询机制的设计与改造工程，并在其中主持研究工作。我想，将这个漫长、有时是痛苦的改革过程与读者分享，也许能为中国大学的改革提供一些经验与借鉴。从个人的角度看，至少我这十年的辛苦可以多一分收获。

三

哥伦比亚大学是美国一所著名的私立大学,多少年来,以其众多的诺贝尔奖获得者、顶级的教授队伍和著名的核心课程享誉高教界。但由于位于大都市,很多学生选择在校外住宿,享受城市生活。结果是,与同类大学相比,校方对于本科生的校园生活缺乏重视,也没有致力于住宿学院的建设,因此学生与大学社区的关系若即若离。连本科学院的院长都抱怨,哥大简直就像是一所走读大学![1] 其实在该校的历史上,的确曾经有人主张将本科教育从大学剔除,只留研究生,以便教授们更好地专注科研。[2]

美国大学历来重视学生与大学社区的融合,特别是私立名校,在建设学习与生活一体的住宿学院方面可谓不遗余力。所以,像哥大这样"以教授为中心",在私立名牌中实属罕见。因此,1990年代初当时的新校长上任之时提出大学应当以本科教育为中心,在校园里犹如一石激起千层浪。在这样一所顶尖的研究密集型大学里,每一位教授都是行业里的大家。仅仅为了保住在学术界的地位,教授们拿出百分之一百二十的努力都不算过分。现在校方要求他们参与本科学生的日常学习与生活,阻力之大不难想象。为了增加学生与教授之间的互动,校方开始推行教授导师制,规定每一位教授必须指导若干本科生,定期与他们见面,

---

[1] A. Quigley, 2002, *Columbia College: A Time of Transition.* Internal document.

[2] R. A. McCaughey, 2003, *Stand, Columbia: A History of Columbia University in the City of New York, 1754-2004.* New York: Columbia University Press.

为他们排忧解惑。结果是，师生第一次"亲密接触"之后双方都心知肚明，未必再有下次了。

带着第一次失败的教训，校方开始建立以宿舍为单位的学术指导系统，试图在学生宿舍引进教授和非教授专职导师结合的学术咨询队伍，以加强学生与教授、大学之间的联系。这个系统的原型当然是英式的住宿学院，并加入现代元素，即非教授专职导师参与学术咨询。问题是，尽管这个系统为参与的教授提供免费住宿，但因宿舍有限，不可能有很多教授加入。而专职导师由于缺乏训练，除了为学生提供一般生活指导外，很难在学术上有所帮助。

经过这两次失败，本科生院的新任院长聘请了一位高等教育专家，就如何在哥大建立以学生为中心的本科教育问题进行咨询。专家在其最后的咨询报告中提出三点意见：首先，要求教授在如此繁重的研究工作之余担任学生日常学术咨询既不合理也不现实；其次，要在哥大提高本科教育的质量，并建立以学生为中心的本科教育体系，必须增加非教授的专职导师，加以培训，以担当起学生与教授—系科—学院之间的桥梁；最后，必须在学院增加常任的院校研究人员，收集学生数据，为本科教育的改革与质量的提高提供管理资讯。

在接下来的十年里，哥大的本科学院以学生的学习与校园生活为中心，围绕学术咨询进行了一系列的改革，成效显著。尽管人们对于各种大学排名及其可靠性见仁见智，但哥大在这十多年的进步却是有目共睹：它在美新杂志的大学排名榜上直线上升，目前已经成为美国口碑最好、也最难进的几所大学之一。

四

　　为了在哥大实现以学生为中心的本科教育,本科生院根据专家意见,将学术咨询制度的建立与完善作为突破口。这种选择是基于非常现实的考虑。尽管哥大作为私立名校,本科学生规模远低于公立大学,但要求教授担任导师已属强求,何况经过"市场"洗礼的学生(及其家长)对于大学生活的要求、对于专业方向的考量以及对于未来职业生涯的规划等许多方面的问题的想法,远非学术领域的教授们所能应付。于是,顺应美国一般大学的做法,在本科生院建立能够满足学生要求的综合性学术咨询机制便成为唯一的选择。

　　哥大学术咨询机制的建立与发展经历了三个主要阶段。

　　第一个尝试是建立以年级为单位的咨询中心。之前在试行以宿舍为单位的学术咨询系统时,学校有关人员对学生的经验和反应作了认真的收集和研究。他们发现,学生对于自己年级的忠诚度远大于他们对宿舍的认同,因为哥大著名的核心课程要求同一年入学的学生修同样的课程,而经过前两年的"捆绑式"修课经验,同年级学生即使在进入专业后依然有着许多共同的兴趣与追求。事实上,哥大学生毕业后每逢五年回校参加活动,年级是毕业生与母校的连接点。基于这样的考虑,学院决定将原来以宿舍为单位的咨询系统改为以年级为单位的四个咨询中心,每个年级中心都由专职导师组成,并对导师就那个年级学生的课程内容、专业选择、教授队伍等各方面进行培训。比如说,对一年级咨询中心导师的培训重点放在迎新活动与核心课程等方面,而二年级咨询中心的导师则必须对所有的本科专业了如指掌,以便能够帮助学生在完成通识课程后选择专业。在校园生活方面,这两个中心的导师担负着帮助初入校门的新生适应大学生活的艰巨任务。

为了查验以年级为单位进行咨询的效果,我主持设计了一个年度的在校学生问卷调查,对本科生活的方方面面进行数据收集和分析。学生对于年级咨询中心的反馈意见便是这个调查的重点之一。数据分析表明,年级咨询中心得到学生的认同和赞许。事实上,很多学生在入学后就和一年级咨询中心的导师建立了良好的关系,有的甚至成为无话不谈的朋友。但出人意料的是,恰恰是专职导师与学生之间成功的互动成为咨询中心继续发展的最大障碍:不仅导师与学生之间比例失调(1:400),使得咨询时间受到严格限制,而且学生抱怨他们与年级导师刚刚建立起来的关系不得不在进入下个年级时从头开始。校方对问卷结果反复斟酌,发现大学前两年学生的要求有相似之处,而进入专业后三、四年级的学生亦有共同之处。于是,他们决定将年级咨询中心合并成前两年中心与后两年中心,希望学生与导师的关系起码能够持续两年,也使得导师的专业知识能够相对专业、集中。

哥大在学术咨询方面改革的初衷是为了重建以学生为中心的本科教育并应对研究型大学里渐行渐远的师生关系。然而,通过一年一度的问卷调查,学院在得到学生对于学术咨询改革的赞许的同时,亦收到更多的批评、指责和建议。此时,正逢分管咨询的副院长另有高就,本科生院院长决定借此机会对学术咨询的改革进行一次回顾与总结,并就未来的组织结构作进一步的调整。他为此次行动定下的目标是:为本科生的成长与发展创造一个畅通无阻的学习环境。

和以往一样,大规模的数据收集与分析是此次行动的前奏。院长聘任了一位管理咨询专家和我一起,对过去的问卷调查数据进行整理分析,并收集新的定性和定量数据以填补现有数据中的空白。具体来说,这次数据收集来源于下列四个方面:一是基准研究,即通过电话访谈对同类大学的学术咨询进行调查,并对过去近十年通过同类大学数据分享协会得到的问卷调查数据进行横向比较;二是学生调查,即对过往年度学生问卷调查数据作进一步的分析,并邀请学生领袖作小组访谈,了解他们对学术咨询的看法和建议;三是对管理和咨询人员访谈,意在通过对现任专

美国哥伦比亚大学的开学典礼,现场众多国旗显示了哥大的国际性

职导师的访谈了解他们的看法和意见，同时也征求与本科教育有关的所有管理部门人员的意见；四是对校友顾问委员会成员访谈。

行文至此，我不能不对哥大坚持以数据为决策基础的做法作一点说明。这种做法的特点是民主、明智。民主的决策代表尽可能多的人的利益，因此也较不容易受到反对者的挑战；此法的明智之处在于，如果决策者能够明显地感到反对意见对自己推行政策的威胁，那么通过数据采集和分析等较为民主的决策过程能够有效地抵御反对派的攻击。但是，民主的决策方法也有很多缺点甚至危险，效率低下当然是最明显的缺点；但此法最大的危险在于，数据有时会不听话，而分析的结论更可能与改革者的初衷背道而驰。因此，我给有意效法哥大进行类似实验或改革的大学管理者的忠告是：千万慎重，除非你作好了打一场持久战的准备。当然了，和在华尔街投资一样，投入越多，风险越大，潜在的收益也相应更高。前面提到哥大在排名方面的突飞猛进，可以为证。

通过大量数据的收集、整理和分析，哥大对于以学生为中心的本科教育有了新的理解，也更加明确地认识到在当今研究型大学中学术咨询作为学生与教授之间的桥梁，其作用举足轻重。比如说，通过基准研究，他们发现多数同类院校采取教授与非教授专职导师合作进行咨询的模式。而学生对于选择怎样的咨询模式虽然并不太关心，但他们知道要什么：他们希望得到更多个别的关注，比如一对一的咨询和指导；希望四年大学有同一个专职导师；希望专职、系科、就业等不同部门的导师在提供指导前应有所协调；希望在学业发展、专业选择和职业生涯等方面都能得到专业的指导。而校友顾问委员会成员都是哥大的毕业生，对于学术咨询有切身体会。因此他们希望看到"一站式服务"（one-stop shopping）的咨询中心，改变各个咨询中心散居校园的现状；他们建议增聘专职导师，降低导师与学生之间的比例，并希望加强学术咨询与职业咨询两个单位之间的沟通，以帮助学生尽早开始人生与职业规划。

因此，在权衡各方利益和整合现有资源后，哥大对学术咨询中心作出以下的调整：（1）合并年级咨询中心，并将办公地点集中在一处，形成"一站式服务"；（2）每一个本科生有一个专职导师，四年不变，将导师与学生的比例降到1:150；（3）建立咨询领导小组，由学生事务与学术事务主管共同领导；（4）通过各种途径让学生参与到咨询过程中去，比如个别咨询、小组咨询，并以年级为单位组织活动，如迎新活动、如何选专业讲座、就业咨询活动；（5）建立网站或email咨询。

耐人寻味的是，我前面警告效仿者必须作好打持久战的准备，还真不是随便说说的。哥大的学术咨询改革从建立以年级为单位的咨询中心，到合并为前两年中心与后两年中心，一直到最后建立一站式服务的咨询中心，前后居然花了八年！

五

在大众化和市场化的形势下，特别是在研究密集型的大学里重提以学生为中心，管理者需要远见、胆识和卓越的管理才能。以学生为中心仍然有关教学法，但并不只关教学法，甚至不应过于强调教学法。因为比课堂教学更加重要的是学生的学习、成长和发展，而后者几乎包括了大学生活的方方面面，以致延伸到大学之后的职业生涯及其人生规划。所以，哥大选择学术咨询作为以学生为中心重建本科教育的突破口，意义重大。

哥大的案例赋予"以学生为中心"这个流行的口号以艰涩的实践内涵。在这里你没有高调可唱，也没有捷径可行；有的只是不胜其烦的教授、永不知足的学生、顾此失彼的职业导师和无所适从的大学管理者。改革的路上每一步都充满荆棘，而成功的喜悦也许要到校友毕业二十年后的聚会上才能见到，而且这样的"成果"无法量化。因此，今天大学的管理者在采取任何改革行动之前必须想通这个口号背后的理念，即学生的全面发展，必须将咨询纳入大学本科教育，使之成为学生大学经验的一个不可分割的部分。不然的话，他们没有充分的理由在对有限的教育资源进行分配时为学术咨询注入足够的资金。

哥大的案例还为院校研究在当今大学管理中所起的作用做了最好的注脚。为了找到一个合适的咨询模式，他们在数据的收集、整理和分析方面可谓不遗余力——用"上穷碧落下黄泉"来形容当不为过。哥大虽然平时就注重数据的积累，但在面临如此重要的改革项目时还是有点"书到用时方恨少"的感觉，因此难免"急来抱佛脚"，需要临时收集更多的数据。其实，从领导的角度看，哥大校方之所以如此看重数据分析，除了希望设计一个更加合理的咨询机制而外，也不排除试图通过数据来减轻自己所必须承担的政治风险。试想，在这个牵一发而动全身的改革项目里，一改再改的阻力实在不轻，没有数据说话，谁服？

最后一个细节：校友顾问委员会成员自始至终参与了咨询机制的设计和改造。他们的参与除了为校方提供其亲历的大学体验和具有针对性的建议外，还有一个原因在于，学院领导清楚地知道，以学生为中心，代价不菲。想要降低导师与学生的比例，增加专职咨询人员需要钱；想要实现咨询的"一站式服务"，装修办公地点也需要钱。所以，校友的慷慨捐赠是改善学生大学体验、实现以学生为中心的理念的必要前提。从管理的角度看，与其在需要用钱时才向校友开口，不如从一开始就邀请校友参与改革的过程。这样校友捐助的是他们自己的项目，而不是别人想要却与他们无关的项目。

第十章

大学教育与职业生涯

一

今天的在校大学生毕业之后将在一个全球化的经济体中生活、在多元化的职场里工作、在充满流动性的社会环境下生存。他们中的很多人将面对来自世界各地的客户、协作单位或竞争对手,会和不同民族、语言与文化背景的人共事,也有可能离乡背井,到一个完全不熟悉的地方短期或比较长期地生活和工作。这时,他们在大学所学的知识和技能仍然是他们进入专业领域的前提,但应该不是他们职业生涯能够顺利发展的保证。

其实在大学里,至今有那么一些老派的教授,他们最反感的一件事就是将本科教育与学生职业发展挂钩。不信,你可以到哥伦比亚大学的网站上去找找他们为学生提供职业咨询的办公室的名称——Center for Career Education(职业教育中心),而其他大学类似功能的办公室一般简明扼要地称为 Career Office 或 Career Center(比如杜克大学、康奈尔大学、普林斯顿大学)。其中的玄机何在呢？据说因为哥大教授对于学校为学生提供职业咨询，或者说白了是找工作，太过反感，因此校方只得作出妥协，将找工作的功能从办公室名称上姑且隐去，加上"教育"二字。潜台词是：我不直接帮学生找工作，但将职业发展作为大学教育的一部分，总没错吧？

错虽然没错，但问题并没有解决。大学既然设立职业咨询办公室，总得想清楚这个办公室的目标或是使命吧？可这里起码涉及三个问题：一是大学是否对学生的职业发展负有责任？假如回答是肯定的话，那么，大学对学生的职业发展负有什么样的责任？最后，什么样的大学教育能够影响到学生的职业发展、如何影响？

将大学教育与学生的职业生涯挂钩应当是一件比较危险的事。比如说，今年的《福布斯》杂志将毕业生中担任世界500强公司CEO的大学排名，哈佛大学再次登上榜首。[1]但是，哈佛最著名的两位CEO——微软的比尔·盖茨和脸书的马克·扎克伯格偏偏又都是从哈佛退学后才成就大业的。哈佛敢将他们这两位准校友的职业生涯与其大学教育挂钩吗？另一方面，社会上关于大学毕业生的技能与社会需求不相匹配的抱怨不绝于耳。2012年5月，法国政府一家就业机构Pôle Emploi的调查显示，法国在就业年龄的人口中失业人数高达290多万人（10%），但同时有43%的法国公司抱怨找不到高水准的工程技术人才。[2]

---

[1] Susan Adams, "The Universities That Produce The Most CEOs", URL: http://www.forbes.com/sites/susanadams/2013/09/25/the-universities-that-produce-the-most-ceos/.

[2] François de Beaupuy, "A Skills Mismatch Makes French Unemployment Worse." URL: http://www.businessweek.com/articles/2012-07-19/a-skills-mismatch-makes-french-unemployment-worse.

在中国,大学生就业难已经成为政府、社会与大学必须共同面对的难题。有人将大学生找不到工作归咎于20世纪末开始的大学扩招,好像少一点毕业生就业问题就不会这么大;也有人批评高校专业设置与市场需求脱节,好像只要高校将专业对准市场问题就迎刃而解了。这两种观点的前提都是将大学的功能定位在培养就业市场所需的所谓"人才"上。但有意思的是,只要稍作检索你就会发现,社会对于"人才"的定义完全是见仁见智,并没有统一的意见。假如我们连"人才"是什么都搞不清楚,那我们又怎能要求大学为我们提供所需的"人才"呢?

放眼世界,可以毫不夸张地说,各国政府都面临着如何理顺大学教育与社会经济发展之间的关系这个世纪难题,也都在努力地根据自己的国情设计教育改革方案。比如最近二十多年来欧洲在高等教育领域实施的一个最大的改革计划便是博洛尼亚进程(Bologna Process)。该计划的目标是整合欧洲国家的高教资源,打通教育体制,让"博洛尼亚进程"签约国之间实现学分、学历和学位的相互承认。而高等教育一体化或欧洲高等教育区的建成,最直接的目的就是让未来的大学毕业生可以毫无障碍地在任何欧洲国家寻找就业机会。

欧洲人以博洛尼亚进程为框架所作的大学教育一体化的努力,目标远大,气势恢宏;但是,这种改革的功利化倾向也非常明显。尽管博洛尼亚进程将提升教学质量作为改革的主要目标之一,但对教学内容是否需要改革、如何改等问题却语焉不详。相对而言,这个改革方案似乎更加注重学位制度的改革,即要求签约国家将学位体系由二级改为三级,即学士学位6个学期,只需三年,再读两年,便可获得硕士学位,然后还可攻读博士学位。实行学士硕士制的好处是,学生在拿到学士学位后很快就能进入社会开始工作。

这种通过缩短大学教育时间来帮助学生尽早就业的做法效果如何呢?《光明日报》驻德国记者在最近的一篇报道中提到:

> 德国大学联合会主席对媒体谈到,"博洛尼亚进程"还存在很大缺陷,比如让大学生尽快结束学业的指导思想是错误的。社会和企业需要的是有个性的人才,而不仅仅是一般的毕业生。学生也抱怨说,由于学期时间缩短,学业安排得过于紧凑,使很多学生感觉时间太短,内容太多,因此也几乎没有时间勤工俭学……由于学业压力大,学生几乎不可能腾出一个学期的时间做实习或到国外学习,而实行新体制的初衷之一其实是与国际接轨,便于德国学生到国外学习交流。虽然六个学期可拿到学士,并掌握一定专业知识,但在很多学科上还不能满足行业的需要,企业对三年出来的学士学生满意度也不高,认为他们与原来学制下的学生相比缺乏创造性和独立完成任务的能力。[①]

我们虽然不能将这段来自德国的对于博洛尼亚进程的批评当成对整个改革计划的评估,但其中透露的信息值得深思。看来将大学教育与就业挂钩,良好的动机却不一定直接产生良好的效果。学校的课程与就业市场的需求之间毕竟不是一一对应的简单关系。以旁观者的观点看,在欧洲大学间推动学制的统一和衔

---

① 柴野:《"博洛尼亚进程"在德国10年看利弊》,《光明日报》2012年8月16日。

接的简单化固然重要，但教育改革的重心似乎更应该放在教学内容和教学方式上面。这一点香港的大学改革似乎走了一条和欧洲截然相反的路。

二

2012年秋，经过十年的准备，香港的大学从沿用多年的英制（三年制）改为美制（四年制）。毋庸讳言，这多出来的一年大学肯定会增加政府的教育支出。为了改制，香港政府在2008/09年度对大学教育资助委员会作了大量一次式拨款，由2009/10年度至今的五年里，政府对大学教资会的拨款亦增加了大约30%。[①]但是，香港的大学反博洛尼亚进程之道而行之，确实是吸取了美式教育体制中一个突出的优点，即将大学教育的重点从专业学习移到学生素质的全面提升。"三转四"对于学生来说最直接的变化是通识教育将成为本科生教育的重要组成部分。香港城市大学教授A. Reza Hoshmand认为，社会瞬息万变，学生不应该仅仅着眼于本专业的知识，而忽略其他知识领域的学习："我们觉得学生应该具备更宏观的视野，才能掌握社会脉搏，响应身边环境的变化。"[②]

与欧洲大学通过博洛尼亚进程来缩短学制、贴近就业相比，香港的改革似乎有点不合时宜。但香港人如此决绝，事出有因。

---

① 梁天卓：《财爷有否应使则使？》，《信报》2013年7月24日。见http://cwm-grouphk.blogspot.hk/2013/07/blog-post_5674.html。
② 《城大通识课改制迎三三四》，《星岛日报》2008年10月6日综合报道。见http://edu.sina.com.hk/news/3/4/1/15494/1.html。

比如说，2012年12月13日的《南华早报》商业版有一条似乎很振奋人心的消息："香港有望成为世界第一金融中心。"① 文章援引伦敦一家经济与商业研究中心（Centre for Economics and Business Research, CEBR）的报告指出，香港有望在2015年超过伦敦、2016年超过纽约成为世界上最大的金融中心。报告预测，2015年香港将有24.8万个金融服务业的工作机会，而同样的工作在伦敦将是23.7万个。自从2008年金融危机以来，香港金融界的工作机会增加了12%，而伦敦则减少23%，纽约减少10%。但是，这个报告没有提到的是，由于香港的就业市场对全球开放，当这些跨国金融机构招聘的时候，他们并不是非要从香港本地搜罗人才。相反，更多的时候这些公司宁可从他们的伦敦或纽约本部调人来香港，或在全球人才市场公开招聘。只要政府一天不把工作签证和移民的大门关上，香港的大学毕业生就不可能保证自己能够成为这个未来世界第一金融中心的受益者。当然，假如政府真想关上移民签证的大门，香港的金融中心地位也就随之消失了。

从这个角度看香港"三转四"的改革，我们看到的是远见而非近利。为了提高香港的大学毕业生的竞争力，在政府的支持和资助下，香港八所公立大学借转制的机会大力推动国际化，不仅努力招收外国学生，增加在校学生群体的多元化，而且政府和大学都投入大量资金鼓励学生去海外交流。需要一提的是，香港的

---

① Jenny Yu, "Hong Kong on track to become top financial centre," *South China Morning Post*, Thursday, 13 December, 2012. URL: http://www.scmp.com/business/banking-finance/article/1104322/hong-kong-track-become-top-financial-centre.

大学推行的海外学生交换计划（Student Exchange Programme）与美国大学的海外游学计划（Study Abroad）有一个根本的区别。每年五、六月份假如你到意大利罗马、佛罗伦萨或是法国巴黎等地方旅游的话，你会听到满街的美式英语，惊叹欧洲的旅游胜地一夜之间被美国大学生占领；但美国大学盛行至今的这种所谓海外游学，其最大的特点是，不管学生去了哪里、去了多少地方，他们完全无需学习当地的语言，更不必与当地人打交道。换言之，在他们的美国教授带领下，学生只不过是选了一门教室位于另一个国家（而且这个国家往往是在欧洲）的课。

相比之下，香港的大学竭力推行的交换计划则有点玩真格的了。首先为了争取到一所名牌或理想的大学交换的名额，学生必须通过严格的筛选过程。去一个陌生的国家和大学，交换生必须在对方大学起码待满一个学期，适应当地的生活，选满规定的学分，得到过关的成绩，而且带回的学分必须得到自己大学的认可。显然，对于学生来说，海外交换学习比游学难度要高得多。对于大学来说，交换计划的代价也比游学计划要高很多。美国的大学大多通过海外游学联盟（Study Abroad Consortium）来安排学生海外的游学活动。这种联盟通过收取一定的佣金来为大学生提供海外学习的机会，省却美国大学很多行政上的麻烦。然而，香港的大学却没有这样的联盟可以依靠，所以每所大学除了和海外大学一个一个地签订交换合作协议而外，别无选择。更令人无奈的是，大学间交换项目的谈判就像是找对象，大家都想门当户对，更想攀龙附凤，所以谈判者个中艰辛，旁人难以想象。为了这样的谈判，我近年来几乎跑遍世界各大洲，还得专找比自己排名更高的大学上。有一次和同事开玩笑说,我当年追女孩子都没有现在这么辛苦,更没有被如此频繁地拒绝过。同事笑我在吹牛,只是借机暗示自己当年得手有多容易。

香港的大学如此辛苦地推行交换计划,还有一个难言的苦衷。1842 年《南京条约》签订以来,英国并未在香港的高等教育方面有多大建树,直到了 1980 年代快要离开时才如梦初醒似的开始关注本地的高等教育。香港大学虽有一百多年的历史,但其使命一直是为殖民政府培养公务员,因而从来就不是一所研究型大学。香港科技大学 1991 年成立,标志着香港的大学正式开始向研究型大学转型。为了提高大学在国际上的学术地位,香港政府在 1990 年代后期出台政策吸引海外优秀人才到香港的大学任教,并开始通过各种奖助学金吸引来自中国大陆、东南亚和其他海外的学生来港就学。直到 2005 年,香港政府经过多年踌躇,才终于将录取非本地学生的上限提高到 20%。反观香港的竞争对手新加坡早在 1990 年代初就积极开始招收外国学生,因此作为海外留学的选地,新加坡早已是很多国家有志出国的高中生的选项之一;而香港的起步就晚了起码十年。记得有一次我访问东南亚一所著名的中学,宣传香港的大学。我刚讲了一个开场白,就看到台下有人举手。一个女孩站起来,怯生生地问道:"我们都知道新加坡的大学是美国之外最好的。难道香港的大学还能比新加坡更好?"我无言以对。

既然招收高中毕业生来港念书任重而道远,那么努力扩大交换计划就成为大学国际化,特别是学生群体多元化的捷径。通过交换计划,双方大学互免学费,大大降低了海外学习的成本,使得家境贫寒的学生也能成行。大学每送出一个学生，就能接收同样数目的国外学生来到香港，使得那些由于种种原因难以出外交换的学生也能接触到来自世界各地的同龄人。加上香港的大学不设任何形式的留学生宿舍，只要愿意，我们很多学生都能在四年大学期间有机会与外国学生同住、同学。

推行交换计划还有一个额外的收获，那就是学生英语能力的提高。尽管由于历史原因，英语的普及程度在香港已经远远高于中国大陆或韩国的大学，但香港大学生的母语毕竟是粤语，加上回归后香港政府在"母语教育"的幌子下在中学用粤语教学，造成学生英语水准的下降。对此，香港城市大学张隆溪教授的观点极为精彩：

> 作为一个国际大都市，香港社会使用英语相当普遍，本来有很多学习英语的优越条件，然而正当内地大力推展英语学习之时，香港却要丢掉自己已有的优势，退缩回去用广东话教学，在我看来实在是下策。所谓"母语"不过是一个带感情色彩的比喻，谁会反对讲自己母亲说的话呢？可是还有另一个有名的比喻是"语言的牢房"，谁又愿意一辈子住在一个牢房里，不愿走出去领略一下大千世界的无限风光呢？[①]

张教授在这里没有将母语的学习与英语学习对立起来，而是将学好英语看作是打开一扇面向大千世界的窗口。很难想象，在

---

① 张隆溪：《一毂集》，复旦大学出版社2011年版，第70页。

当今全球化的经济体系里,一个具有国际化视野的大学毕业生可以不具备起码的外语交流能力。因此,学生的外语能力既是他们个人综合素质的体现,也是他们进入未来就业市场的一项重要技能。当今高等教育界的诸多改革之中,确有很多是以大学毕业生的就业为目的的。从这个思路来看,香港的改革走的是一条"曲线救国"的道路。表面看来学制增加一年给那些急功近利的学生及其家长拖了后腿,但只要学生能充分利用大学提供的通识教育和海外交换等机会,努力提高自己的职业素养,那么时间会证明这个改革的价值。

四

其实大学教育与职业生涯之间到底是什么关系,不仅社会人士没有完全想清楚,有时连大学自己也会犯迷糊。每年夏天当毕业生涌向就业市场时,媒体就开始拿大学说事了:此事中外皆然,虽然提出的问题以及提问题的方式中外有别。假如说香港的大学毕业生是否具有国际视野和英语能力,直接关系到香港未来是否能够保住其世界第一金融中心的地位,那么,近年来让美国社会各界的有识之士忧心忡忡的是,美国的大学毕业生是否具有人文和科学等各方面的综合素质,而这个问题直接关系到美国能否继续保持它在世界上超级大国的地位。纽约大学的阿鲁姆教授和弗吉尼亚大学的罗克萨教授在他们合著的一本新书经过大量数据分析发现,在批判性思维、复杂的推理和写作能力等方面大多数美国学生经过大学学习后进步甚微或完全没有进步;唯一在这些方面学有所获的学生来自传统的人文与科学专业（Liberal Arts），而这些技能或素质的缺失直接影响学生的就业。[1]一个权威机构的调查数据表明，半数的雇主表示在最近几年的大学毕业生中找不到合格的人可以聘用，[2]而这种抱怨是在金融危机之后、失业率接近10%的情况下发出的，不能不让人惊悚。

同样是担忧大学生的就业问题，美国人既没有像欧洲人那样试图通过缩短学制来方便毕业生尽早就业，也没有像香港人那样试图通过海外交换来提高毕业生的职场竞争力。在审视大学教育的时候，美国人关注最多的似乎并不是大学所设的专业或所教的技能如何与学生的职业发展接轨。原因很简单，因为他们早就意识到，大学所能教给学生的知识也许永远也赶不上现代社会知识更新的速度。正如克林顿时代的联邦教育部长理查·赖利所言："我们（的大学）正在培养的学生必须能够进入那些目前尚不存在的职业，运用目前尚未发明的技术手段去解决那些我们至今尚不认为是问题的问题。"[3]而且，由于美国大学系统的层次比较分明，那些希望尽快就业的人们完全可以在上千所以职业教育为办学使命的社区学院里找到自己想学的专业和技能。因此，美国社会对于四年制本科教育的"拷问"更多时候集中于这样一个问题：对于受过教育的人，特别是受过良好教育的大学毕业生，

---

[1] Richard Arum and Josipa Roksa, 2011, *Academically Adrift: Limited Learning on College Campuses*. Chicago: University of Chicago Press.

[2] Jon Meacham, "What Colleges Will Teach in 2025: America must resolve the conflict between knowledge and know-how." *Time*, September 26, 2013. URL: http://nation.time.com/2013/09/26/the-class-of-2025/.

[3] A. Delbanco, 2012, *College*. Princeton University Press, p. 25.

是否有一些书是必读的、有一些知识是必备的？[1]

正是在这里，美国人显示了他们对于大学本科教育独树一帜的思考。在他们看来，通识教育就是每一个大学毕业生所必备的职业素养。唯一值得进一步考究的是，大学是否应当假定某些"核心"知识的存在，因而指定学生一些必读的书和必修的课，还是应当假定学生首先必须掌握获取知识的方法，因而更加强调学习中的主动参与。前者以哥伦比亚大学的"核心课程"（Core Curriculum）为标识，而后者则更加普遍地贯彻于多数大学通识课程的设计之中。

可以说直到1945年二战结束之前，大学都是一种相对比较单纯的机构，即为未来社会培养精英。因此，当哥伦比亚大学教授在1919年一战结束后开始设计"现代文明"（Contemporary Civilization，简称CC）的新课时，将西方古典思想传统和著作作为重点，要求学生熟知以欧洲为中心发展起来的文化传统和精华。教授在挑选必读书目时注重作者的历史地位、作品思想的持久的重要性以及作品引发思考与争论的能力。[2] 经过九十多年的千锤百炼，"现代文明"这门核心课程今天仍然是每一个哥大毕业生必修的，其必读书目包括了圣经、古兰经、柏拉图、亚里士多德、奥古斯丁、马基亚维利、笛卡尔、霍布斯、洛克、卢梭、亚当·斯密、康德、马克思、达尔文、尼采、杜勃伊斯、弗洛伊德，等等。这个"核心课程"的模式到了芝加哥大学就演变成以"西方

---

[1] Jon Meacham, "What Colleges Will Teach in 2025: America must resolve the conflict between knowledge and know-how." *Time*, September 26, 2013. http://nation.time.com/2013/09/26/the-class-of-2025/.

[2] 程星：《世界一流大学的管理之道》，北京大学出版社2011年版，第138页。

世界伟大名著项目"（Great Books）为标志的"芝加哥模式"。①

这种以"核心"知识为基础设计的通识教育课程在当今全球化的世界、多元化的校园中难免遭遇尴尬。就上面这张必读书单而言，除了杜勃伊斯，其余皆是"死了的白男人"（dead white men）。这在大学的精英时代毫无问题，但对于今天校园里的少数民族学生、国际学生以致追求国际化教育的白人学生来说就显得过于狭窄了。但要在这张书单里包罗万象，不可能，也不必要。事实上，哥大从1947年就开始在核心课程中开发出非西方的通识教育课，从最初的"东方文明"（Oriental Civilization）、"东方人文"（Oriental Humanities），到后来的"主要文化必修课"（Major Cultures）。这些非西方的核心课程作为"现代文明"和"文学人文"的补充，试图帮助学生认识各文化与文明之间区别，了解各文化间的相互联系、交互影响和平行发展。尽管如此，要在多元化的校园环境里就什么是知识的"核心"达成共识，委实不易。

有鉴于此，今天美国的大学在安排通识教育课程时较多采用分布性模式（distribution requirement），课程种类相当宽泛，按学术领域分类。学生需要从这些规定的领域中自由选修一定的学分以满足修读要求。这样的通识教育课程旨在增加学生在专业以外的知识，扩展他们的视野。而很多大学在通识课程的教学方法上力求有针对性地提升学生的求知技能和批判性思维，如研读文本、课堂讨论、做读书报告（presentation）、写作等。范德

---

① 程星：《世界一流大学的管理之道》，北京大学出版社2011年版，第137页。

堡大学（Vanderbilt University）的通识教育采用分布性模式，但校长泽波斯（Nicholas Zeppos）也非常强调学生掌握基础知识的重要性。对他来说，基础知识和批判性思维是通识教育的两大基石。① 因此，范德堡要求学生在一些非常广泛的领域里选必修的核心课程，但哪些课程构成"核心"则是学生必须作出的选择，而不是学校选好了让他们来执行。这个过程对学生来说有风险，因为他们必须为自己的选择负责，为自己营造的知识结构负责。

事实上，自从2008年金融危机爆发以来，美国的失业率一直居高不下。2013年的大学毕业生面临着失业率为7.6%的就业市场。相比之下，2007年的毕业生走向就业市场时失业率仅为4.7%。② 令人深思的是，面对如此严峻的就业形势，2013年9月26日出版的《时代》周刊的重头文章"2025届毕业生"中连"就业"或"职业"这样的词几乎都没有出现。相反，作者讨论的问题是，大学应当如何安排通识课程，才能有效地将未来社会必需的知识和能力传授给学生，才能对得起纳税人和家长付出的高昂学费。一向以为民请命为己任的记者们不仅没有因为2013年大学生就业的困境而责怪大学教育，相反还不无谅解地指出："虽然失业率时高时低，但近年取得学士学位的毕业生在就业市场上还是优势尽显。一般来说大学毕业生的失业率低于8%的全国总

---

① Jon Meacham, "What Colleges Will Teach in 2025: America Must Resolve the Conflict Between Knowledge and Know-how." *Time* September 26, 2013. URL: http://nation.time.com/2013/09/26/the-class-of-2025/.

② Lynn Stuart Parramore, "Class of 2013: All Dressed Up and No Place to Work". *AlterNet*, June 10, 2013. URL: http://www.alternet.org/education/college-graduates-and-unemployment.

体水平，也远低于教育水准更低的群体。"① 难道美国社会对于大学在帮助其毕业生职业生涯的发展方面没有任何期待，还是他们对于大学教育的结果有了更加成熟的想法？

我倾向于后者。没有期待是不可能的，但由于大学教育的普及，今天美国大学的毕业生也许根本就没有把自己当成"专业人士"，于是在就业上就少了所谓"专业对口"的期待，当然也就无法将找不到合适工作的气撒到大学头上了。这就解释了为什么美国人经常就大学教育问题发牢骚，每年都会出几本书将大学批得一钱不值。② 但是，这些批评者怪老师不好好教，怪学生不好好学，怪大学管理不力，却很少怪大学课程与就业市场不够匹配；他们知道后者作为一个问题基本无解。原因如前所述，一是大学根本无法在有限的课程时间里帮助学生面对未来全球化、多元化职场无限的可能性；二是大学现有的专业亦无法应对学生将要从事的"目前尚不存在的职业"。与其以大学教育之有限来应对未来职场之无限，不如将精力放在培养学生的综合素质方面，使他们将来能够以不变应万变。在这一点上，美国人的通识教育思想似乎颇得佛教禅宗思想之精髓。

---

① Libby Sander, "In New Graduates' Unemployment Rates, That Predictable 'Summer Surge'," *Chronicle of Higher Education*, August 13, 2013. URL: http://chronicle.com/article/In-New-Graduates-Unemployment/141093/.

② Richard H. Hersh & John Merrow, *Declining by Degrees: Higher Education at Risk* (Palgrave Macmillan 2006); Derek Bok, *Our Underachieving Colleges: A Candid Look at How Much Students Learn and Why They Should Be Learning More* (Princeton University Press 2007); Andrew Hacker, *Higher Education?: How Colleges Are Wasting Our Money and Failing Our Kids—and What We Can Do About It* (Times Books 2010).

有趣的是,国内的有识之士也已经意识到这一点,只是他们在表达方面仍然没有摆脱"大学→就业"这么一个思维定式。比如说,有人提出"职业素养"这么一个概念:"职业素养是高校毕业生就业必备的素质,不仅包括较强的专业技能,还包括职业规划、职业态度、职业行为、职业道德、职业适应能力等各方面素质。"他们批评高校"在学生培养中,更多地注重了专业知识学习,而在某种程度上忽视了学生职业素养的提升"。[①] 文中列举了各种由于职业素养的缺失导致的问题,包括人际交往能力的薄弱,缺乏敬业精神,缺乏诚信,以及组织管理常识、社会交往规范、职业角色转换、团队意识、沟通协作等不同层面的知识和能力的明显不足,等等。可这些所谓的"职业素养"在我看来并不仅仅是一个人求职时才需要具备的素养。难道这些不是任何一个受过教育的人,特别是受过良好教育的大学毕业生所必备的素养?我自己作为一个部门主管,也面试过很多求职者。在我邀请一名求职者面试时,我对于他的专业知识和能力已经基本没有问题;面试的目的就是对应试者的综合素质进行考察。一个受过良好教育的大学生,他的举止言行中透露出来的教养、自信、谦逊、性情等,不是职业指导办公室里能培训出来的。陆放翁对他儿子的告诫"汝果欲学诗,工夫在诗外",说的就是这个道理。

行文至此,我忍不住想和读者分享一个也许和本章的主题不那么相干的故事。故事的主人公是我在哥伦比亚大学工作时认

---

① 宋占新、王蕊:《破解大学生就业求职"软肋" 培养职业素养》,《光明日报》2013 年 9 月 26 日,见 http://theory.people.com.cn/n/2013/0923/c49166-22999210.html。

识的一名清洁工人。每天下午5点左右，加克·菲利帕奇（Gac Filipaj）总会来到我的办公室，先将小垃圾桶和回收桶倒干净，然后用吸尘器将地毯仔仔细细地清理一遍。有时他会停下和我聊几分钟。这是一个身材矮小、胡子拉碴的中年人，操着带有浓重东欧口音的英语，说起话来常常眯着眼睛，一脸憨笑。日积月累，他身世的碎片在我心中慢慢地聚拢，形成完整的故事。菲利帕奇来自南斯拉夫，1992年为了躲避家乡的战乱来到美国，因为不会英语，只能干各种粗活。2000年成为哥伦比亚大学的一名清洁工，在我工作的这层办公楼一干就是好几年。2010年我离开哥大来到香港，这位曾经天天见面的朋友，就像生活中许多其他过客一样，消失了。

2012年5月的一个早晨，我照例打开电视收看美国国家广播公司（NBC）的晚间新闻。①突然，一个熟悉的面孔出现在屏幕上：那不是菲利帕奇吗？原来他再过两天就要从哥伦比亚大学毕业，成为古典文学专业的本科毕业生。我揉了一下眼睛，没有看错，就是他。可他经常和我聊天，却从未提过在念学位啊！这时在网上，关于菲利帕奇的故事已经是铺天盖地，几乎每一家重要的报纸和新闻网站都报道了他的事迹。原来52岁的菲利帕奇当年之所以成为哥大的清洁工，就是因为学校工作人员可以在业余时间免费修课。12年来，在完成白天的工作后，他除了上课就是闭门苦读。对一个从未正式学过英文的人来说，在哥大攻读古典文学专业的本科学位意味着什么呢？就像让一个靠自修学了一

---

① URL: http://www.nbcnews.com/video/nightly-news/47363120#53060961.

点中文的老外进入北大中文系古典文学专业，啃屈原的《离骚》和《天问》。这需要多大的毅力！

您能想象我现在最好奇的一件事了吧。我真想知道菲利帕奇是否还在我以前的办公楼里打扫卫生。假如您在招人，菲利帕奇会进入您的候选名单吗？

访谈录之四：事无巨细话管理

中西方文化的差异有各种不同的表现方式，其中就数在菜谱上的表达最为传神。西餐菜谱将作料的投放精确到几克、几勺，而中餐菜谱中的"少许"、"适量"则将烹饪中的玄机阐述得淋漓尽致。这种差异在当代社会科学研究，特别是教育研究领域尤为突出。比如说，在美国高教研究界对统计数据的痴迷已经到了"无数据无论文"的地步，而国内大多数的教育研究者至今热衷于仰望星空式的哲学思辨。其实两者间本无高下优劣之分。对于数字背后的意义毫无感觉的定量研究与缺乏实证数据的长篇宏论同样让人感到厌倦，更无法为行业中的实践者提供任何有益的指导。

在国内高教界用数据说话说得最好的，我的朋友王伯庆当之无愧。作为一家第三方教育数据咨询和评估机构，伯庆和他的"麦可思"团队从收集大学生就业数据着手，通过多种自主开发的电子问卷调查系统，定期大规模地为高校从招生录取、新生期待、大学经验到就业跟踪等各个方面进行数据采集、分析、比较和评估。这种用"科学"（或者，更严格地说是准科学）方法研究和管理大学的专业公司,全国至今独此一家,别无分店。更有意思的是,伯庆从来不以高教专家自居,而是屡屡地以高教研究的外行自谦。有时我想,也许没有进入高教研究这个圈子,才是他成功的秘诀。他不想,也没空在实证和思辨的怪圈中徘徊,更无意研究任何远离尘俗的哲学命题。他有一种使命感,一种责任心。他的研究也许对很多大学赶超"一流"或"名牌"没有太多的帮助,但他公司的"产品"将大学和学生连在一起,将学生和职业连在一起,最后又将职业和大学连在一起。连接的工具是数据,而且是未经思辨("调味品"?)加工的、原汁原味的数据。伯庆对于高等教育问题的思考不是通过思辨来表达,而是通过研究项目的设定以及问卷中的选题来呈现。研究的意义尽在不言之中。

我这厢还在为伯庆数据为本的研究所取得的突破欣喜不已,他却悄悄地又出一招,创办了一份名为《麦可思研究》的杂志。除了辟出一部分版面分享他的数据分析之外,杂志将大量的空间留给了日常的,甚至看似琐碎的高校管理话题。这些话题之前一直为定量和定性两大阵营的专家所不屑,或因缺乏学术含量而被正襟危坐的高等教育研究杂志拒之门外。但正是这些貌似琐碎的话题,让他那些连篇累牍的数据活了起来,也给大学日理万机的校长们、院长们提供了实战的案例和凡人的智慧。

伯庆在公司创办伊始,邀我做他的学术顾问。我毫不犹豫地答应了,后来却发现是为了一个错误的理由。我原本以为他想"利用"我多年"玩弄"教育数据的背景,谁知他却盯上了我在美国从事大学管理的经验。于是乎,每隔一阵我就会收到他公司那帮才女才子们的电话,让我就一些大学日常管理问题发表意见,经整理后刊载在《麦可思研究》上。时间久了,这类访谈居然也积了一堆。文章本身虽然没有多少学术含量,但我希望大学管理者,特别是那些想借鉴一流大学管理经验的人们能够从中得到一些启发;幸运的话,或许还能捡到一些经过实践验证的应急招数。

战略规划事关大学的生存与发展

麦可思:现在国内大学在战略规划上投入很多的精力和资源,但目的似乎并不太明确。您觉得问题在哪里?

程星:这是一个很有意思的现象。在计划经济时代,大学由政府统一拨款、管理,那时他们并不需要做什么战略规划,因为一切上面已经都规定好了。那时即便有什么规划要做的话也是遵照上级的指示对今后工作的安排。我不能排除现在有些大学及其上级机构还在习惯性地做这样的作业,但今天的大学面临的却是一个市场化的、充满竞争的环境,因此大学是否具有真正的战略眼光和规划从某种程度上决定了他们是否能在激烈的竞争中生存并发展。

麦可思:您觉得国内大学在做战略规划时应该考虑哪些因素?

程星:大学首先应当为自己在地方、国内以至全球范围内找到合适的定位。由于体制关系,国内的大学都是由上级单位从行政上作了定位,而且他们的管理和资源分配也基本与之匹配。然而,真正的战略规划需要同时从学术、市场、行政这三个角度对大学进行定位,实际做到这样的综合定位并不容易。大学从自身的角度出发，可能有很多一厢情愿的想法；但事实上大学在地区、国家乃至整个世界上所处的位置，评定标准往往在别人手里。

比如行政定位。有些大学在政府眼里是地区性的大学，但他们却不愿意在战略规划中承认这一点。承认了，就等于承认了自己的弱势；任何一个大学都不会作这种自杀性的定位，而是会想方设法抬高自己。但这种提高别人会不会认可呢？对国内大学来说，最大的问题是政府认不认可你。政府认可意味着分到更多资源，否则无论如何定位也无人理睬。我们制定战略规划最尴尬的就是你想怎么定位自己和别人怎么定位你，这两者之间的差别有时候很大。地位越低的大学问题就越突出。

麦可思：可这并不是战略规划的长久之计。

程星：对。这只是一种自娱自乐，自说自话。其实，你提这个问题非常重要，因为我觉得现在很多大学战略规划不成功，最后都变成了"作秀"。大学作秀的目的就是为了提高自己的地位，争取更多的资源，争取更大的市场。而对政府而言，如果他认真的话，就应当听取大学的意见，支持大学的创新，并在制定政策时考虑大学的感受。如果他不是很认真呢，也可以配合作秀，大学该做什么战略规划就让他们去做，做完了以后往书架上放就是了。所以，我觉得战略规划这件事情有些无奈，大家都花很大的力气做，没有一所大学敢说我不做战略规划。但是怎么做？做的目的是什么？做完了以后是不是真正有用？这些问题肯定特别普遍。尽管我没有搜集过任何数据，但我猜想大概绝大多数的战略规划做完了以后，都是束之高阁，没有人很认真地对待或实行。

麦可思：这种定位也会造成学生的困扰，他们可能在报考时获得的信息与自己进入大学后的感受不符。

程星：这个问题很重要。你在做战略规划的时候可以把自己说得天花乱坠，但是最终当你面对学生、面对家长的时候，你必须告诉他们为什么要选我这所大学，而不是其他大学。这个问题以前在高等教育精英时代是不存在的。那时候是卖方市场，大学能收留你就是一个天大的恩惠。但是现在我们的教育走向大众化以后，买方有很多选择，所以每一所大学都会面对这个问题，就是当我告诉学生你要报我这所大学的时候，我不得不告诉他，这个大学究竟和其他大学有什么不一样。事实上，顶尖大学和一般大学在做战略规划时，侧重点有很大差别。

对于顶尖大学而言，用《红楼梦》里的一句话可以形容，就是"大有大的难处"。他们要做的战略规划、要考虑的问题和（精英大学）圈子外面大学要考虑的问题不完全相同。顶尖大学要考虑的不光是怎么去吸引几个学生的问题，还要考虑大学和学科的可持续发展问题。比如说某个学科的某个大师现在已经80多岁了，接下来这个学科该如何继续。这些都应该是战略规划中的一部分，否则等到你的大师全离开你的时候，你顶尖大学或顶尖学科的光环可能就永远消失了。对于其他99.9%的（非精英）大学而言，将自己与其他大学进行区分并显示其特色也许更加重要，因为你必须告诉政府，为什么要分配资源给你，告诉学生为什么要选择你，你的学科和其他大学究竟有什么不一样。假如你不能在学科特色上有所进展或突破，光凭吹牛，一两次别人还相信你，但他们不可能永远相信你。

麦可思：可是中国的大学校长在任不过一两届，或许没有动力考虑那么远。

程星：其实不管美国也好中国也好，每个校长都有任期。不可避免会有校长想，五年以后这所大学不关我的事了。但是我相信对于一个比较有远见的大学管理者来说，学校未来的发展是一个每时每刻都在折磨他的问题。

麦可思：国内大学如何在现有的条件下做一些努力呢？

程星：我之前做战略规划的经验是在美国。我觉得美国的大学对于各种各样的数据搜集非常重视，为什么呢？必须承认，人的工作态度不一样，有的认真，有的糊弄。但是，如果我们能建立一个制度，对每一年大学各方面的数据进行搜集，那么我们在工作中的随意性就会减低，我们的领导说话时就要多一点底气。不幸的是，国内很多大学平时工作当中缺少这么一个机制，也缺少这么一种意识，所以并没有把大学发展的轨迹用数据方式存储下来。当你需要做一些战略性的规划，甚至改革的时候，手里没有任何数据，随意性就大大增加，有效性就降低了。假如我们的同事在做规划时一时还无法看到一件事情的意义，那我们是否先参照别人的做法，将一些基本的数据踏踏实实地搜集回来。即使现在并不知道有什么用，但当你积累到一定程度回头来看时，数据会帮你解答很多问题。如果这项工作你现在还没有开始的话，亡羊补牢尽管聊胜于无，还是会有遗憾的。

另一件事，国外做得比较多，而国内不太常见，就是请外面的人来帮你做战略规划。这类似于医学界的会诊。当医生看到一个疑难病症甚至不太疑难的病症时，为了要确认自己对这个病的判断，他会把同类的专家从不同地方请来进行会诊。这就是咨询。以大学为例，有时候校长想推行一项改革，但他自己不好说，那么他可以让外面的人说，这是一个策略。更多的情况是，一个大学的管理者与大学现状离得太近，很多事情看不清楚，让外面的人来看看，能够作一个比较诚实的判断。

对于大学管理者而言，一个最不容易突破的心理障碍就是：我在这里已经待了20年了，难道不比这些刚来了两天的人更了解这所大学吗？对，你这话没错，但那个待了两天的人所见到的恰恰是你这个待了20年的人所不容易见到的。因为很多事情你已经习惯了，而他没有习惯，因此他进来以后也许能够看到一些你没有看到的东西。所以，我觉得如果要帮助大学提高管理水平并做好战略规划的话，可能引进一些外面的咨询会是比较好的策略。找外人并不是因为他对你的大学了解，恰是因为他对你的大学不太了解；正因为他不太了解，他有没有新观点都是一件好事。没有新观点更好，这说明原来你所做的规划或判断是正确的，否则你就需要作出调整。

绩效考核如何才能有效？

麦可思：近年来一些高校推行教师绩效考核制度的改革，引起了学校内部的反弹，也引发了大众的关注。因为高校自身的特殊性，绩效考核的方式是否真的适合大学教育这个特殊行业？如果适合，绩效考核制度的制定过程中，到底考的是什么？哪些层面该考？哪些层面不该考？哪些层面可考可不考？您在美国高校工作多年，是否碰到类似的问题？

程星：对于绩效的考核与问责在美国大学已经实行多年。一般分为两个方面：对内推行绩效指标（performance indicator）及其考核，对外实行问责制（accountability）。对内的考核是大学日常管理的一部分，每年对员工表现加以评定，并将升职涨薪与其表现挂钩；而对外的问责一般涉及州立大学，因为他们必须对州内的纳税人和州议会负责，并按照他们的要求提供学校的问责报告。其实，问责也好，考核也好，并没有一个固定的模式。由于美国大学的特质，学校有很多自主权，因而他们更多的是自行其是，各校根据自己不同的情况采用不同的方式。因此，在大学实行绩效考核，也许问题并不是说这个事情该不该做，而是该怎么做。

推行绩效考核制度，国内大学和国外大学最大的区别可能在于：国内大学的管理体制是自上而下的，大学都是由教育部统辖，所以他们在推行考核制度的时候也倾向于采用统一的标准，由上面来制定方针，下面具体执行。在这种情况下，用国外大学的经验来比对，往往比较困难。

比如说美国大学在推行绩效考核时，虽然必定会遇到阻力，但是由于他们在管理上享有较大的自主权，所以各个学校会经过一些尝试，找到比较适合自己的考核方式；他们执行考核制度的过程中也常常引起争论，但比较容易针对自己的问题找到独特的解决方案，不必事事寻求上级批准。我知道国内某些大学在推行绩效考核制度的时候，特别是这个制度和工资待遇挂钩的时候，问题会比较尖锐。这时如果学校领导没有一定的自主权，那么他们除了执行上级指示而外基本束手无策。

麦可思：香港城市大学或哥伦比亚大学在发展的过程中是否也面对过同样的问题？在这个问题上都做过哪些尝试？

程星：你提到的这两所学校很有意思。哥伦比亚大学是一所顶尖的私立大学，而且有悠久的历史。这个特点决定了这所学校的管理相比其他一般大学都要独立得多。在这里，董事会是学校的最高权力机构，任何制度的推行都要根据董事会的意愿行事。我在哥伦比亚大学工作多年，据我所知，哥大从来没有正式推行过绩效考核制度，特别是没有在行政或教辅人员中进行考评。但是没有推行并不说明它不做考核评定，哥大教学人员升职涨薪的评定以严格著称。比如说，一个助理教授为了取得终身教职，必须过五关斩六将，其职称评定的过程当中自始至终都贯彻着大学对他的科研与教学质量的评判，外加行政或者社区服务方面的表现。这种评定是全方位的，而且结果非常严酷。一名新的助理教授入职后，学校一般会在第三年对他做一个初评。如果他的科研或其他方面不合格就会给予警告；如果没有改善，大概等不到六年（一般在第六年时学校会评定是否授予终身教职 tenure）就会请他走人，所以这是非常严酷的事情。但这样的考核都是专业同行间的考核，与行政主导、统一标准的绩效考核还是有区别的。

香港城市大学则不同。作为一所公立大学，它时时受到纳税人的监督，并需要对为自己提供资助的政府负责，因此通过推行绩效考核来展示其业绩顺理成章。当然，和所有的改革一样，推行绩效考核，特别是将个人表现与其工资待遇挂钩，一定会损害一部分人的既得利益，后者也必然会出于自身利益而进行抗争。所以最近这两年学校为推行绩效考核的确产生了很多矛盾与分歧。

麦可思：任何考核方式的出台都可能会面临抵制情绪，在说服大家接受这个方案的时候，如何让新绩效制度成为大家认可的制度。有没有什么好办法解决？

程星：当然有。当你在推行一种新的制度时，遇到阻力是必然的。遇到阻力以后，其实我们做得最多的一件事情就不断地回头去征求各个方面的意见。一次一次地开会论证，一次一次地找各方面的人员沟通，一次一次地听取他们的意见，又一次一次地进行调整。整个过程是一个妥协再妥协的过程，因为没有一个领导愿意看到他所推行的政策受到大多数的反对，当然也没有一个领导能够设计一个新的制度，轻而易举得到大多数的认可。我想这就是所谓的民主吧。其实民主是一个效率很低的手段，它需要你不断地回过头去争取各种利益团体的支持，在各个层面上征求他们的意见，了解他们的想法。领导者必须通过不断调整来尽可能地接近大多数人的利益诉求。任何大学要推进绩效考核制度的话，大概都会有类似的经历吧。

麦可思：您认为高校制定绩效考核方案时，能否借鉴企业人力资源管理中成熟的绩效考核经验，使高校绩效考核更成熟更全面？在操作层面上有没有这方面成功的先例可供参考？

程星：所有的绩效考核，一开始都是从工商界引进的，所以这个概念本来就是一个商业概念。如果从科研与教学的性质出发，大学根本不会实行绩效考核。比如说一项研究成果，也许需要花费20年的时间，也可能花两年；一篇文章如果投到一个比较高规格的杂志，可能需要等上三年才得以发表。所以在这种情况下，对教授科研的考核本身就难以制定统一的标准。这就是为什么哥伦比亚大学能不做绩效考核尽量不做的原因。

那为什么其他大学特别是美国的公立大学，包括香港的公立大学，要推行绩效考核呢？因为公众、市场、纳税人等各方面的"利益相关者"要求大学显示其绩效，显示投入的资金和各种资源是否得到有效的利用，而绩效考核说到底就是大学向他们的"利益相关者"汇报工作、展示成果。从这个角度看，设计一个新的绩效考核制度必须从大学的使命与特点出发，切忌统一标准、一刀切。比如说，在一个研究型的大学里对一个教授的所有的工作进行评定，你必须对他做所工作的各个部分给予一个权重，以此体现大学的使命和对教师的要求；而权重分配恰恰是设计绩效考核制度过程中最具争议的一个方面，非常难以达到两全其美的境地。比如说，很多公立大学采用40∶40∶20的权重分配，即将一个教授工作40%的权重放在研究上，40%权重放在教学上，还有20%放在服务和行政方面。这个比例是不是公平，是不是合理，必然仁者见仁，智者见智。特别是当这个系统和教授的收入挂钩以后，你可以想象，要做到让大家都满意该是多么的不容易！

大学校长的遴选

麦可思：什么样的人适合校长这个职位？

程星：在美国大学学习工作 20 多年，多次得以近距离观察美国大学校长的遴选过程。正如美国大学各不相同，校长遴选也因校而异，因而旁观者难免有雾里看花之感。大致说来，当代美国大学在选校长时比较关注五个方面的问题，也可以称作标准。尽管州立大学多少会受到州议会和州内政治的影响，但无论是公立还是私立，大学在遴选校长的标准方面似乎呈现出一种趋同化的现象。

首先，大学希望找一个有声望的人，包括学术的声望、社会的声望、其他各种各样不同的声望。这种愿望不难理解，往小处说是满足人们对于名人的尊崇以至好奇，往大处说也是希望通过名人担任校长来提高大学的声望。

其次，近年来美国大学在选校长的问题上有一个非常强烈的要求，即寻找一个特别能筹款的人。事实上，筹款早就成为当代美国大学校长所担当的最重要的工作之一，没有哪个学校能够回避这个问题。

第三，找一个很有管理能力的人。这里的管理能力，主要是指熟悉大学管理。比如大学里的一些学院的院长，如果他们做得很成功的话，很快会被一些大学看中，聘去做校长。做一个好的院长，可以说是爬上校长宝座的一个很重要的台阶。

第四，关注人际关系（networking）。美国的大学是一个网络，人脉关系广、人缘好的人自然比较容易受到别人的关注。当大学考虑校长人选时,这样的人得到提名的几率就比别人高许多。美国的很多大学校长当初自己并没有申请这个职务,而是有人主动来找他的。为什么会有人主动找上门来呢?因为相互推荐是美国大学选校长常用的一种方式,而只有广泛的人际关系才会被推荐。

第五,注重学术能力。尽管大学校长一般来说都来自学术圈子,但学术能力作为唯一或重要标准的情况却并不多见。美国的大学中由学术带头人(比如诺贝尔奖得主)来做大学校长越来越少。换言之,一般大学并不把校长和学术带头人这两种身份放到一起去考虑。

麦可思:如何找到合适的人选?

程星:美国大学招聘校长一般有三种方式。首先,公开招聘。美国大学里任何一个即便非常普通的职位都必须用公开招聘的方式寻找合适人选,校长当然更不能例外;但公开招聘并不等于公开选拔。很多学校采取的其实是公开提名、秘密选拔相结合的方式。

第二,近年来,越来越多的大学选择在猎头公司的帮助下选拔校长。用猎头公司选校长虽然比较贵,但近年来选校长的过程越来越复杂,大学必须面对来自各方面的要求与压力。在这种情况下,用专业的猎头公司来做这件事看上去比较公正,也较能服众。

美国有不少专为教育界服务的猎头公司,他们常常聘用那些退休的大学校长和院长做顾问,以扩大公司的业务网络与可信度。猎头公司看中一个候选人后会竭尽全力地劝说他去学校应聘。除了因为他们认为这个候选人能够胜任、学校也能多一个选择机会之外,反正候选人到学校面试的机票由学校买单,因此他们找的人越多越好。通过猎头公司,学校对其需要人才的选择范围会大大地扩展。这也就是猎头公司特别流行的原因所在。

第三种方式也很有意思,就是相互推荐。美国人特别愿意推荐他们的同行。只要他们认为某人行,即使与被推荐人素昧平生也乐于举荐。即便是大学里一般的中层管理职位,美国人也会打电话找朋友,朋友再找朋友,就像一个网络一样,全体动员起来。这种内部推荐很常见。我在美国时也常常接到一些电话,说"某个学校有一个位置,你要不要去试试?"尽管有时推荐人并不确定你是否合适。

麦可思:谁来参与遴选过程?

程星:校长的遴选通常由校董会来主持,尽管公立、私立学校不太一样,各种类型的学校不一样,执行起来也有差别。有意思的是,有的校长任期很长,像哈佛最有名的校长埃略特(Charles William Eliot)在19世纪后半期做了40年的校长。到了20世纪,也有很多校长一做就是一二十年。这样,对于有的校董来说,他在整个任期都可能没有碰到选校长的过程。没有经验,怎么选校长?尽管校董会有既定的规章或者方法,但怎么来选,董事还是有很大的决定权,有时完全由他们说了算。邀请谁来参与这个遴选过程,各个学校做法都不同。有的学校的校董会本身就是一个遴选委员会,他们会在学校召集各方代表进行咨询;有的校董会邀请一些教师代表、学生代表参加遴选过程;有的校董会自己本身不出面，而是组织一个遴选委员会，里面会有教师、学生代表，但是最后拍板的还是校董会。

我们有时候对西方国家大学选校长会有一种误解，觉得他们爱搞"民主"，肯定会有很多人参与遴选过程，甚至搞一些选举。其实选校长的事是大家最不愿意搞选举、搞"民主"的。很多名校的校长选举的过程都是秘密进行的，是关起门来做的。

比如说，十多年前，哈佛遴选新校长，吸引了很多候选人，但其中多数人并不希望让别人知道自己觊觎这个职位。比如当时哥伦比亚大学的校长，刚刚上任不久，哈佛的校长职位就空出来了。有很多人猜测他一定在哈佛最后的候选名单里，但他一再否认，原因是他不想让自己学校的员工认为他刚上任就想跳槽。其实，他确实在哈佛的候选人名单里。他最后去见哈佛校董会，采取一种近乎搞地下活动的方式。政治上的考虑、学校内部的考虑等，使得很多校长候选人不愿意公开应聘，而校董会也会尊重他们本人的意愿。特别是名校校长的遴选，往往会闹得满城风雨，流言蜚语到处都是。有一本畅销书《哈佛规则》里面有一段关于校长遴选的描写，很有意思。[①] 可以这样说，美国大学校长的遴选不是一个很民主的过程。但是为什么大家能接受这个呢？显然这和政治上的民主不是一回事，不能简单地等同来看。

麦可思：校长的饭碗需要"上保险"吗？

程星：美国大学校长绝大多数是本校的终身教授，但很多人

[①] Richard Bradley, 2005, *Harvard Rules: Lawrence Summers and the Battle for the World's Most Powerful University*. New York: Harper Perennial.

并没有在该校教过一天书。为什么要将新任校长同时聘为教授呢？因为美国大学承认，再完善的校长遴选制度也有可能选出不理想的校长。所以，他们一般在校长来学校任职时亦授予他某系的教授职位。如果校长做得不合适，从职位上下来，他自然就落到那个系里去做教授了。大学以这种方式为应征的校长上了一个保险。

从应聘者的角度来看，担当校长职责需要勇气。作为一个大学的终身教授，他本已功成名就。现在离开熟悉的环境，担任一项充满挑战的工作，具有很大的风险。能否胜任，他和学校之间都会有一个相互试探、相互适应的过程。在这个过程中唯一能令校长放心的就是：他至少能在学校里当个教授。

麦可思：香港的大学如何选校长？

程星：香港多年来已经建立了一个非常完善的公开招聘制度。大学的教授和中高层管理职位都实行全球公开招聘，在美国、英国等教育发达地区登广告。我自己就是这样来到香港工作的，在此之前我在香港连一个认识的人都没有。

香港科技大学过去有一位副校长孔宪铎，写过两本书《我的科大十年》《我的科大十年·续》，讲的是香港科大的建校过程。看了那本书，你可以了解当年科大如何按照美国的方式来招聘人才、管理大学。以前香港的大学实行的是英国制度，而科大按照美国的方式来招聘教授和管理人员，后来其他大学都跟风走了这条路。

香港的大学校长的选聘在和国际接轨的过程中也充分考虑

到本地的具体情况。比如说，在香港大学里招聘一个百分之百的老外做校长会有实际困难。①毕竟中国的圈子有自己的文化，特别是在语言方面，香港是中国人的社会。这也是为什么现在香港的校长虽然是公开招聘的，但是绝大多数都是香港人的原因。他们到国外念书、工作过，但他们还是中国人，懂得中文，了解中国文化。他们国际化的经验，而不是完全"国际"的身份，才是香港的大学校长所需要的基本素质。这是美国的招聘方式结合香港实际情况的一个案例。

麦可思：国内大学校长有可能实行公选吗？

程星：最近得知国内两所大学开始公选校长，我感到非常振奋。这是中国大学在改革方面所迈出的重要一步，我相信很多人和我一样感受到这次改革的力度。我希望这个过程不断完善，今后有更多大学参照国际通行的做法，并结合中国大学的实际情况来选聘校长。

但是，改革大学校长的选聘制度必须有一个长远的规划，因为这个方案的实施必须要和另一个当下的热门话题连在一起去思考——就是所谓的"去行政化"。"去行政化"要比遴选校长复杂多了。刚才我们说了那么多选聘方式，美国的、香港的，前提是校长这个职位不具有任何行政化的色彩，所以才有那些选人的标准、流程和方法。中国的大学如果不去行政化的话，任何国外的经验都不适用。这两个问题不放在一起解决，"公选校长"亦

---

① 2013年香港大学宣布下一任校长的人选为英国人马斐森教授（Professor Peter William Mathieson）。他原任布里斯托大学医科及牙科学院院长。

将沦为空谈。

大学如何适应新生？

麦可思：美国大学是否关注不同年代新生的特点？他们一般通过什么途径来了解新生的特点？

程星：何止是关注？美国的大学对每一届新生的特点简直有点着迷。威斯康星州伯洛伊特学院（Beloit College）有两位教授从1997年开始，每年研究大学新生的特点，整理成年度大学新生"心态表"（mindset list），并对外发布。"心态表"特别关注时代的变化，以及这些变化对这一年的新生所产生的影响。比如说，2012年进校的新生坐飞机却从未见过飞机"票"；对他们来说，克林顿只是一名资深政治家，而非总统，等等。对于大学新生特点的这种略带调侃的总结，为每年繁忙的迎新（orientation）工作抹上了一点轻快的色彩。难怪很多大学一到8月份就对本年度新生的"心态表"翘首以待。

当然了，"心态表"提供的只是谈资笑料，而大学新生调查才是真凭实据。例如，加利福尼亚大学洛杉矶分校（UCLA）主持的全美大学新生调查（American Freshmen Survey）已经持续了50年之久，每年的问题相对固定，涉及新生对人生、生活、学习、金钱的态度，覆盖范围非常之广。很多美国大学会依据调查结论设计自己的迎新和入学教育项目，帮助学生适应大学。其实，当人们都在关注学生能否适应大学生活的同时，很多美国大学更关注的是大学如何适应自己的学生。

麦可思：既然这项调查每年的问题相对固定，那么，如果想了解新生对一些新事物的看法，比如涉及与互联网有关的问题怎么办？50年前调查刚启动时，肯定不会问这样的问题，但现在不可能不涉及。

程星：UCLA一直允许参与大学在问卷最后加入一定数量的补充问题，而这点在全美大学新生调查实现电子化后，变得更加容易。比如，大学想知道新生对iPad的使用情况，完全可以为此设计补充问题，供本校新生回答。这样全国性的新生调查，我在哥伦比亚大学工作的时候，每隔一两年参加一次，其间用本校自主开发的问卷。对于新生特点的把握，既能得到全美范围的大趋势，也能建立本校新生特有的一些指标。

新生调查是一项长期的工作。大学可以将调查的结果用于新生教育和学生工作的参考，但是不能急功近利。新生调查会有滞后性。每一级新生入校时进行调查，然后整理数据、分析结论，写成报告时新生已经变成"老生"。因此，新生调查应该至少持续积累三到五年的数据，用以分析其中的趋势。比如说，对全美大学新生调查的结论进行分析，可以发现，经济形势好和不好的时候，新生对金钱问题的回答会出现明显的不同。这是非常有意思的现象。

有些学校想把新生调查的结果用来"搜查"一些"问题学生"，从而及早干预，杜绝极端事件的发生。这是一种非常危险的做法，因为新生调查的目的是了解一个群体的共同特征，而非对某些个体进行识别。这种做法的后果是，破坏调查的匿名性，摧毁学生与学校之间的信任关系，使得今后学校的工作难以开展。就像心理医生听到病人说想要杀人,不是进行疏导和治疗,而是跑去报警。这种违反职业规则的医生,谁还敢看?

麦可思:您在《细读美国大学》中曾经提到大学面对的"消费主义"之困。在国内,现在的大学生与以前相比,也更加具有"消费主义"的倾向特点(例如要求给宿舍装空调)。国内学校应该如何找到合适的应对方式?

程星:与美国相比,中国大学所面对的"消费主义"可算是一个迟到的现象。不管大学是否高兴,"消费主义"的出现是挡不住的。大学从收下学生的第一笔学费开始,他们之间的消费关系就已经确立。从这个角度看,我们大可不必因为"消费主义"的出现而大惊小怪,但如何应对"消费主义"却不是一个简单的问题。难点在于如何把握"度"。换言之,面对来自学生及其家长的消费主义要求,大学什么可以妥协?什么不可以妥协?

拿装空调来说,美国很多大学宿舍都没有装空调,因为以前大学暑假期间学生都不在宿舍住。随着现在越来越多的学生会在暑期上课或参加项目,于是装空调这个要求也显得不太过分了。这些事情是可以妥协的。但是,涉及教学,特别是考试分数,大学就绝对不能随便妥协了。大学不能因为一个学生交了四年学费,就必须给他打 A,发他毕业证书。教授也不能让学生来主导教学内容、决定教学方法。在专业领域里教授才是专家。

麦可思:您在《细读美国大学》一书中提到,"明智的大学管理者不会、也不应该对今日高校的市场化倾向采取掩耳盗铃的态度。但是,他们在回应学生及家长对学校的消费主义要求时,应当在教学和服务这两个方面有所区别。学生在付出高昂的学费和其他费用后,有权要求一流的服务,因此学校在宿舍、食堂、图书馆等一系列后勤服务设施的管理和运作方面除了从善如流的确别无选择。但是,教学过程和师生关系则需另当别论"。既然如此,为什么大学又要组织学生进行教师评价、课程评价呢?

程星:当学生对课程教学提出意见,教师是该听还是不该听或是听多少?这是应对"消费主义"要求时对"度"的把握问题。由学生对教师与课程进行评价本身没有问题,问题在于管理者如何使用评价结果。在这方面,美国和香港的大学的做法很不一样。美国大学在学生评价完成后,会把可以定量的评价结果进行总结、分析,形成图表发给任课教师,同时把不能定量的学生评价(通常是学生对开放性问题的回答)原文发给教师,作为其改进教学的参考依据。而香港有些大学会拿课评结果来评价教师的工作质量,用以决定教授的升迁涨薪。我不太认可后者的做法,因为这会助长学生的"消费倾向"。

麦可思:国内很多大学生都是家庭第一代大学生,特别是在很多二本、三本和高职院校。然而,这些第一代大学生费力考上大学后,往往变成就业中的"弱势群体"(没背景、没名校学历等)。如何解决他们及其家庭的心理落差问题?大学能做些什么呢?换句话说,大学如何面对学生及家长对大学教育以及那一纸文凭的"过高期待"?

程星:这个现象有普遍性,在世界上的很多大学里,都有很多家庭中的第一代大学生。一般来说,如果父母念过大学,学生本人及其家庭会对上大学与找工作之间的关系有一个比较实际的认识，容易理解为什么大学是一项"长期的投资"，而非一毕业就能找到高薪工作的保证。但第一代大学生和他们的父母就不一定这么想。所以，大学需要在新生入学时就开始了解并帮助调整新生对大学的期待。

其实，大学毕业后找工作是否顺利，并不一定取决于专业成绩，而更多是看一个人的综合素质。第一代大学生的劣势往往就是综合素质方面的缺失，所以大学需要承担起提升综合素质的责任。我认识一所国内大学的校长，她的学校从迎新开始就教学生如何待人接物、如何穿衣打扮，甚至吃西餐时如何拿刀拿叉。这是一个滴水穿石、日积月累的过程。不管在什么社会，会说话、会办事、举止得当的人永远是职场的宠儿。

麦可思： 大学与高中有很大区别，所以大学新生尤其是第一代大学生进入大学后，都会面临适应新环境的困扰。那么，大学可以做些什么，让新生尽快融入新环境，开始全新的学习、生活？

程星： 新生教育是目前国内外的大学都在做的一项工作，就是指用一周或者更长的时间，帮助新生更快地了解学校环境，适应大学生活。但是就我个人的体会来说，国内和国外的大学在新生教育的组织形式上有一些区别。比如说我之前任职的哥伦比亚大学，迎新活动虽然是由学校组织的，但是学校只是提供迎新的条件，具体做活动设计和实施的人其实都是学生。相比之下，国内的迎新活动的校方主导色彩比较浓厚，往往是学生处、团委老师或学生干部来筹划安排。普通学生在这个过程中缺乏主动性，无法得到足够的锻炼。

哥伦比亚大学新生教育的准备工作从春季学期就开始了。学校的学生事务办公室公开招聘有意愿担任迎新工作者的学生。不是所有人都能轻易获得为新生服务的资格，就像找工作一样，大家要通过面试。这从头到尾的一套流程，对他们来说是非常重要的经验，从功利一点的角度来说，这有点像为将来找工作练兵。

哥伦比亚大学在迎新工作上投入的预算达数十万美元，包括租用场地、安排活动等各方面的费用。美国的迎新有个特色，就是把新生家长、亲友也看作是重要的服务对象。在安排各种活动时，会设身处地为家长着想。因为家长送孩子来上大学的时候，他们的心情是很失落的：一方面要离开孩子了，对孩子不放心；另一方面，孩子都去参加新生活动了，撇下老爸老妈没人管。因此美国的学校专门给家长安排各种活动，比如参观校园、请家长在学校餐厅吃饭、请家长去听课，等等。这样的话，家长就对孩子在学校的生活能有个大致的了解，也有利于今后他们与子女之间的沟通。这一点目前国内大学还不是做得很到位。有趣的是，香港一些大学在2013年秋季迎新活动中为家长举办的活动，居然在社会上引起轩然大波。媒体公开嘲笑大学为家长办简介会是为"直升机家长"安排活动，惊呼怪兽家长入侵校园。[①]

多元化和国际化是迎新工作的重要方面。美国的大学会留出很多时间专门用于留学生和少数族裔学生的迎新，帮助他们尽

---

① 例如：《办家长迎新　大学变小学？》，香港《经济日报》2013年9月2日。

快融入本国学生群体，同时也让本国学生了解异国文化。国内大学的情况有点不同，外国学生和中国学生分开住宿。这样的安排可能对多元化和国际化不是特别有利。

迎新周是新生到校的第一个星期，学校所有的部门都尽可能为他们安排各种活动，时间很紧张，效果也有问题，新生很难在这么短的时间内消化所有的信息。后来哥伦比亚大学就开始对此进行改革：迎新不再是"迎新周"的事，而是把迎新工作用整整一年的时间来做。美国大学把这个叫做 First Year Experience（第一年体验），是一个整年的计划。比如说一个学生刚到纽约来上大学，你得告诉他哪里有超市，哪里有书店，哪里有博物馆等，帮助他全面了解这个城市的文化。这些工作在一个星期内不可能完成，于是学校就将此扩展到一年的时间，在学期中间安排各种各样的活动，从社会生活、学术生活到学生的心理成长都可能涉及。此外，美国有一些高校和研究机构会对大一新生做适应性调查，了解他们在第一年的适应和发展情况，甚至进行追踪调查，了解学生在大学第一年的经验对他的四年大学生活和今后成长的影响。

我对国内高校的迎新工作的建议就是：尽可能让学生来做更多工作，他们比学校老师想象的要能干得多。比如，学生能设计很多很有创意的节目，这些是老师做不到的。最重要的是，作为一名刚进校门的新生，需要什么帮助，只有"过来人"才最清楚。同时，新生进大学的第一课，就是观察和体验前来迎新的高年级学生是如何为自己服务的。由学生主导的迎新，对于在校生和新生来说都是很好的学习机会和体验过程。

麦可思：学生社团是大学不可或缺的重要组成部分。社团活动应该说是大学生重要的体验，对他们毕业后顺利融入社会的作用不可低估。以你的体会，中外大学学生社团有什么不同？

程星：是的。每个高校都有自己的社团文化，不同的社团之间并无高低优劣之分。因为社团与文化有很大联系，与社会文化、校园文化乃至整个国家的政治、文化生活密切相关，所以中国大学的社团文化、校园文化并非不如国外高校，只是不同而已。

但是，国内社团与国外社团的确各有千秋。大学的社团生活就像实验室、试验场，是大学生在校期间学习和锻炼各种能力尤其是领导和管理才能的场所。美国高校社团完全由学生主导；学生在自己组织的社团里，各方面的才能都能得到淋漓尽致的发挥，这是他们的优点。当然美国的大学社团也有很多问题，比如说，在美国大学的"兄弟会"（Fraternity）、"姐妹会"（Sorority）里，会员在宿舍里和活动中常有酗酒、吸毒等问题发生。这样的社团让每个大学都感到头痛。美国高校中社团有一定的独立性，学校不轻易干涉，所以在学生能力得到充分发挥的同时也会因为管理不善而产生许多问题。

国内大学的社团则较多由学校主导。学校通过学生会、团委和辅导员等对学生团体从组织到活动等方面都予以较多的指导以至干预。这样，从学生的能力培养来说就较为欠缺。与国外相比，国内社团因为是学校主导，不会发生太多出格的事情，但有时会限制学生发挥自己的主动性。

其实美国大学的社团管理制度还是比较严格的。如果学生想成立社团，需向学校申请，得到审批和认可。只有由学校正式公布承认的社团活动才能得到经费上的支持。其实这笔费用也是"羊毛出在羊身上"——在美国,学生交给学校的学杂费中,其中一部分是"学生活动费",这是学校给学生的一个承诺,即费用中绝大部分要用回到学生身上。

美国高校学生事务办公室的辅导员在学生社团活动方面起的作用与国内从事学生工作的老师不太一样。他们帮助和支持学生组织的活动,但并不试图加以控制。他们管理学生社团,确保资源分配的公平,同时在帮助学生组织活动时以学校的教育理念为引导。比如学生在组织活动时想提供酒,学校不会支持,因此就不拨给活动经费。老师在此起的是协调作用,而不是硬性管制。

国内的高校社团经常会遇到一种窘境:社团组织活动过程中的活跃分子只是几名社团核心成员。其实国外高校里也有类似的情况。我们曾做过这方面的一些研究,任何一个活动在学校范围内,都有一个"三三三"现象,即有三分之一的人是积极分子,有三分之一的人完全不参与,还有三分之一的人持可参加可不参加的中立态度。美国高校不强迫学生去参加活动。在这种情况下,为了保证参加人数,活动的组织者必须学会很多营销技巧以保证活动的成功,学生社团对学生活动能力的培养由此可见一斑。

就社团活动的教育价值而言,既然这是学校为学生创造的一个"实验室",我们就必须让学生在这里有机会为未来进入现实社会练兵。例如,美国的大学学生政府(student government)每一年都需要选举,为此学生必须学会诸如拉票等一系列与竞选相关的事情。选举是一种程序,学会之后并不复杂;但是如果学生没有接触过这样一个程序,那么真到了社会上需要组织、参加选举,就会出乱子。在大学这个为学生创造的选举实验场所,无论结果如何,也不会有太严重的后果。如果没有操练就让学生到社会上去真枪真刀地干,后果将会非常严重。

总而言之,大学社团的作用在于为学生提供一个实践的场所,锻炼他们未来在社会上的领导才能、管理才能、基本的沟通技巧等各方面的能力,这个才是社团活动的根本目的。

第十一章
大学质量的拷问与博弈

一

正如一百个人眼中就有一百个哈姆雷特，每个大学心目中的国际化也各不相同。如果非要寻找一个最小公分母的话，那么高唱"国际化"的大学都不再将自己的未来发展目标限制一个国家或区域内；他们渴望的是国际间同行的认可。无独有偶，与国际化的流行几乎同步的还有"市场化"，尽管后者在学术圈子里不如"国际化"那么走运。很多学界人士至今不愿正视市场与当代大学之间的关系。但当"国际化"遭遇"市场化"，不管当事人是否情愿，一个新的消费群体不由分说地产生了。其消费对象当然是大学，而且其选择的消费范围是国际市场，是整个世界。

但大学作为市场，毕竟有点诡异。首先大学的消费者本身就是大学的产品，当然还包括他们的父母——有的付款，有的不付；其次，大学的消费者在购买大学的服务或产品时并不太知道他们付出后会得到什么样的东西，等他们知道时往往已为时太晚，生米煮成了熟饭；再次，有国际市场就有进出口，但国际间的大学提供的服务或生产的产品是如此不同，其质量更是因人而异。那么，消费者该根据什么标准来选购商品或服务呢？他们作为消费者的权益又如何才能得到保障呢？于是就有了"教育质量保障"这么一个当今高教领域里谁都惹不起却也躲不开的话题。

2005年9月19日，当时小布什政府的教育部长玛格丽特·斯佩林斯在高调宣布成立"未来高等教育委员会"时宣称，"现在该是检视一下如何从高等教育的投资中得到最大回报的时候了。我们有责任确认我们的高等教育系统还能继续满足我们国家在21世纪对受过教育并具有竞争能力的人才的需求。"[1] 这段话对大学提出两个要求：一是要对投资人有所回报；二是要满足国家对人才的需求。麻烦的是，美国的联邦教育部对大学没有任何管辖权，因此过去也很少如此直截了当地对大学提要求。

在接下来的两年多时间里，这个委员会的活动频频见于报端，并在美国社会引发了许多讨论。正如学界所担心的那样，委员会最后提交的报告从四个方面对高等教育的现状提出批评：大众接受高等教育的权利（access）、付费能力（affordability）、教育质量（quality）以及大学的问责（accountability）。报告毫不客气地要求高校增加透明度，展示学生学习的成效，建立问责制度，回应社会需求，等等。[2] 但对美国大学的传统和制度略有常

---

[1] US Department of Education, 2005, "Secretary Spellings Announces New Commission on the Future of Higher Education". News Release, September 19, 2005. URL: http://www2.ed.gov/news/pressreleases/2005/09/09192005.html.

[2] Commission on the Future of Higher Education, 2006, *A Test of Leadership: Charting the Future of U.S. Higher Education*. Washington, DC: US Department of Education.

识的人都知道,要将这些听上去不错的意见付诸实施,美国联邦政府其实完全无能为力,因为它的教育部只是一个不具有行政权力的协调机构。于是,政府对于高等教育进行改革的意愿就落到了认证机构的身上。由于美国的六大地区认证机构本身需要得到联邦政府属下的权力机构的认证,所以政府通过对认证机构的施压来实现对大学的控制。

对于习惯于"自由之精神、独立之思想"的学界人士来说,流行一时,特别是由政府推波助澜的质量保障运动实在是一个悖论。试想,假如质量保障只涉及教学方法或教学效果的话,教授们也许还比较容易接受。但高校内外方兴未艾的质量诉求往往将一所大学从教学到管理到后勤等各方面的表现一网打尽,试图建立一种高等教育行业内通用的质量标准,这就触到了学界的底线与核心价值观,从而在大学圈内引发剧烈的反弹。

其实,评估既不必如认证机构设计的那么复杂,也不像评估专家描述的那么繁琐。要不评估这么重要的一项工作怎么会在大学教授那里变得如此声名狼藉?虽然我自己多年从事教育研究与评估,但我从来就不敢在教授面前以评估专家自居,因为只有在教学第一线的人们才是真正的评估专家。不幸的是,认证机构为了显示自己的权威将评估大大地程式化了,而我的评估专家同行则在将评估当成一门学问来做的同时,将评估的缘起全然抛在脑后。评估不是高深的学问,而只是一项工具,其最终目的是帮助教授和学生了解他们之间的教学互动是否达到了他们先前设定的目的或目标。

2009年有一所常青藤大学在其十年一次的认证中收到地区

认证机构的一个严重警告，因为他们没有按照认证机构所列出的标准要求对学生的学习成效进行评估。本来像常青藤这类学校的认证都是走过场的，我在哥伦比亚大学工作时就参加过另外一所常青藤大学的认证。当时我们这个认证小组和认证机构之间有一种默契，即这样的名校无需外人指手画脚。在一次常青藤校盟的会议上我还亲耳听到一位同行这样评价他们对认证的参与：一般大学需要认证机构来证明他们的教育质量，而认证机构则需要我们这样大学的参与来证明其本身存在的必要。这话虽然听上去刺耳，却是美国大学圈内多少年来的共识，没有人会来挑战这个既成事实。这就是为什么听到认证机构对这所常青藤大学的警告后，哥伦比亚大学副教务长为此发了好几天的愁，因为她太知道要让哥大的大牌教授们按照认证机构的要求来做学习成果评估这样的功课，后者会如何反应。

于是，为哥大设计一个既能满足认证机构要求，又不至于冒犯教授们的评估模式的任务就"历史性"地落到了我的肩上。在对目前各类大学所作的评估内容与方式作了大量的调查研究后，我设计了一个两页纸的问卷。这个问卷要求每一个系、专业或学术项目的负责人回答几个最简单的问题：学生在完成他们这个项目之后应当学到什么东西或取得什么效果？他们用什么方法达到前述预期的效果？学生在多大程度上取得了他们所期待的结果？在每个问题后面我都附上一两个具体的例子，以便于答卷人依样画葫芦。

副教务长带着我的方案找来各系负责人开会征求意见。正好我那天出差不能参加会议，但我内心却庆幸这个巧合。万一教授们不喜欢这个方案,那我这个始作俑者还不得被骂得狗血喷头?当然,等待的忐忑也同样不好受,因为在这个对任何外来干涉都充满敌意的高等学府,要让资深的教授玩这么"小儿科"的游戏,本来就比登天还难。要是他们认为我的简化版评估模式侮辱了他们的智力水平,那岂不是火上浇油?谁知第二天去见副教务长,心里的紧张一进门就被她灿烂的笑容化解了。她告诉我,那些平时特别难缠的学科主管居然对我的模式大加赞赏。他们没有想到平时让他们厌恶至极的所谓评估居然能够如此简单易行。更重要的是,这些问题其实他们在设计教学计划时一直在问,问自己,问教授,也问学生,只是从来没有人告诉他们这就是评估。当外界将评估作为令箭射向大学,对所谓教学成效穷追猛打时,很多教授根本就不明白这些人要什么,尽管评估从来就是教学工作一个不可分割的组成部分。

但是,我设计的评估方案只解决了问题的一半。我试图在教与学的层面上以最小的努力来最大限度地争取教授们的合作,从而取得关于每一个具体学科教学成果的基本信息。假如课堂教学可以与飞机制造类比,我为飞机零部件的制造设计了一个质量保障的评估过程;但是,当所有符合质量标准的零部件经过组装成为飞机后,我并无法知道飞机能否起飞,起飞以后能否经得住长途飞行、气流颠簸、起降等许多内外在因素的考验。换言之,大学教育作为产品,其整体的质量并不等于所有零部件质量的总和。

这样看来,评估在微观的层面上是可能且可行的。教授在设计一门课程或一个学科项目时清楚地知道他想要什么,也完全能够了解学生在完成这门课程或学科要求后在多大程度上实现了他的初衷。但是,当我们从微观进入宏观层面时,我们开始感到有点犹豫了。一所大学的质量,不仅包括了无数的课程和学科,而且还涉及许多与教学直接、间接相关的因素,该如何评估呢?特别是当认证机构要求大学对学生学习成效进行评估时,他们显然并不想知道张三或李四的学习成效,而是大学的总体的学习成效。因为他们相信,只有后者才是公众想要知道的,而且大学也只有定期将他们工作的成效向公众交代才能消除他们对大学的疑虑,才能知道自己在大学的投资是否物有所值。而要做到这一点唯一简单易行的方法是按照市场要求制定质量规范和标准,让大学的产品在质量的坐标上找到自己的位置,以便大学的"消费者"按图索骥,论功行赏。

正是在这一点上,未来高等教育委员会的报告偏离了美国大学自由独立的传统,即让教授来决定教什么、如何教以及如何评估其教学的成效。对此认证机构过去一贯的做法是由大学自己提出使命与目标,并根据这些目标来设计课程并加以评估。斯佩林斯的委员会显然开始挑战这种一切由大学教授做主的传统,他们通过对认证机构施压试图建立某种更加"公正"、"客观"的标准,而这种标准最大的好处是便于公众对大学的表现进行监督。所谓大学的"问责",说到底就是给大众一个评判臧否大学的基准,就像消费者根据某种可以量化的指标来决定产品的质量一样。有了标准,大众也可以在货比三家时有一个依据。

为什么未来高等教育委员会敢冒天下之大不韪,向大学的自主传统挑战呢?我想起码有三个原因:其一,美国大学在过去近半个世纪内从精英教育走向大众教育,产生了一大批三流以至末流的大学,大有"劣币驱逐良币"之趋势;其二,随着大学学费的急剧上涨和消费者选择空间的扩大,大学市场化已经成为不可逆转的时代潮流,随之而来的必然是学生及其家长作为消费者对知情权的诉求;其三,大学的国际化为美、英、澳、加等英语国家的大学带来了滚滚财源,尽管还有一大批一流大学在死守学术独立、学术至上的传统,但更多的学校发现国际学生及其为大学带来的可观的收入实在是一个不可抵挡的诱惑。因此,建立质量标准有利于扩大生产与销售规模,也便于与消费者进行沟通。

问题是,大学的质量,特别是学生学习的成果,真能货比三家?学界至今未达成共识。但即使不可比也不等于不要标准,我相信大学里每一门学科都有其基本的质量标准,而对质量好坏最清楚的就是学科里的教授。教授们可能连评估为何物都不甚了了,但他们是教学质量无可争辩的知情者。我们姑且从信息经济学家那里借用一个重要的概念,将这种情况叫做教学质量上的信息不对称现象。

二

尽管当今高教界对于大学是否应当市场化仍然存在分歧,但越来越多的人似乎已经接受了这一现实。耐人寻味的是,教育界从经济学界借来了"市场"的概念,却没有深究这个概念背后的假设。其结果是,鼓吹者和批判者都将新自由主义(neoliberalism)所提倡的经济自由放任政策(laissez-faire)及其对竞争和效率的追求作为大学市场化的理论依据,并由此推断,教育如其他商品一样可以在市场竞争的条件下进行买卖交易。这种市场化对消费者来说取得了选择的权利,对政府来说是促进了对大学投资的成本效益,而对大学来说则是增加了对社会大众的问责。从这三方面看,市场概念在高等教育领域的应用,似乎无可指责。

然而,传统经济学关于市场的基本假设却是有前提的,其中重要的一条就是"理性人"必须拥有完全、完整的信息。只有这样,"理性人"才能通过成本—收益或趋利避害原则来对其所面临的一切机会和目标及实现目标的手段进行优化选择。然而在现实生活中,市场主体往往无法掌握完全、完整的市场信息。对这类不完整、不对称的信息最生动的说明就是美国经济学家乔治·阿克洛夫于1970年提出的"柠檬原理"。①

"柠檬"一词在美国的二手车市场上代表有问题或出过车祸的车。"柠檬原理"指出,在二手车市场上,交易双方对车的质量信息的掌握是不对称的,卖方知道车的真实质量,而买方却不知道确切的质量状况。在这种情况下,交易活动的参与人(这里指卖方)可以利用这种信息的不对称性对买方进行欺骗;而隐藏信息将导致"逆向选择",即卖方为了牟取自身更大的利益在交易中隐藏信息,从而损害了交易另一方的利益。就整个市场而言,由于优胜劣汰机制发生扭曲,质量好的车被挤出市场,而质量差的车却留在市场,极端的情况是市场会逐步萎缩直到消失。这是

---

① G. A. Akerlof, 1970, "The Market for 'Lemons': Quality Uncertainty and the Market Mechanism," *Quarterly Journal of Economics*, 84(3), pp. 488-500.

因为买家只愿意根据他所知道的平均质量来决定支付的价格,这个价格将使质量低的卖家愿意成交,质量高的卖家由于不能得到与质量相称的价格而退出市场。由于"柠檬原理"对信息不对称理论的重要贡献,阿克洛夫、斯蒂格利茨与和彭斯一起成为2001年度诺贝尔经济学奖的得主。

如前所述,高等教育由于其高度的专业化,其教学内容及质量远非平头百姓所能了解,更不要说欣赏。因此,信息不对称的问题对大学来说几乎是与生俱来。这样看来,在高等教育大众化、市场化之前,大学与他们"产品"的"消费者"之间达成的相互信任,或者说,所建立的那种信誉系统,虽然是没有办法的办法,却符合双方的利益。

市场化带给大学最直接的一个结果就是消费者的权益意识,而且这种意识随着国际化的发展日益增强。可以想见,任何一位家长在将孩子送往大学,特别是他不熟悉的国家和大学时,都会问一下是否物有所值。对少数声名卓著的大学来说,光是一个"哈佛"或"牛津"的名字就足够了,但绝大多数的大学远非如此幸运,所以大学质量及其评估标准就成为21世纪高等教育领域的圣杯(Holy Grail)。

大学的"教"方和"学"方信息不对称,可能有两种情况:一是教授知道学科的教学质量而学生、家长及其他社会团体无法得到真实的信息;二是从理论上说大学掌握其学科的质量与教学的成效,却无法将这些信息以大众能够理解的方式传递出去。如果说前者有"知情不报"之嫌疑,那么后者则有报"情"无门之困扰。不管哪种情况,作为知识与信息时代的大学,对社会知情的要求采取"无可奉告"的态度,总不太合适。于是,大学质量评估便成为我们这个时代的显学。

既然质量问题与信息传递紧密相连,那么如何才能解决由于信息不对称引起的逆向选择问题呢?经济学家为此绞尽脑汁,提出各种解决方案。首先,在商业运作过程中,由于非对称信息的存在,商家往往依赖价格来传递商品质量的信息,也就是说高价格意味着高质量;其次,商家会通过政府、消费者协会等建立的质量合格标准,来展示并保证产品的质量;再次,商家还会通过品牌、质量保证书、保修等办法,建立信誉,传达关于其产品质量的"信号",以示与"柠檬"的区别。

但戴上信息不对称的眼镜看大学的质量评估,我们的失望是无可掩饰的。在真正的市场上,商家依赖价格传递商品质量的信息,大学却不能。因为大学的价格受到政府、纳税人、捐赠人或校务基金等补贴的干扰,所以高价和高质量之间的相关系数一般不高,"商品"的质量信息也因此受损。换言之,人们完全无法通过学费的高低来评判大学的质量,更不能因大学收费标准的差异来评估其教学质量。

通过政府、消费者协会等建立的质量合格标准,也是商家展示并保证其产品质量的常用手段。但要做到这一点,我们先得假定政府或其他机构有能力为大学建立质量标准。而事实却是,很多政府尽管乐意,却往往无法为大学建立起令人信服的质量标准;非不为也,不能也。有经济学家指出政府在监管质量问题时所面临的几大难题:一是政府永远只能就事论事,在应对眼下的质量问题时无法预见即将出现的新问题,因而疲于奔命;二是政府制定法规远比执行法规要容易得多,一旦执法失败政府要承担所有的指责;其三,政府主导的质量法规机遇成本(opportunity cost)高昂,而制定和执行法规所付出的代价完全可以产生更加有益、有效的成果。①

也有政府或其他机构自以为得计,自说自话建立标准,却发现在实际应用时漏洞百出。一把尺子量天下,在学科繁多、学术自主的大学环境里,成功的几率更是几近于零。比如说,有人试图将国际标准化组织设立的ISO9000系列引进大学系统,以此提高教育质量。②再如前些年,工业界的所谓"全面质量管理"(TQM)系统几乎成为高教圈里的流行体,在一些高教研究和管理的会议上大有"人人争说"之势。③但这样的质量评估不但持续发烧的时间很短,而且一旦过时就消失得无影无踪。潮流引领者尽管享受一时的荣光,遇到校园里复杂的现实情况时,除了丢盔弃甲落荒而逃,竟连狡辩几句的勇气都没有。

这样看来,为解决由于信息不对称引起的逆向选择问题,商家所采取的各种方法中唯一能让大学效仿的大概就是通过品牌效应建立信誉,来传达质量"信号",以区别于"柠檬"。现代大

---

① Craig J. Richardson, 2011, "How Firms Build Trust in Markets with Asymmetric Information". Regulatory Studies Center, Working Paper. The George Washington University. URL: http://www.regulatoryStudies.gwu.edu.

② Lyu Cheng & Lin, 2004, "Education Improvement through ISO9000: Implementation: Experiences in Taiwan," *International Journal of Engineering Education*, Vol. 20, No. 1, pp. 91-95.

③ P. T. Ewell, 1991, "Assessment and TQM: In search of convergence," *New Directions for Institutional Research*, Vol. 71. Jossey-Bass; M. S. Owli & E. M. Aspinwall, 1997, "TQM in higher education-a review." *International Journal of Quality & Reliability Management*, 14(5), pp. 527-543.

学的质量评估,遍尝各种时髦方法之后,难道又要回到高等教育大众化、市场化之前的信誉系统?

三

回归,并不等于回到原点。

在大学的精英时代,校方与学生及其家长的关系是所谓的"替代父母"(in loco parentis)。[①] 这个源自英国普通法的术语后来常被用来描述大学对学生及其家长所担负的责任,即大学有权从学生的利益出发设计教育内容并采用相应的教学与管理方法。不言自明,大学"替代父母"的前提是父母对学校的绝对信任,而这种信任自然免除了大学向父母报告其日常运作、教学效果、管理方法等事务的义务。对今天的大学管理者来说,那真是一段"过去的美好时光"!

更有意思的是,过去的这种存在于大学和家长之间的信任是建立在大学无需向后者透露任何有关教学的信息的基础之上的。换言之,对家长来说,唯其无知,所以神秘;因为神秘,方能信任。正如年幼的孩子对父母有着一种无条件的信任,父母为了维持其权威也不会轻易地向孩子透露任何有损形象的信息。这种信息封闭状态下大学与其"利益相关者"之间达成的均衡(equilibrium),使得大学能够按照自己的理念设置教学项目,维持教学秩序,处理教学纠纷,追求教学效果。同时,对于这种由

[①] E. Edwards & N. Sweeton, 2000, "Learning Communities: Past, Present, and Future". *Journal of Student Affairs*, 9, pp. 42–52.

"替代父母"角色而得到的信任大学也往往是小心伺候,由不得半点闪失。这就是今天大学圈内久违了的所谓信誉系统。

信誉系统的崩溃始于高等教育的大众化。在精英时代的"老男孩俱乐部"(old boy's club)里,信誉高于一切,但信誉仅对俱乐部成员适用。这就是为什么当女性、穷人、黑人、新贵、成人、亚裔、新移民、退伍军人、同性恋,以及其他各种各样的"外人"涌进大学后,原先约定俗成的"替代父母"便不复存在,大学与其"利益相关者"之间的互信也因此遭遇一次又一次的考验。特别是近年来,随着大学学费的涨幅超越通货膨胀,每一个供养大学生的家庭都在为此付出的高昂的代价,大学是否物有所值便顺理成章地成为人们心中一个巨大的问号。

一件商品是否物有所值的问题在一个信息充分的市场上是通过亚当·斯密那只"看不见的手"来调节,通过商品的价格来反映的。但是,在质量信息不充分的条件下,买家能够识别的只是产品的平均质量而非个别产品的质量。因此,当优质产品被劣质产品逐出市场时,阿克洛夫的"柠檬原理"便宣告了追求利益最大化的"理性人"假设的破产。在此,"看不见的手"变成卖家趁火打劫、攫取暴利的一只"看不见的魔爪"。大学可以有一千条理由感到委屈,因为他们的行业根本就是非营利性质的,而且他们也许完全无意向公众隐瞒任何信息。但是,大学教育产品与生俱来的复杂性,大学与其"利益相关者"之间信息的非对称性,教育质量的研究和评估作为一门应用学科本身的不成熟性,[①]加

---

① 程星:《世界一流大学的管理之道》,北京大学出版社 2011 版。

上教育市场上消费主义倾向的增长,使得大学与社会之间传统的信任日渐衰弱,大学的信誉在公众心目中也因此岌岌可危。

由此可见,如何在消费者中间建立或重建信誉,是大学在信息不对称的市场上必须首先面对的挑战。有经济学家提出,对价格昂贵、质量缺陷难以检测、顾客不常购买、一旦购买则将长期使用的这类商品的生产商来说,建立信誉最佳的选择是主动透露商品存在的缺陷,以此博得消费者的信任。[1]这个策略传达的信息是,商家所做的不是"一锤子买卖",而是在销售上通过暂时的牺牲来赢得顾客的信任。这种建立信誉的方法着眼于未来而非只是当下。

没有什么行业比大学更着眼于未来了,不是吗?讽刺的是,要保持大学的信誉,过去靠的是深藏不露,今天靠的却是走光暴露!

这个建立信誉的策略对于高等教育界的后起之秀尤其合适。假如说哈佛或哥伦比亚这样的金字招牌本身就已经代表信誉,那么年轻的、公立的、偏科的大学则迫切地需要将他们的质量信息以公众可以理解的方式传送出去。近年来,社会上关于大学的排名榜五花八门,但大多围绕学校资源和名声做文章,因而可信度不高。由一批美国高等教育专家开发的"全国大学生学习投入度调查"(National Survey of Student Engagement, NSSE)试图将大学的教学效果通过对学生学习过程的调查反映出来。这项研究通过测量学生的学习参与情况,与其学习成果相联系,在

---

[1] Craig J. Richardson, 2011, "How Firms Build Trust in Markets with Asymmetric Information". Regulatory Studies Center, Working Paper. The George Washington University. URL: http://www.regulatoryStudies.gwu.edu.

描述与评估大学的教育实践基础上，设计干预措施，改进教学质量。一所大学若能坚持收集这样的教学信息，并找到合适的信息发布途径或方式，相信假以时日，会对学校信誉的建立产生积极影响。

但"走光暴露"毕竟让人尴尬，不是所有人都愿意这样做。尤其是那些已经声誉卓著的大学，通过暴露来取得公众的信任应当不是他们的首选策略。由于工作关系，我参与了美国31所顶尖私立大学间一个数据分享协会的工作有十年之久。在这个协会里，所有的大学都同意一起收集并分享从招生到学生问卷等各种数据，作为这个协会成员之一的大学的协调人，我深知这些数据的真实性、可靠性及可比性。然而，这个协会成立伊始就将对外保密作为会员大学的基本守则。换言之，数据分享的目的不是对外问责，而是内部改进。这个原则虽然为成员大学提高其教学、科研和管理质量提供了科学、实证的依据，但对于破解公众由于信息不对称而对大学产生的不信任却完全没有帮助。相反，由于这些顶尖大学不带头，美国大学通过发布质量信息来重建信任与荣誉的期待至今无法兑现。我自己就曾代表大学拒绝了NSSE的邀请，因为加入其调查对哥伦比亚这样的名校虽说有益无害，但万一调查结果不幸"走光"，那对我们的声誉则可能是得不偿失的。

由此看来，发布质量信息是当今大学重建其信誉系统的一个重要策略，而这个策略的运用对于处在上升时期的大学尤为重要。高等教育的全球化和市场化，使得大学在选择发展战略时已经不能将目光局限于大学所在的地区，因为当你在互联网上开始露面那一刻起,你的观众就是这个世界任何一个角落里有可能成为你学生的任何一个人!假如你的大学做的不是"一锤子买卖",那你通过发布质量信息所传递的是这样一个"信号":你的大学关注的不是一时的排名,而是"百年树人"的长远大计。在选择主动公布大学教育质量的信息时,你也许会为学校某些暂时不尽如人意的表现付出代价,失去一些生源、资源乃至声誉。但若将这些损失看作是对学校长期发展的一种"投资"的话,那么长期的收益终将补偿短期的付出。

四

然而,当今全球范围内大学的竞争早已趋于白热化,即便是暂时的付出也让大学的管理者难以接受,特别是明知一流大学完全无需通过传递质量信息来建立或巩固其声誉。至于在那些尚未达到一流的同行之间,万一在信息传达方面有大学选择不合作,那么合作者不是损失更大?

这个问题经济学家已经想了很久。他们从数学家那里借来博弈论,以此为工具,对在给定的约束条件下追求效用最大化的"理性人"行为进行分析,为信息不对称的条件下的合作或对抗策略的选择提供依据。故事还得从博弈论中那个经典案例"囚徒困境"(Prisoner's Dilemma)说起。

话说有两个囚犯一起作案被警方逮捕,分别关在两个不能互通信息的牢房里审讯。警方的政策是"坦白从宽、抗拒从严"。囚犯或者与警察合作,供出其同伙,或者保持沉默而不与警察合作。如果一个囚犯坦白而另一个抗拒,则坦白者因立功表现被释放,抗拒者因顽抗将入狱十年;如果双方都坦白,则犯罪证据确凿,双方均被判入狱八年;如果双方都抵赖,那么警察将无法得到他们过去的犯罪证据,只能以此次作案轻判,各人狱一年。

在这个案例中,表面看来最佳选择是两人都抵赖,但这个选择不符合个人理性要求,因为即使两人在事发前就有攻守同盟,各人还都会想到对方会背叛同伙的可能性。因此,两人都会作出对自己更有利的选择,即坦白立功得到释放。即使在给定一人坦白的情况下,另一人的选择也应是坦白;两人都坦白,结果判八年,也比十年要好。①

将"囚徒的困境"运用到上述关于大学教育质量信息不对称的讨论上,我们发现这样的情形。一组大学通过对教育市场和自身竞争能力的分析,发现主动发布质量信息是他们在市场上建立其信誉系统的重要策略。因此,他们同意将大学评估的结果定期向他们的"利益相关者"通报,以求得到后者的信任。但是,作为"理性人",一个大学不能不想到自己选择合作(发布信息)而其他大学选择背叛(秘而不宣)这样的结果可能带来的伤害。即便所有大学都宣誓合作,也不能排除有大学在数据上造假,从而对合作者的声誉产生负面影响。但是,如果所有的大学都因为存在参与者背叛的可能性而选择不合作,那么通过传递质量信息来建立或巩固其声誉的期许就会完全落空。用博弈论的语言来说,人们"明知合作带来双赢,但理性的自私和信任的缺乏导致合作

---

① 张维迎:《博弈论与信息经济学》,上海三联书店、上海人民出版社1996年版。

难以产生"。① 背叛是个人的理性选择，但却直接导致集体的非理性，结果是两败俱伤。

在这种情况下，经济学家开出的解决方案就是重复博弈。重复博弈是指同样结构的博弈重复多次，其中每次博弈称为"阶段博弈"。在重复博弈中，每一个博弈方必须考虑到未来，而不仅仅着眼于当下的利益。为了不引起其他博弈方在后面阶段的对抗、报复或恶性竞争，一方会做出合作的姿态，以使他方在今后阶段也采取合作的态度，从而实现共同的长期利益。在此，可信性至关重要。"当博弈只进行一次时，每个参与人只关心一次性的支付；但如果博弈重复多次，参与人可能会为了长远利益而牺牲眼前利益从而选择不同的均衡战略。"②

其实重复博弈对于建立信誉制度所起的作用日常生活中俯拾皆是。您去市场购物，对产品质量表现出不太放心的样子。小贩立即拍着胸脯信誓旦旦地说："您尽管放心，我每天都在这儿！"他的潜台词是："我长期在这里做生意，不会以次充好；不然生意做不下去。"有人平时在单位同事面前一副"老好人"的形象，但开起车来却一派粗鲁莽撞的作风，判若两人，原因就在公路上大多是"一次性遭遇"，而单位同事却要天天见面。为此，四位经济学家以他们名字的第一个字母相连建立了"KMRW声誉模型"。

有学界"四人帮"之称的克雷普斯（David M. Kreps）、米格罗姆（Paul Milgrom）、罗伯茨（John Roberts）和威尔逊（Robert

---

① 王春永：《博弈论的诡计》，中国发展出版社2007年版。
② 张维迎：《博弈论与信息经济学》，上海三联书店、上海人民出版社1996年版，第124页。

Wilson)经过推导证明,只要博弈重复的次数足够多,参与人有足够的耐心,合作行为就会出现。在一些长期的交易关系中,交易各方都会致力于树立形象和维护声誉,虽然这些声誉在短期来看并非是理性的,但通过长期合作得到的补偿却表明这种声誉的建立是最优的选择。① KMRW 声誉模型为大学通过质量信息的发布在其"利益相关者"中建立信任以至信誉提供了必要的理论支撑。

五

这种理论上的支撑对大学的管理者至关重要,因为后者在维护学术独立和应对外界问责之间已经挣扎了很久。当政府、市场以及大学的其他"利益相关者"对教育质量提出质询时,他们手中唯一的应对方案便是评估。但对于教学第一线的教授来说,他们所理解的评估更多是传统意义上的教学评估。从未来高等教育委员会的调查到名目繁多的大学排名,我们不难看出,大学现行的评估模式其实根本无法应对当今社会上对高等教育的质疑。特别是近年来大学与日俱增的市场化和国际化,早已造就了当代大学"市场"上对于教学质量的关注以及对质量信息的期待。比如说,当学生在全球的大学间开始流动,念学位也好,交换访学也好,家长和学生都希望得到有关所选大学教学情况的信息,以此判定他们为这样的流动所作的付出是否值得。只是在如何定义大学质量这个问题上坊间至今未有共识,所以,大学从如何进

---

① 张维迎:《博弈论与信息经济学》,上海三联书店、上海人民出版社 1996 年版,第 129 页。

行质量保障到发布何种质量信息等方面都是见仁见智。结果是，教授们对课程评估烦不胜烦，对五花八门的排名更是不屑一顾，可管理者却连这样的奢侈都没有。当认证机构给大学发出警告时，首先感到压力的是大学的招生部门；当大学在排名榜上表现不佳时，首先感到压力的是大学的捐款部门；当政府对大学啧有烦言时，首先感到压力的是（公立）大学的财务部门。从这个角度看，大学与市场合作，既非完全出于外在压力，亦非突然良心发现，而是他们为了长远利益与发展所作出的理性的、战略的选择。

据说法国哲学家和数学家笛卡尔说过这样的话："我只会做两件事，一件是简单的事，一件是把复杂的事情变简单。"本来评估是一件很简单的事，每一个教授都想知道他教学的效果，于是就有了评估。但由于市场的介入，评估也从教授与学生之间的一件简单的事变成大学与"利益相关者"之间一件复杂无比的事。既然我们已经无法回到那"过去的美好时光"，将评估重新变成笛卡尔的第一件事，那么我们不妨试着将注意力集中在第二件事上，即尽可能地将复杂的评估变得简单一些。

至于说笛卡尔的第二件事怎么做，我想在此提出任何建议都可能贻笑大方或开罪专家。原因是，如前所述，评估近年来早已成为一门大学问，产生了一大批专家，也出现无数专著。在这种情况下，无名之辈如本文作者，虽说干过几天与评估相关的活，毕竟不靠做评估吃饭，难免在专家面前露出"业余"的尾巴。比如说，我试图运用经济学和博弈论的原理来论证发放评估信息的重要性，却没有像经济学家那样提供严谨的数理逻辑的推演。这在教育学家看来是卖弄，在经济学家看来是浅薄。特别是建议将专业性很强的教学评估过程简化为大众可以接受的信息传递,大有为迎合市场需求而牺牲学术独立之嫌。但无知者无畏。既然不以行业中人自居,也就不怕说外行话了。我想对当代大学评估工作提出四个字的建议:内外有别。

内者,大学内部也。毕竟评估的目的是帮助教师更好地教、学生更好地学,因而以教授为中心的传统教学效果评估在今天仍然适用。唯一需要不断更新的部分是,面对信息化时代知识更新速度的加快,评估的重点不应该还是学生对知识的掌握,而是他们对掌握新知识的方法的掌握。这种评估是专业的、具体的、师生相互的,甚至可以是私密的;数据收集可能是定量的,也可以是定性的。这样的评估最好发生在教授和他的每一个学生之间,至多也只是发生在从事专业评估的学界同行之间。评估结果的信息外界应当没有兴趣知道,而且大多也没有必要知道。换言之,在这个凡事需要问责的时代,大学要保持其学术上的独立自主,这点"隐私权"也许是教授们所剩不多的最后几道防线之一了。

相对于大学内部的、传统的评估,当代大学还需要定期为他们所有的"利益相关者"准备一份大礼,一份包含大学各个方面运作情况的信息发布,特别是学生学习表现方面的真实信息。这是一种非传统意义上的评估,也是"镇与礼服"(Town and Gown,代表市民社会与大学)[①] 在争斗了一千年之后后者对前者

[①] "镇与礼服"(Town and Gown)指早期英国大学城如牛津剑桥中城镇居民(town)和大学师生(gown)的冲突和对立。礼服(gown)原为神职人员所穿的黑袍,后来演变成大学里代表学术身份的袍服,由四方帽、流苏、学位袍和垂布组成。

所作出的一次最重要的妥协。尽管这种评估从一开始就是为应对市场需求而设,但真实性、非专业性和可比性是这些评估信息的必要条件。

从目前世界各国大学在面对国际化的高等教育市场时的表现来看,这种非传统评估模式的使用因时因地而异。近二三十年来高等教育界使用最多的是从工业界借来的"绩效指标"(performance indicator)的概念。这是一项数据化管理的工具,管理者通过对组织运行过程中客观、可测量数据的收集来掌控环境和绩效因素,从而达到提高质量与成效的目的。使用这种方法有两个难点:一是制定确实能够体现大学绩效的指标,并与"利益相关者"达成共识;二是找到合适的传达指标的方法与途径。比如说,美国的六个大学认证机构都有成套的质量指标,要求大学每隔十年总结并发布。可惜这些指标太专业,一般大众看不明白,因而也不认同。再如《美国新闻与世界报道》杂志的大学排名,社会大众能够明白,每年一到夏天就翘首以待,但排名背后的那些质量指标却完全得不到大学的认同,因为他们偏爱大学拥有的资源、无视学生学习的过程与结果。

最棘手的问题还是信息发布。前面提到的美国31所顶尖私立大学的数据联盟经过多年的磨合,已经开发出一系列数据收集的工具并积累了大量真实可比的教学质量指标。美洲大学联盟(American Association of Universities,AAU)是由美国和加拿大的60所顶尖大学组成。他们近年来也致力于开发共同数据并在联盟内部分享。其他各类大学的联盟几乎都有类似的安排。但一谈到对外公布,这些数据联盟就集体失语。当然,有数据总比没有要好，至少这些联盟内部的数据为其成员院校的质量改进提供了依据。反观亚洲国家，大学联盟不少，数据分享全无。香港八大公立院校至今仍在玩"躲猫猫"（hide'n seek），所有数据都在"隐私权"的掩护下成为秘密。国内的985也好，211也好，只是大学圈内的"富人俱乐部"，分享的是名声，而不是与质量有关的数据。所谓"任重而道远"，此之谓也。

但在任何市场上，只要有需求，就会有供给。当大学扭扭捏捏、久久拿不出自己的质量指标来向大众报告时，商业机构就毫不客气地DIY（自己动手）了。排名机构按照市场的需求炮制的大学排名不管是否真正反映大学教育的质量，一旦出炉便拥有了自己的听众。大学批驳也好，抵制也好，都不能阻止这样的评估。从这个角度看，大学除了定期发布质量信息，已经别无选择。唯一需要研究的是，如何将这样的信息发布做得比排名机构更好、更有说服力。

从发布信息的方法看，由同类学校组成数据联盟共同开发质量指标当是策略的首选。大学排名为社会诟病的原因之一是"一把尺子量天下"，而同类学校的质量指标发布具有可比性，更能服众，也能有效地应对排名给很多非名牌大学带来的尴尬。而所谓"内外有别"的评估策略背后所包含的智慧在于：在全球化、市场化的高等教育领域里，大学既要一如既往地保持其独立性，也必须客观、有效地回应其"利益相关者"对质量信息的基本需求。

教育质量的话题，古老而又常新。为了应对大学国际化和市场化的新形势，教育研究和评估专家在过去的二三十年中已经对质量评估从理论到技术到操作各个层面都做了大量的研究与开发。但在今天这个"赢家通吃"[①]的市场化时代,一个"内""外"不分的质量评估报告足以将一般大学本来已经捉襟见肘的经费进一步集中到名牌大学的口袋里。可见,质量评估这件事已经不再是一个学术或技术的问题,它关系到大学的"钱途"与前途。过去几十年的评估实践似乎并没有产生新的模式来帮助我们面对这个国际化的大学市场。评估作为大学与其高墙外面的世界进行沟通的途径之一,一时布满了陷阱。

化解危机的办法也许离我们并不远。当我们变换一个思路,从信息传递的角度来看评估及其相关方,我们找到了高教市场上博弈各方追求的一个共同目标,即在提高教学质量的同时加强质量信息的沟通。假如说在"前市场化"时代大学的质量评估只是师生之间关于学习成效的一种信息传递,那么在今天国际化形势下大学质量评估则成为大学与其"利益相关者"之间的信息传递。这两种信息传递目的不同,规模不同,听众不同,方法自然也需要调整。如何调整?我们借用信息经济学家的思路,从信息传递的角度看评估过程,避实就虚,提出一个"内外有别"的评估模式。尽管在高教评估行家看来似乎有点另类,但希望新的思路能够引发新的思考与研究,进而产生切实可行的大学质量评估方案。

[①] R. H. Frank & P. J. Cook, 1996, *The Winner-Take-All Society: Why the Few at the Top Get So Much More Than the Rest of Us*. New York: Penguin Books.

结　语

一

　　关于大学国际化历程的故事讲到这里，已经接近尾声了。稍作回顾，您一定会发现，我的十一大课题始终围绕着大学管理这个主题，而且一直没有离开过学生这个话题。难道教授、科研、课程改革等许多重要的话题都和大学国际化无关？答案当然是否定的。除了本身学术视野的限制而外，更重要的原因是，我在大学国际化方面所作的研究有一个非常功利的目的，即为国际化形势下的大学发展提供依据、学生发展提供对策。大学也好，学生也好，他们手中都从来没有、将来也不可能有无穷无尽的资源（人力和财力）；再崇高的事业，要投入要推动，也需量入为出，也要分轻重缓急。由于国际化是一件费神、费力又费钱的事情，因此大学在制定发展策略、学生在规划个人发展时，只能有所为有所不为。这个视角对于致力于研究高等教育的学者们来说也许过于功利；毕竟，学术研究必须全面、科学和非功利。从这个意义上说，我在本书中对于大学国际化问题的探讨至多只能算是应用研究。

怎样才能做到"有所不为"呢？在为本书选题时，我选择了学生为重、教授为轻；管理为重、科研为轻。

五十多年前，一位学者在《科学》杂志上撰文宣称，任何科研出版物只要没有达到论著的长度，都不应该有超过三位的署名作者。[1] 当时科学界对于合作研究的疑虑与反感可见一斑。然而，近年来科学界合作研究和发表的趋势有增无减。有人对2006年发表的100篇科学论文作了一个统计，发现有超过500个署名作者，有一篇物理学论文的作者竟达2512名之多。[2] 这个现象说明，今天在科研上单打独斗已经难以为继，跨学科、跨学校乃至跨国界的合作早已成为科研的常态。加上互联网技术的发展，使得世界上任意两点之间的交流与互动易如反掌，因而教授及其科研的国际合作已是现实，并不需要行政的推动。相反，无论是科研合作还是教学改革，动用大学管理资源来推行某一种外来的模式，往往事倍功半，而且容易干涉教授的学术自由。换言之，科研与教学方面的国际化，归根结底是大学制度和管理方法的国际化。

在和国外大学商谈学生交换计划时，常有大学问道，既然你们对学生的国际交换项目那么感兴趣，为什么不同时也建立教授的学术交换项目呢？难道教授不需要开拓国际视野？对于这个问题的回答其实很简单，因为香港的大学早已实现教授职位的国际公开招聘，因此我们的教授本身已经非常国际化；加上教授在

---

[1] D. McConnell, "Too many authors," *Science* 128, 1157–1158 (1958).
[2] C. King, "Multiauthor papers redux: a new peek at new peaks," *Science Watch* 18, 1–2 (2007). URL: http://www.sciencewatch.com/nov-dec2007/sw_nov-dec2007_page1.htm.

从事科研时，只有他们自己才知道行业中应当与谁合作，因此任何行政干预都是多此一举。然而，即便是在教授聘任尚未实现国际化的国家及其大学，管理层需要考虑的也不是照搬学生交换的模式，因为除了教授本人，谁也无法决定这样的交换应当在哪两个学校或学科之间发生。唯有在大学建立起一个依法办学、任人唯贤、尊重学术自由和大学特色的管理体制才是大学领导的当务之急。这一点我在第三个课题的两个章节（第六、七章）中及我与黄达人校长的访谈录里作了充分的讨论。

当然，在国际化大潮的冲击下，谁都希望有所作为。这时大学发展策略的首选就应当以学生发展为目的、管理改革为前提。

大学的国际化历程，最艰难的一程当属学生的成长和发展，而学生的成长和发展又与大学的管理息息相关。试想，一个人即便不选择上大学，他也还是要成长、要发展，但那是另一种成长和发展。由此推断，一旦学生选择了大学教育，他们的成长和发展就成了大学无可推卸的责任，同时大学的管理就成为学生成长和发展的前提。

高等教育的普及使得大学不再可能扮演全知全能的知识传授者的角色，学生必须积极参与自身的成长与发展过程，或用李诚的话说，人力资本的投资。在这个"投资"过程中，大学的功能是为"投资者"创造一个良好的"投资环境"，而不是简单地将某一门专科知识打包传递给学生。假如说在"前国际化"时代"投资环境"的好坏还是一件非常"当地"的事（比如当地政府可以通过拨款来决定"重点"与"非重点"大学），那么随着全球化时代的降临，大学的国际比较不仅可能而且已经成为商机（比如近年来层出不穷的各种大学排名)。结果是,今天的学生作为自己人力资本的"投资者",可能而且必须在全球范围里决定哪里的"投资环境"更适合自身的成长与发展。在这种情况下,应对国际化的挑战,对于大学、对于学生,都不再是选项,而是必须。

正是这种"被国际化"的形势,逼着当代大学重新回到本书第一章中提出的基本问题:"何谓国际化?如何国际化?"

二

首先,何谓国际化?

关于大学国际化的定义,我们在第一章中引用了加拿大学者简·奈特的说法:所谓国际化就是"在大学与国家的层面上将跨国的、跨文化的或全球的考量融入高等教育的目的、功能或教学中去的这么一个过程"。① 国际大学联盟(International Association of Universities, IAU)在 2012 年发布的一份报告中进而指出大学国际化趋势背后的驱动力量,即(经济领域的)全球化:

> 全球化将国际层面植入我们生活的各个方面,包括我们的社区和职场。在高等教育领域,它加剧了观念、学生和学术人员的流动,扩展了合作的可能性与知识的全球传播。它也引进了新的目标、活动以及从事与国际化相关工作的

---

① J. Knight, 2008, *Higher Education in Turmoil. The Changing World of Internationalisation*, Rotterdam, the Netherlands: Sense Publishers, p. 21.

人员。①

将简·奈特和IAU的描述加在一起,我们得到这样一个流程:

(经济的)全球化→观念、学生和学术人员的流动→(大学的)国际化

这个流程首先标出的是大学国际化的动力或现实基础,即经济上的全球化。全球化为大学国际化至少提供了两项物质的基础,即我在本书"前言"中提到的互联网和便宜机票。全球化推动了第一个箭头后面两个项目的流动:一是人的流动,二是观念的流动,两者相辅相成。一般来说,第二个箭头后面的大学国际化的程度是前面两项的总和;但这个流程将一个互为因果的重要关系省略了,即国际化也会反过来促进观念、学生和学术人员的流动。将这些不可或缺的关系线连上,我们得到以下的流程图:

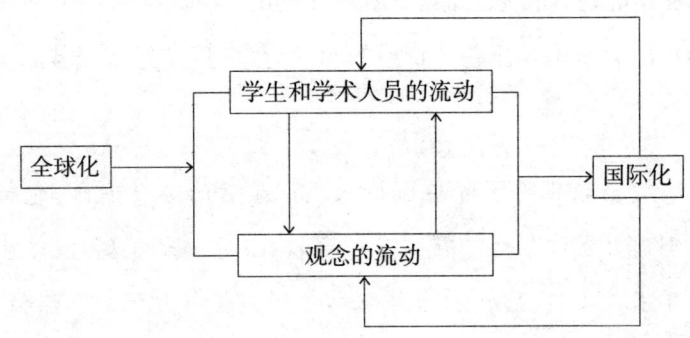

---

① International Association of Universities, 2012, "Affirming Academic Values in Internationalization of Higher Education: A Call for Action." URL: http://www.iau-aiu.net/sites/all/files/Affirming_Academic_Values_in_Internationalization_of_Higher_Education.pdf.

这个流程图是我对"何谓国际化?"这个问题给出的一个简约版的回答。用文字来阐述:大学国际化就是在全球化的形势推动下学生、学术人员以及观念在世界范围内的流动所产生的结果,而大学国际化的程度又反过来推动人员和观念的进一步流动。这个流程的核心是人与观念之间互为因果的流动。

国际化是当代大学的一种状态,也是大学师生的一种心态。在第三章中对"人的国际化"进行探讨时,我想得更多的是国际化作为一种观念或意识,如何影响学生的发展。讽刺的是,在相当长的一段时间里,一个简单的公式(存在决定意识)成了我们解释生活中所有难解之事的准则。但在研究大学国际化的问题时,我们经常遭遇的却是这个公式的倒置形式:"意识决定存在。"例如,某同学花了九牛二虎之力考上香港城市大学,假如没有足够的理由,为什么他要离开城大到国外的一所大学去做交换生呢?姑且不论额外的开支,光是在一个陌生的学校里修课并将学分带回本校,对任何人来说都是一个挑战。这时,学生对于海外交换的认识或意识就决定了他是否愿意参与这项挑战。而参与交换的学生越多,学生对于国际交换越认同,学校的国际化程度也就越高,这种国际化的氛围又会进而推动更多的学生参与国际交换项目。

在此,参与国际交流的意识和参与国际交流的行动互为因果;只有当这样的意识和行动在校园里得到广泛认同并成为常态,国际化对于大学及学生发展的意义才开始彰显。然而,由于各个国家之间的经济发展水平、高等教育现状以及人们对国际化的期待都很不一样,所以在大学国际化的问题上往往是各取所需。比如说，一提到国际招生，那位东欧大学的校长就以为他的生源会受到威胁（见第一章第二节）；对于很多非英语国家的大学来说，国际化就是英语教学（见第一章第三节）；更有一些大学索性将国际化当作广开财源、补贴教育经费短缺的最佳途径。这些对国际化的理解或误解，直接影响到大学以国际化的名义出台和实施的各项政策。

和所有的公共政策一样，大学的国际化策略也有其后果。我在迪拜由于不熟悉当地文化风俗而洋相百出（见第三章第二节），当属自取其辱，至多只能怪自己教养不够；但当我们的学生因国际化意识缺乏，其个人发展受到影响时，我们的大学就难辞其咎了。你可以谴责那位内地学生将作弊和贿赂的恶习带进象牙之塔（见第三章第一节），你也可以对任何发生在校园里的种族歧视行径表示道义上的愤慨，但是面对年轻学子因为无知而遭牢狱之灾，才华横溢的留学生因为偏见而命丧黄泉，大学的管理者又怎能无动于衷？

其实，我在第三章中提到的所有事件，可笑的、可耻的、可悲的，都指向一个结论，那就是：在这个全球化的时代缺乏多元化的意识或应对多元文化的能力，我们就会变得可笑、可耻和可悲。因此，大学在国际化名义下从事任何活动或制定任何战略，都必须以学生发展为目的，都应当能够帮助学生开拓国际视野、确立多元化的意识，以此实现"人的国际化"（见第三章）。从这个意义上说，多元化原则是大学国际化的灵魂；或者可以这样说，在今天的大学里，假如没有多元化，国际化根本无从谈起。

但是，如何国际化呢？

三

大卫·罗斯科夫（David Rothkopf）是美国一位横跨政府、外交、商业和咨询等多个行业的人物。他在2008年出版的《上层社会》一书中根据自己多年来政府、商界和智库等高层机构工作的经验和累积的人脉，对全球6000个权力精英进行了全面的追踪与分析。[①] 从财富的聚集、权力的集散、政策的制定、外交的斡旋到信息的流通，社会上少数的权力精英对当今世界的掌控已经达到无以复加的地步。罗斯科夫引用哈佛大学前校长萨默斯的话说，当今社会一小撮经济上的成功人士之所以能够聚敛如此之多的财富，也许是因为这个社会对效率的要求越来越高。一个人只要技艺过人，社会就愿意给他超乎寻常的回报。只要让市场无拘无束地发功，它就会给那些才智、产能与贡献高人一等的人相应的奖赏。[②]

姑且不论这种对当代社会达尔文主义式的解读是否合理，我们在此需要注意的是这样一个事实，即全球化时代权力精英成长的规模。如果此前精英对财富、权力、知识等资源的掌握发生在同一个国家、同一个社会内部，那么我们还可以追问这个国家培养精英的体制，比如大学，是否公正、合理、健全、有效。如今这种精英的成长发生在不同国家、不同民族之间，发生在全球范围，那么就应该分析造成这种精英聚集的国际环境。大学的国际化，正是在这样的背景下面临前所未有的拷问。

[①] David Rothkopf, 2008, *Superclass: The Global Power Elite and the World They Are Making*. New York: Farrar, Straus, and Giroux.

[②] Ibid., p. 55.

有一段关于印度理工学院（Indian Institute of Technology, IIT）的幽默经由该校一位颇有成就的毕业生之口广为流传。据说麻省理工学院（MIT）开学时一位教授注意到班上来了一位印度学生。教授问他："你怎么会在这里？在你的国家不是有印度理工学院吗？怎么不去那里呢？"学生答道："我没能考取印度理工，所以才来了麻省理工。"① 好笑吗？假如你对 IIT 有所了解的话，这个段子其实一点也不幽默。相反，它是过于"写实"了。每一年大约有 50 万学生参加印度理工学院联合考试，争夺全国 16 个校区不到 1 万个名额，平均录取率为 2%。② 与此相比，美国最难进的几所大学的录取率分别为：哈佛，6.1%；斯坦福，6.6%；哥伦比亚，7.4%；麻省理工，9.0%。③

奇怪的是，尽管在印度学生眼中 IIT 的"投资环境"优于 MIT，但在世人眼中两者的地位恰好相反。证据之一，全世界的中学生都将 MIT 以及哈佛、斯坦福、哥伦比亚等美国的名校当成自己的"梦想学校"（dream school），却很少听说有外国学生想进 IIT。事实上，我到 IIT 的网站上搜索了半天，终于发现，外国人进 IIT 唯一的可能是念博士，本科招生根本不对国际生开放。桑迪潘·德布在《印度理工学院的精英们》一书的第一章里不无炫耀地列了一个长达几页的名单，包罗了所有在世界五百强企业担任领导职务的 IIT 毕业生。可这张名单里的人似乎有一个共同

---

① 〔印度〕桑迪潘·德布著、黄永明译：《印度理工学院的精英们》，北京大学出版社 2010 年版，第 1 页。

② 见维基百科 http://en.wikipedia.org/wiki/Indian_Institute_of_Technology_Joint_Entrance_Examination。

③ 据美新杂志（US News & World Report）2012 年排名。见 http://colleges.usnews.rankingsandreviews.com/best-colleges/rankings/national-universities/data。

结 语 335

印度理工学院（IIT）德里分校
教授："你怎么来我们麻省理工学院？在你的国家不是有印度理工学院吗？怎么不去那里呢？"
学生："我没能考取印度理工，所以才来了麻省理工。"

的特点，即卓有成就的 IIT 毕业生都是去了美国而且往往是从美国大学研究院毕业后留在美国才成功的。[1] 德布也指出："在最近的一次统计当中，那片高科技地带（指美国加州的硅谷）聚集了大约 20 万印裔移民，而他们当中相当一部分人是印度理工学院毕业生。"[2]

毫无疑问，在学生的国际流动方面，MIT 和 IIT 都堪称大户，尽管一所是学生"进口"大户，另一所是学生"出口"大户。仅就

---

[1] 据《福布斯》杂志报道，每年大约有 40% 的 IIT 毕业生进了美国的研究生院。见 http://www.forbes.com/forbes/2001/0416/158.html。
[2] 〔印度〕桑迪潘·德布著、黄永明译：《印度理工学院的精英们》，北京大学出版社 2010 年版，第 7 页。

知识的准备而言，IIT 的学生也许显然略胜 MIT，这一点可以从两校的录取率得到证实。但是，IIT 学生在进入自己国家最佳的"人力投资环境"之后还义无反顾地向美国流动，这多少说明了以 MIT 为代表的美国大学确有一些 IIT 所不具备的特质。

这种特质，如我在第七章中所指出的，就是美国优秀大学所必备的一些特质。为此，哥伦比亚大学前教学副校长柯尔教授在其近著《美国一流大学》①中作了全面的总结：教授科研的高产出；教授科研的高质量；科研经费与科研项目；荣誉和奖项；优秀的生源；优异的教学；一流的设施和先进的信息技术；巨大的校务基金和充足的资源；具有一定规模的系科专业；无拘无束的探索和学术自由；学校的地理位置；对公共事业的贡献；以及杰出的大学领导。在这里，一流大学的十三项特质没有一个字提到国际化，这是因为以 MIT 为代表的美国大学至今还是这种规则的制定者，因而"言必称美国"在未来相当长的一段时间内还会是大学国际化的标杆之一。在这种情况下，尽管 IIT 能够培养世界一流的科学与数理人才，但这些人才在罗斯科夫的"上层社会"里充其量只是产生权力精英的"原料"。他们还需在美国的大学里经过锻造，才能成为社会（或市场）所接受的精英，而社会（或市场）也才愿意给他们超乎寻常的回报。我相信在这一点上，中国的大学，包括至今还在扮演"留美预备学校"角色的中国名牌大学，对于印度理工大学的痛苦应能感同身受。

那么，按照这个逻辑，难道"大学国际化历程"就成了"大

---

① J. Cole, 2010, *The Great American University: Its Rise to Preeminence, Its Indispensable National Role, Why It Must Be Protected*. New York: Public Affairs.

学美国化历程"?恰恰相反,从本书的第四章我们可以看到,大学国际招生并不是一场简单的排名竞赛或生源大战,这是未来大学在全球范围内重新洗牌的一个绝佳机遇。假如大学的"市场"因素像罗斯科夫所说的那样真能无拘无束地发功,那么 IIT 和 MIT 之间的这场较量(用流行的话说,"PK")还真说不准鹿死谁手呢。2013 年国际学生评估项目(Program for International Student Assessment, PISA)的最新结果显示,美国 15 岁学生运用数学、科学、阅读技能解决真实问题的能力与其他国家相比再次叨陪末座。其中表现最佳的上海学生的数学成绩已经比马萨诸塞州领先 2.5 个学年,而马萨诸塞州在美国名列前茅。《世界是平的》一书作者托马斯·弗里德曼不无担忧地指出:

> 我们当下所处的时代,全球化和信息技术革命的共同作用极大地削减了"高工资、中等技能"的工作岗位,而这在很多年里都一直是美国中产阶级的根基。在一个全球融合没有那么充分、自动化没有那么普遍的相互隔离的世界,工会有更大的影响力,许多美国人可以靠中等的技能享受普通中产阶级的生活方式。然而在当今高度互联、没有隔离的世界,更多印度人、中国人、电脑、机器人、软件可以完成更多普通的蓝领和白领工作,硕果仅存的高薪岗位越来越需要高技能。[1]

正是这个"高度互联、没有隔离的世界",为当今的大学提供

---

[1] Thomas L. Friedman, "Can't We Do Better?" *The New York Times*, December 11, 2013. URL: http://cm.nytimes.com/opinion/20131211/c11friedman/.

了一个反躬自省、重新定位的机会。国际化其实就是一面镜子，照出 MIT 和 IIT 各自的无奈。MIT 世界一流的地位虽然暂时没有问题，但如果它的"供应链"长期仰赖"进口"，那么也许有一天它会发现，自己作为美国大学的功能，居然只是为印度和中国取代美国经济中"硕果仅存的高薪岗位"创造条件。相比而言，IIT 的痛苦也许更为深刻。因为处于人才培养"供应链"的低端，IIT 就像是一个缺乏核心产品或者核心业务的物流管理体系。印度的大学毕业生在 STEM（Science, Technology, Engineering and Mathematics）领域里领先世界，有目共睹。德布在《印度理工学院的精英们》中列出的那个长达几页的世界五百强领袖的名单就是明证。也许是因为没有自己的国际化的一流大学，IIT 的高材生最终还是对美国的大学趋之若鹜。这让我想起卞之琳的名诗《断章》：

> 你站在桥上看风景
> 看风景的人在楼上看你
> 明月装饰了你的窗子
> 你装饰了别人的梦

四

大学的国际化不是一道可有可无的风景，不能用来装饰一流大学的梦。大学国际化也不是美国化。如果躺在人才进口的舒适躺椅上无所作为的话，美国的大学也有可能成为国际化进程中最终的输家。

其实，IIT vs. MIT，这样的校际比较当属老生常谈。牛津与剑桥、哈佛与耶鲁、北大与清华，不是从大学产生那天起，人们就开始将大学配起对来说长道短了吗？只是当大众化和市场化的引擎开始驱动大学的改革，当全球化的旋风裹挟着师生走出校门与国门，这个似乎已经延续近千年的话题总算有了一点新意，那就是，这里的配对与比较是跨越国界的。这应当不是一个简单的跨越。国际比较在校园里引发的是一场深刻的革命，而这场革命的核心就是大学的管理。

近年来由于美国研究型大学在世界高等教育界声誉日隆，教授治校、学术独立的观念也已深入人心。然而，对于圣彼得堡国立大学的科罗帕契夫校长来说，捍卫和管理国家财产才是他的首要职责，而这样的观念直接影响到他的治校风格以及他打击教授中腐败行为的决心（见第二章）。《金融时报》记者沃尔夫可以因俄国大学不入国际化之潮流而低估他们，但我们却不能不考虑到俄国大学的体制及其对日常管理的影响（见第二章第三节）。反讽的是，承认大学的自主和独立这个原则，其必然结果就是管理方式的多元化，而后者与大学国际化的潮流并不相悖。那么，科罗帕契夫校长的管理方式是否也能算是多元化中的一元呢？

正是顺着这个思路，我在本书的第六、七两章中对"大学制度建设"这个命题作了一番检讨。以往高等教育界热衷于谈论大学的理念，特别是纽曼"Liberal Education"的观点更是受到业界人士的追捧。对此清华大学刘东教授颇有微词：

一旦谈论起大学来,即使是那些自称最反感抗拒西方霸权的学者,也马上要端出约翰·纽曼的"大学理念"来,而忘了那位英国红衣主教原本只认定了大学的使命是要在罗马天主教的精神之内提供知识,故而预埋了强烈而褊狭的西方文化之根。①

对于致力于国际化建设的大学当政者来说,这是一个及时的提醒。代西方特别是美国大学的成功吸引了中国和其他发展中国家的关注和仿效,这本无可厚非,而通过与西方发达国家合作办学来提高大学的声望,对大学的国际化,百益而无一害。但是,任何大学制度背后都有着某种理念的支撑,而西方大学经过近一千年的发展,自觉或不自觉地继承其文化传统是再自然不过的事了。只是当我们试图拷贝这种浸润着文化传统的大学制度时,多一份谨慎就能少吃一分亏。在这一点上,1950年代的院系调整和1990年代的大学合并应当给我们以足够的教训。两者虽然都有成功之处,但将某一种大学制度奉为圭臬、搞整齐划一,后果就不那么尽如人意了。同理,纽曼的"大学理念"对于我们今天追求自由教育或通识教育虽然不无借鉴,但他那以欧洲为中心的宗教、道德、文化与教育理念却与今天多元化的社会现实背道而驰。以学生发展为宗旨,大学国际化的政策与设计应当与纽曼的大学理念有所区别。

引进合作办学项目、允许境外名牌大学来华开设分校,这些都有助于提高我们大学的国际化水平,但引进项目终究只是惠

---

① 刘东:《道术与天下》,北京大学出版社2011年版,第350页。

及很少一部分的学生。古人云,"授之以鱼不如授之以渔"。大学国际化为我们带来的最大利益是随人员流动而来的观念流动。境外优秀大学的理念、制度和管理经验随着师生的国际交流进入校园,我们可以模仿,甚至照搬,唯一的要求是为自己预设这样一个原则:一切为了学生的发展,并在学习他人经验时有所分析、有所鉴别。

境外大学有哪些经验值得我们借鉴呢?

在当今全球化的经济和社会发展现实面前,学生发展需要一个国际化的校园环境,而国际化校园的实现,并不是引进一些崇高的理念或建立一个完美的制度就万事大吉了。大学国际化的旅途中充满暗礁险滩,掌舵的人需要有一种"街头智慧"(Street Smart):这是对周边环境及其变化的警觉,对"书本智慧"(Book Smart)融会贯通后的灵活运用,以及随机应变的能力。换言之,"街头智慧"是一种实践的智慧,而这正是我将本书近半的篇幅留给管理问题的原因所在。

我知道,在第九章中详细描述哥伦比亚大学"十年磨一剑"建立学术咨询的案例,对于一般读者来说是过于琐碎了,而且这个过程不太具有可重复性,因为各个大学的具体情况不同,即便采取同样的措施也需走不同的程序。但还是决定将这个过程细细道来,是受了国内一位大学校长的"纵容"。这位校长在参观了香港城市大学后颇有感慨地对我说:"我们现在对一流大学的办学理念了如指掌,但日常管理却是粗枝大叶。香港的大学管理,一言以蔽之,精细。"而香港的大学近年来奉为楷模的又大多是美国的大学。

也许是因为亲身经历,我觉得哥大学术咨询系统的建立过程代表了这种精细化的管理文化,理由有三:一是凡事以学生为中心、以学生成长为目的;二是行政决策从数据出发,不"拍脑袋";三是精益求精。而以此"三项基本原则"来应对书中提及的其他管理问题,举一反三,当不为过。从学生活动的安排、学生事务部门的管理、学生交换计划的设计、职业生涯的指导与咨询,到大学一年一度的迎新,当代优秀大学的成败得失,在管理者们谙熟"大学理念"之后,管理方法上的改进与突破成为当务之急。

由学生管理推及其他管理问题,许多在境外大学早就习以为常的做法仍有值得借鉴之处。比如说,校长、院长都是学者出身,对大学里的派系斗争和人事纠纷(其实就是英文中的"politics",但在中文里不好直译)不胜其烦,却又往往束手无策。这时请外面的专家来校进行管理咨询就很管用:

> 这类似于医学界的会诊。当医生看到一个疑难病症,甚至不太疑难的病症时,为了要确认自己对这个病的判断,他会把同类的专家从不同地方请来进行会诊。这就是咨询。以大学为例,有时候校长想推行一项改革,但他自己不好说。那么他可以让外面的人说,这是一个策略。更多的情况是,一个大学的管理者与大学现状离得太近,很多事情看不清楚。让外面的人来看看,能够做一个比较诚实的判断。
> (见访谈录之四之《战略规划事关大学的生存与发展》)

如果管理者能再借用前述的"三项基本原则",以学生发展为底线、以实证数据为支持,那么任何政策的出台就已经有了第一道防线；加上精益求精、有错必纠，即便不能做到无坚不破，起码也是利器在手、有备无患。

当然了，以这"三项基本原则"为标准，科罗帕契夫校长的管理风格就值得推敲了。大学的国际化呼唤多元化的管理方式，但科罗帕契夫校长却以捍卫和管理国家财产为其首要职责，这与高等教育在全球范围内出现的大众化、市场化趋势多少有点格格不入。套用"存在即合理"的原理，科罗帕契夫校长管理风格的合理性就在于圣彼得堡国立大学至今享受政府的全力资助。也许，只有当政府开始退出作为大学唯一的"利益相关者"的角色，俄罗斯的大学才真正开始其国际化的进程。从这个意义上说，马丁·沃尔夫对俄罗斯大学的看法起码在国际化问题上也不无不妥（见第二章第三节）。

不知读者是否注意到，关于俄罗斯大学的讨论，关键词是"利益相关者"。当国际化遭遇市场化和大众化，大学校长必须面对的最严峻的考官是他们的"利益相关者"，而后者给出的最苛刻的考题永远围绕着大学的质量保障问题。说这个问题无解也许言之过早，而且校长们也无法用这样的答案来搪塞他们的"利益相关者"。但是，所谓"利益相关者"——学生、家长、纳税人以及所有关注大学发展的人们，其实是大学在其市场化和大众化的过程中为自己树立的一个对立面，是大学的"顾客"在"购买"或"消费"了大学教育"产品"之后，对"物有所值"这个基本的市场原则提出的简单要求。换言之，"利益相关者"在此要求的只是一份"产品说明书"。

这个要求换了其他任何行业都不算过分，但在高等教育还真有点过分,原因有二:一是大学教育"产品"的特殊性决定了大学的"教"方和"学"方之间天生的信息不对等。反过来想,假如这两方的信息能够对等,那么大学还要教授干吗?学生自己去图书馆自修就行了。二是当代大学所奉行的学术独立原则要求教授在教学和科研中不受外界压力的干扰,而质量评估不可避免地会将非学术的价值判断带进课堂。有鉴于此,我是明知不可为而为之,斗胆提出所谓"内外有别"的质量监控模式(见第十一章),希望能在保持师生之间纯学术的教学秩序和评估方法的同时,为校园外面的"利益相关者"们提供一条畅通的信息沟通渠道和有效的质量监控机制。

后 记

我2008年前后开始参与大学国际化方面的工作。一开始是代表哥伦比亚大学与一家中东的大学合作，探讨共建双学位项目。后来又受哥大委派，来到北京建立哥大全球中心。这是我在离开国内二十多年后第一次回国居住。此前虽然经常回国开会、讲课、探望父母，但每次行程很少超过20天，因为那几乎是我全部的年假了。本来以为只是一个延长的出差，谁知却像华盛顿·欧文小说中的瑞普·凡·温克尔（Rip van Winkle）在山里睡了二十年回到村里，一切都变了。当时写了一篇短文《乡关何在？》，记录了这种"山中方一日，人间已千年"的感受。文章从未发表，也没有想要发表，因而当时的真情实感得以保存。

那时年轻，也许真的有过两分乡愁、半点缠绵，但那剩下的七分半肯定是在"为赋新词"。要不，怎么从未离家却喜欢起"枯藤老树昏鸦，古道西风瘦马。夕阳西下，断肠人在天涯"那样的意境，又如何会被余光中的"邮票"和"船票"忽悠得如痴如醉？

直到二十多岁的时候才第一次见到飞机,可这人生的第一次远足,目的地居然是远在天边的美国,而且还是一个在地图上以最小号圆点标出的大学城。那时的乡愁可能开始有点真实性了,因为将梦牵魂绕的女友留在了大洋彼岸,亦曾花五美元一分钟的通话费隔着大洋和她在电话里拌过嘴。可家乡似乎只涉及人物而不涉及地点。就像面对一尊现代派的雕塑,你得将想象的油门踩到最大才能勉强追上艺术家漫游的思路,而且至多只是惊鸿一瞥。古人那种"不知何处吹芦管,一夜征人尽望乡"的悲凉尽管于我心有戚戚焉,但回想起来,似乎还是有些做作。

再后来回国,就开始享受"华侨"待遇,从我党一贯的"内外有别"政策中的"内"变成了"外"。自此不敢再说乡愁,说起来就变得非常滑稽。有时一不小心嘴里冒出"祖国"这个词,马上会遭到一番质疑:你说的到底是哪一国啊?美国还是中国?想想还是马克思深刻:"历史的重演,第一次是以悲剧的形式出现,第二次是以喜剧的形式出现。"只是于我,悲剧的场景尚未来得及展开,却早早进入了喜剧的氛围。从此对家乡、祖国这类的话题和词汇噤若寒蝉。畏人嫌我真。

再次受到关于家乡话题的拷问是由于最近的一次工作变动。去国二十多年之后,我被美国老板派往北京工作。之前虽然每年回国探亲或讲学,但不是住在退休已久、早就几乎与世隔绝的父母家里,就是被人用车拉着往来于宾馆饭店之间,从来没有像一个普通人那样在这个熟悉却又陌生的社会里正常地生活过。

　　下了飞机后的第一夜住在宾馆，好歹还有点旅行出差的感觉，但一想到第二天就得搬到外面公寓去住，不由打了一个寒噤。临走前将房间里那些纸质拖鞋、洗发液、茶袋等平时不屑一顾的小东西一扫而空。以防万一嘛。拿完后一种"风萧萧兮易水寒"的感觉油然而生，好像被捕的犯人在临赴监狱之前收拾行囊，不知寒窗后面的日子会是怎样的情形。

　　外面的世界的确比住宾馆要精彩，只是那反向的"文化休克"并不比二十多年前的第一次更容易对付。"楼上楼下、电灯电话"式的"共产主义"早已实现，"土豆烧牛肉"也不再受到"民以食为天"的百姓追捧。当今的时菜是玉米面、窝窝头和各种叫不上名的野菜。市面上令人眼热的是镶金边嵌钻石的老板手机、非请莫入的私人俱乐部会员证，以及开着宝马去打高尔夫球。

　　初来乍到，咱就不去追那个时髦吧。可是，不时髦也有不时髦的问题：你起码得知道老百姓每天怎样生活啊！前面房客煤气表上剩下的几个字很快就走到尽头了。面对断气停暖的威胁以及房东留下的煤气卡，我只有发呆的份儿。这煤气卡到哪儿去充呀？一番求爷爷告奶奶之后终于找到了银行里那部充值机器，可机器既不爱吃现金，也不认印着洋文的信用卡。它要的是银行自己客户手里的那张取钱卡或"一卡通"。幸亏当地的同事拔刀相助，才给我这个美国老土解了围。

据说人身上最爱国的器官是胃,对此我是忠实信徒。这些年来在美国生活,除了家里的小洋鬼子不时地要吃顿美国餐,我们下馆子的钱基本上都用来赞助同胞所开的中餐馆了。原以为回到北京吃饭问题终于得到最后解决,并雄心勃勃地准备将二十多年海外漂泊肠胃受到的损失全都补回来。可早晨一睁开眼睛,老革命就碰上了新问题——没有咖啡。原来这咖啡瘾和毒瘾并没有本质区别,除了前者比后者要便宜好多,因而没有听说过嗜咖啡者为之倾家荡产这样的事。但没有咖啡的日子居然和当年与汉堡包斗争的情形万分相似。至此方才恍然大悟:那关于祖国是哪一国的问题其实还蛮深刻的;这个问题不仅涉及意识形态,更与生活起居密切相关。

最让人头疼的还是每天的那顿晚餐。中午在办公室,或者同事们一起叫餐上门,或者随着午休的人流来到快餐馆二十分钟内解决战斗,没有别的心事好想。晚上就不一样了。冬天的黑夜早早降临,离开办公室时外面已经灯火一片。走在熙熙攘攘的人群里,看着街上姹紫嫣红的广告牌,一种人在天涯的感觉居然很不合时宜地冒了出来。老觉得自己像是老电影《人鬼未了情》(Ghost)中的孤魂野鬼,在人群中穿梭却无法接触,每天沿街将一家家餐馆吃过来,解决的只是人类最原始的温饱问题。

难道人还会在一个被熟悉的乡音包围着、空气中弥漫着诱人的饭菜香味的夜色下感到孤寂?该不会是腹中无物时所产生的幻觉吧?可是这样的感觉在酒足饭饱之后并没有消失。到底是身上哪一个器官出了问题？怎么在"异乡"的纽约街头走过这么多回从未有过的感觉，却在回到"故乡"的北京街头出现了？这是多么荒唐的一种错位啊！

或许，全球化对人类社会最大的影响还不在经济领域；它似乎对一个民族历数百、数千年方才形成的文化传统与生活积淀构成巨大威胁。从"烽火连三月，家书抵万金"的焦虑到随时上网和地球村里任何人聊天的从容，时空的改变早已将我们文化中关于祖国、家乡以及乡愁这样缠绵而又优美的情绪及其表达改写了。代之而起的是"朝辞白帝彩云间，千里江陵一日还"的豪迈与速度，尽管后者之于生活在一千多年前的诗人还只是一种充满浪漫的想象。"天要下雨，娘要改嫁。"连一代伟人都会在时代的浪潮面前无奈地叹息，何况小人物如你我？但愿社会的改变不要轻易地改写一个民族的集体记忆，而全球化在终结了一些传统的同时还能给后人留下另外一些重新阐释经典的空间。起码，给未来的史学家和文学评论家留个饭碗吧！

唯一让人难以释怀的是，全球化和电脑网络其实根本无法减轻现代人背井离乡的惆怅。相反，更多的人为了事业和工作不得不漂流四方，再恋家的人都无法回避。假如古代为商人妇而生的闺怨和发配边疆带来的乡愁只是让少数的精英愁肠百结，那么全球范围内的人口流动和迁徙则已成为现代人类的一种普遍的生存状态。只是今人似乎尚未找到一种新的、更加合适的表达方式而已，于是乎只能借用古人的陈词滥调来抒发自己莫名的情绪。乡关何在？这在以前足以让人回肠荡气的天问,对于每天通过视频给大洋彼岸调皮的儿女辅导功课的旅人来说,未免矫情。但当代旅人的尴尬是:漂泊久了、远了,连何处是乡关都迷糊了。

"日暮乡关何处是,烟波江上使人愁。"这在今天不是乡愁,却胜似乡愁。

2009 年 3 月 8 日写于北京华清嘉园

照录以前的短文,只想给本书有关大学国际化的宏观讨论加上个人的视角。的确,大学国际化之旅,也是我个人生活与职业生涯的国际化之旅。1980 年代离开家乡,去美国留学,应该算是我人生国际化之旅的第一次远航。2008 年在美国生活和工作了二十多年后开始接手大学国际交流方面的工作,当是我国际化之旅中的第二次远航。自 2010 年离开美国来到香港主管大学国际事务,我开始了国际化之旅的第三次远航。特别是这第三次远航的轨迹,恰与当代大学在全球化的形势下追求卓越的努力有很多重合之处。为了促进大学间的学术交流,推动学生交换,招收外国学生,我在 2012 年光是在国泰航空公司累积的里程就可以绕地球赤道五圈!而我也因此成为当代大学国际化的见证人和参与者。见证并记录一个重要的事件,无论如何客观,总会掺杂个人情感。这种情感也许不能提高记录的可靠性,但多少可以提供记录者个人的视角以及所记录事件的真实背景。从这个意义上说,我对于大学国际化的研究及表述,从一开始就不是纯客观、纯学术的,这里记录了我自己通过"人的国际化"成为国际化的人所走过心路历程。

在写作本书的过程中经常收到一些报刊杂志的稿约，我就顺手牵羊（尽管这里牵的是自己羊圈里尚未长成的羊），将一些章节送出去发表了。近年来也就大学国际化问题接受了一些采访，我"择优录取"选了四篇夹入书中。这些已发表过的篇目包括：

- 《大学国际化之旅的重新启航》，《国际教育交流》2013年11月（总第44期）。
- 《我看中外合作办学》，《国际教育交流》2012年11/12月（总第35期）。
- 《美国大学是怎么办的——访香港城市大学协理副校长程星博士》，《中华读书报》2012年4月25日第22版。
- 《大学国际化：求同还是存异？》，《中华读书报》2012年9月26日第24版。
- 《大学国际化的三个版本》，《中华读书报》2012年11月28日第22版。
- 《"言必称美国"之辩》，《中华读书报》2013年9月25日第22版。
- 《让学生成为迎新活动的主导》，《麦可思研究》2011年第6期。
- 《高校社团：学生走入社会前的实验室》，《麦可思研究》2011年第11期。
- 《大学如何选校长》，《麦可思研究》2012年第3期。
- 《战略规划事关大学的生存与发展》，《麦可思研究》2013年第4期。
- 《绩效考核如何才能有效》，《麦可思研究》2013年第6期。

- 《大学适应新生》,《麦可思研究》2013 年第 9 期。
- 《游学随感》,《大学·学术版》2012 年第 3 期。
- 《一家之言:也说现代大学制度建设》,《大学·学术版》2011 年第 8 期。
- 《从"拆迁大学"说开去》,《大学·学术版》2011 年第 12 期。
- 《见微知著:再谈现代大学制度建设》,《大学·学术版》2012 年第 4 期。
- 《美国大学的入学考试与招生系列访谈(二)——访哥伦比亚大学程星博士》,《教育测量与评价》2010 年 3 月。
- 《国际化、市场化的大学及其质量评估:一个不对称信息的视角》,《高等工程教育研究》2012 年第 6 期。
- 《以学生为中心的学术咨询及其管理:一个案例研究》,《苏州大学学报》2013 年第 1 期。
- 《大学制度的精髓在于多样性》,载黄达人等著《大学的治理》,商务印书馆 2013 年版。

我想借此机会对这些向我约稿、访谈或对我文章进行编辑的朋友们一一致谢,他们包括:《中华读书报》的吴荷、陈蓬、王春春,《大学·学术版》的周鹏、张男星,《麦可思研究》的王伯庆、马妍、王众志、刘超,《国际教育交流》的陶静婵,《高等工程教育研究》的姜嘉乐,《苏州大学学报·教育科学版》的周川,《教育测量与评价》文章的访谈者章建石,《大学的治理》一书的访谈者黄达人、王旭初。

商务印书馆的谢仲礼先生从十年前成为我《细读美国大学》

一书的编辑开始,一直关注我的写作,其间为拙作的增订和重印做了大量工作。这次又"重披战袍"成为本书的编辑,投入之深,关切之殷,怎一个"谢"字了得?

最后需要感谢的是我的妻子晓南和女儿黛曦。要不是她们多年来伴我在世界各地闯荡,要不是黛曦毅然离开纽约的小朋友们随我来香港生活,我的"大学国际化之旅"也许根本无法启航,这本书也就无"缘"见江东父老了。